GW01606854

LE PETIT PERRET
ILLUSTRÉ PAR L'EXEMPLE

Pierre Perret est né le 9 juillet 1934 à Castelsarrazin (Tarn-et-Garonne).
Son enfance se passe au « Café du Pont » que tenaient ses parents au bord du canal. Là il croise les soldats de la caserne voisine, les mariniers et les ouvriers de l'usine de métaux. Dans cette atmosphère, son langage devient coloré et percutant. Pierre Perret observe, écoute, retient. A 12 ans, il prend des leçons de saxophone et de solfège.
A 14 ans, juste après avoir obtenu son certificat d'études, il entre au Conservatoire de Toulouse. Il y étudie la musique, l'art dramatique et la diction. Il en sort à 19 ans avec le premier prix de saxophone et un accessit de comédie.
Pendant la période du Conservatoire, il est engagé au Grenier de Toulouse où il va connaître le public. (Il joue *La Mégère apprivoisée* et *Roméo et Juliette*).
A 19 ans, il monte à Paris. Il rend visite à Paul Léautaud qui va lui faire mieux découvrir la littérature : Voltaire, Diderot. Puis c'est le service militaire. Il entre, bien sûr, à la musique du Train. Il continuera à voir pendant son service Paul Léautaud —, jusqu'à la mort de celui-ci en 1956. C'est au service militaire qu'il compose sa première chanson, « Rosette ». Il fait connaissance de Brassens qu'il vénère. Revenu à la vie civile, il propose ses chansons à des interprètes connus. C'est l'échec. Il passe auditions sur auditions, dont l'une au « Trois Baudets ». Il est remarqué par Boris Vian et Jacques Canetti. Grâce à eux, il obtient un engagement à « La Colombe ». Il enregistre son premier disque : « Moi j'attends Adèle » (1958). Les engagements dans les cabarets se succèdent alors. Il passe à l'Olympia dans plusieurs « musicoramas ». Le public l'accueille chaleureusement. Pour la première fois un chanteur français triomphe dans un spectacle où les Rolling Stones sont en vedettes. Il s'interrompt pendant deux ans, période pendant laquelle il écrit douze chansons.
De 1960 à 1963, il repasse dans les cabarets, ce seront des années difficiles.

(Suite au verso.)

1963, sortie du « Tord Boyaux ». Pierre Perret est lancé. Se succèdent alors : « La Corrida », « L'Idole des femmes », etc. Quand il chante « Les Colonies de Vacances », il devient une immense vedette : « Tonton Cristobal », « Cuisses de Mouches », « Les Postières », « Blanche », « Les Baisers » se succèdent...
En 1969, le cinéma fait appel à lui : « Les Patates » de Claude Autant-Lara, « Le Juge » de Jean Girault. Pierre Perret compose la musique des deux films.
Pierre Perret vit à Nangis, il est marié, a trois enfants (deux de 25 ans, et un de 18 ans). Fin et grand cuisinier (le cassoulet est sa grande spécialité), il s'occupe de ses canards, ses brebis, ses chiens. Sa recette : 99 p. 100 de travail + 1 p. 100... de talent.
Pierre Perret a déjà publié *Adieu Monsieur Léautaud* (Editions Julliard), et *Les Pensées* (Le Cherche-Midi).

PIERRE PERRET

Le Petit Perret

illustré par l'exemple

JEAN-CLAUDE LATTÈS

AVANT-PROPOS

La musique et la couleur des mots m'ont toujours fasciné. L'assemblage de ces mots, l'harmonieuse charnière qui relie les uns aux autres pour devenir proverbe, dicton, roman, poésie, conte, chanson m'a de tout temps paru magique. L'« expression », l'« imagerie » populaires furent tout au long de mon enfance, dans le bistrot de mes parents, le sel qui me fit tant défaut, hélas ! dans mes livres de classe. Au lieu de : « Il ne faut pas exagérer, mon fils, il y a longtemps que tu aurais dû rentrer de l'école », maman disait : « Faudrait pas attiger, fiston, il y a belle lurette que tu aurais dû rappliquer à la maison », et papa d'ajouter finement : « T'as qu'à remettre ça, si tu veux essayer mon 44 fillette ! » Cette rhétorique, bien entendu, ne figurait pas dans les poésies de Florian que nous apprenait l'instituteur. La grossièreté, la trivialité, la vulgarité, la poésie fleurissent pourtant abondamment dans les conversations quotidiennes qu'on entend dans les cafés.

N'est-il pas plus charmant, au lieu d'« accomplir l'acte charnel », de « s'envoyer en l'air », d'« emmener le petit au cirque », de « tirer sa crampette » ou, comme l'écrivait si joliment le grand Rabelais, de : « jouer aux dames rabattues » ou de « mettre le pape dans Rome » ! Au lieu d'« éjaculer dans les draps », d'« envoyer son enfant chez la blanchisseuse »... ou de « moucher la chandelle » ! Au lieu « d'attraper une maladie vénérienne », d'« avoir reçu un coup de pied de Vénus »... ! D'une femme ayant ses « règles » de dire « elle a ses coquelicots », « elle a repeint ses grilles au minium » ou son « chat a le nez cassé » !

Ces mots colorés qui fusaient de la bouche des clients, cette imagerie folklorique, je devais les retrouver en « prenant du carat », dans la rue et dans l'univers « loubardien » de Gennevilliers où je vécus vers les années 60. Mais n'anticipons pas pour autant. Le beloteur qui quittait soudain la table pour aller satisfaire un besoin pressant disait à ses potes : « Bougez pas, les gars, je vais faire pleurer la fauvette », ou encore « je vais faire sangloter mignonne »... ! Au comptoir on buvait des pastis ou un mandarin-citron pour « se dégraisser le toboggan » ! Le type trop gros s'appelait « Boule de suif », le trop maigre « Fil de fer », et on s'ingéniait gentiment à préciser au troisième que, s'il était trop petit, c'est qu'il avait été « interrompu par un coup de sonnette » ! A midi, les clients attendaient impatiemment la daube ou la blanquette qu'avait mitonnée maman, pour « se caler les badigoinces » et « s'en mettre plein le fusil » ou « la boîte à ragoût ». Le « morpion » que je suis à cette époque ouvre grand ses « étiquettes » pour ne pas paumer une syllabe de ces barbarismes précieux.

Nous utilisons dans notre beau pays un nombre incalculable de mots parlés qui n'ont jamais été écrits, tout au moins dans nos dictionnaires compassés. Qui s'en sert ? Les truands ? Quel est-il, ce langage ? argotique ? populaire ? Nous y voici. Où se « planque » cette satanée frontière ? Une tapineuse (pour respecter l'argot soi-disant réservé au milieu interlope) dira à son maquereau à qui elle vient de remettre la comptée : « Sois sympa, mon minou, file-moi vingt sacs pour acheter des collants. » Bien, mais c'est de la même manière, avec les mêmes mots, que ma frangine (qui ne fait à ma connaissance pas le même métier !) fera la requête similaire à mon beauf ! Alors ? Eh oui, alors ! Eh bien, tous les individus, tous les « vivants » possèdent un langage à eux, les cuisiniers, les plombiers, les musiciens, les marins, les imprimeurs, les cinéastes, les clochards, les militaires, etc. Est-ce vraiment de l'argot ? L'argot du temps des « coquillards » était langue secrète, uniquement décryptée par les initiés. Il est peu de mots inventés de nos jours qui n'aient été utilisés dans des polars ou des bandes dessinées, donc, débusqués, mis au jour, au grand jour, dans certaines chansons, dans les films d'Audiard ou les bouquins de F. Dard, de Boudard, de Le Breton. Ces mots gardent un sens argotique, certes, pour le joueur professionnel qui ignorera totalement que « faire la grappe à cinq grains », dans le langage des boxeurs, consiste à tenir les cinq doigts enfermés dans le gant, tandis que le boxeur ne sait pas obligatoirement que « jouer par petits-beurre » consiste à miser ses billets de mille pliés en huit et reliés parfois par un élastique ; ce qui ne les empêchera pas de l'apprendre un jour, car tous ces vocables, je le répète, sont régulièrement répertoriés et publiés par de patients et éminents amoureux du langage, donc argot n'est pas forcément synonyme d'occultisme. Toutefois, certain milieu est plus caractéristique dans le maniement de ces « idiomes ». Je désignerai ici principalement une société « marginale » par rapport aux institutions, à l'autorité, à l'ordre établi ; le langage devient alors plus ordurier, trivial, péjoratif, moqueur, à l'endroit de ceux qui « filent droit », travaillent honnêtement, paient leurs impôts et vont à la messe. Les mots ont changé parfois, bien sûr. On ne dira plus pour avouer sa pauvreté : « J'ai plus d'auber dans les fouillouses », mais « J'ai plus un talbin dans les profondes », ce qui revient strictement à dire la même chose.

L'homme riche, le nanti, le puissant est de tout temps et par définition, pour l'univers opposé, le pigeon, la dupe, le cave, le « client » de la drogue, des travelots, des filles, etc. C'est le gogo, la truffe, le nœud, le duconeau, le miché (né au XVIIIe *siècle de Michel, synonyme d'imbécile). Un « Michel » est un riche donc « plumable » ; il devient un « miché », car il a des sous, de l'argent, du « michon ». Le miché existe encore, c'est le rigolo, le duchnoque, le conoso, le pigeon, qui sera toujours bon à plumer. De nos jours, c'est aussi un Raoul, un Gustave, un Mimile...*

Quoi de plus défoulant que de se venger par le sarcasme et l'ironie du flic, du patron, du probloc, du type à la Rolls ou du promoteur immobilier qu'on se réjouit d'arnaquer, de baiser, et qui finira par « l'avoir dans l'œuf » ! Car elle est là, la première défense des déshérités. La première notion compensatrice et vengeresse est d'abord verbale. Mince consolation, sans doute ! mais la naïve méchanceté des mots, des surnoms ou des formules péjoratives engendre souvent de formidables trouvailles suivies d'aussi formidables éclats de rire ou d'envies de meurtre ! Ce qui apparaît comme certain, c'est que la xénophobie de nos chers dictionnaires classiques par rapport aux mots nouveaux qui fleurissent dans nos bouches n'empêche pas ces derniers d'avoir la vie dure et d'entrer parfois, cinquante ans plus tard, en grandes pompes, par la porte de l'Académie. Grâces lui soient rendues.

Ainsi donc, honorable société bien pensante, gendarmes de la rhétorique, archanges du langage châtié, héros de situations douillettes, laissez ce bouquin tranquille, il n'a que faire dans vos rayons déjà encombrés d'innombrables « chevaliers de la culture » qui nous « filent mal au chou » !

Tout au contraire ! Étudiants tout neufs, crapauteux, piliers de bistrot, lecteurs de B.D., déserteurs de la morale, curés défroqués, amateurs d'émotions fortes, d'endroits louches, de descriptions terrifiantes, de femmes percluses de mal-

heurs, d'hommes damnés ou d'impitoyables policiers évoluant dans des décors hallucinants, achetez ce bouquin, chouravez-le si vous le pouvez, mais dorénavant, qui peut vous empêcher de découvrir enfin « le » chef-d'œuvre dont on peut certifier déjà qu'il n'obtiendra jamais le Goncourt.

Avoine (filer une) *Dessin d'… Avoine*

ABATTAGE (avoir de l').

Être entreprenant, battant, persuasif.

EXEMPLE. – *Paraît que les mômes de chez la mère Claude, en plus du patchouli et des bonnes manières, elles avaient un sacré abattage !*

ABATTAGE (maison d').

Lieu de prostitution à la chaîne.

EXEMPLE. – *C'est pas les soixante-dix gustaves du samedi soir qui vous foutent les gagneuses sur les rotules dans les maisons d'abattage. La rou-*

quine le disait souvent : « C'est surtout l'escalier ! »

ABATTIS.

Les membres du corps en général.

EXEMPLE. – *« T'as intérêt, fillette, à faire gaffe à tes abattis si dans le mitan on se gourre que t'en croques avec les poulets ! »*

ABBAYE DE MONTE-A-REGRET.

Guillotine.

EXEMPLE. – *Pour son dernier gueuleton au ballon avant de grimper à l'abbaye de monte-à-regret, Riton le Plaisantin refusa de becqueter des frites avec le poulet sous prétexte qu'il voulait pas grossir !*

ABLETTE (fesse d').

Fesses plates.

EXEMPLE. – *Les nichemards ou le proze chez Fesse d'ablette, c'est du quès. C'est partout la route des Landes !*

ABONNÉ.

Habitué.

EXEMPLE. – *Billy le Veuf vient d'enterrer sa quatrième ! Y doit être abonné au Père-Lachaise !*

ABOULER.

Donner de bonne ou mauvaise grâce.

EXEMPLE. – *« Tous à plat ventre et jouez pas au con ! Le premier qui bouge aura plus jamais l'occasion de se limer les ongles. Toi, le gros lard, secoue ta gélatine, délourde le coffiot et aboule l'oseille ! »*

ABREUVOIR A MOUCHES.

Cicatrice ou blessure sanguinolente.

EXEMPLE. — *Estafilé de l'oreille à la bouche, le mec avait un bel abreuvoir à mouches.*

ABRICOT.

Sexe féminin.

EXEMPLE. — *Quand tu roules une pelle d'acier à Lily-Volcan, y'en faut pas plus pour qu'elle ait l'abricot en folie !*

ACCROCHÉ.

1) Pris. Dépendant. Accoutumé.

EXEMPLE. — *Que tu soyes accroché à l'acide ou au Ricard, de toute façon t'es bon !*

2) Couvert de dettes.

EXEMPLE. — *Pour la fraîche, peau de zébi ! Mimile peut pas nous filer un flèche, il est déjà accroché chez le louchébème et l'épicemar où il paye à croum depuis des siècles !*

ACCROCHER (se l').

Ne pas compter dessus.

EXEMPLE. — *Bébert la Poisse peut toujours se l'accrocher pour son alloc vieillesse ! La Gina l'a valisé pour un Crouille qui est monté comme un taureau normand !*

ACCUS (recharger les).

Remplir son verre, boire.

EXEMPLE. — *A force de recharger les accus le polak blindé à zéro s'apercevait même pas qu'il licebroquait les Ricards dans son grimpant.*

ACCUSER LE COUP.

Réagir dans une situation.

EXEMPLE. — *Tu parles d'un mec, ce Jean Moulin ! Quand la Gestap lui a écrasé les salsifis, paraît qu'il a même pas accusé le coup !*

ACTIVER LA COMBUSTION.

Exciter le ou la partenaire.

EXEMPLE. – *Elle est pas farouche et, si j'veux sa bouche, pas besoin de supplications, d'activer la combustion.*

ADJAS (mettre les).

S'enfuir ou partir.

EXEMPLE. – *Primo, j'y ai roulé mes galoches moi-même et d'autor j'y ai balancé la louche à l'économat. Mais quand j'ai bloqué mes franc-forts sur le service trois pièces de « Mlle Camille », j'ai mis les adjas vite fait !*

ADJUPÈTE.

Adjudant.

EXEMPLE. – *L'adjupète, à force de se faire encaldosser par le major, y défile sur les Champs comme un ancien de Saumur qui a paumé son gail !*

AFANAF.

Moitié moitié.

EXEMPLE. – *Dudule avait attriqué la fabrique de surgelés afanaf avec son beauf qui sortait du séchoir et venait de déplanquer les deux cents briquettes du scandale immobilier que tout le monde avait oublié.*

AFFAIRE.

Amant ou amante exceptionnel.

EXEMPLE. – *La môme Dolorès, la gonzesse à Jeannot, c'est pas une chagatte qu'elle a, c'est un vrai casse-noix ! Il le dit lui-même, au pageot c'est une sacrée affaire !*

AFFAIRES.

Règles.

EXEMPLE. – *La sœur de Paulo les P'tits Pieds,*

dès qu'elle a ses affaires, elle laisse tomber les clilles et avec sa copine Lilette elle tape le carton pendant quatre jours !

AFFALER (s').

Parler, avouer, cracher le morceau à la police.

EXEMPLE. – *Quand le mec a vu gicler le raisiné de son fer à souder, les poulagas ont tout de suite pigé qu'il allait s'affaler !*

AFFICHE (l').

Celui ou celle qui se fait remarquer exagérément.

EXEMPLE. – *Quand Riton Gueule en Or bouffait les flûtes de champ' dans le rade bourré de caves ahuris, tu peux croire que c'était l'affiche !*

AFFICHER (s').

Se faire remarquer.

EXEMPLE. – *J'avais dit à Huguette, un peu cul béni sur les bords : « Va pas t'afficher à la messe avec ta minijupette à ras des noix ! » Ça a pas loupé ! Quand il a maté ce petit lot, le radis noir avait les gobilles qui lui giclaient par la tonsure !*

AFFURE.

Profit plus ou moins louche.

EXEMPLE. – *« J'ai une affure à te proposer : afanaf ; les éconocroques d'une viocarde autant miro que sourdingue qui crèche seulabre. On lui fait le coup de l'« Homme des vœux » et c'est dans la fouille ! »*

AFFURER.

Gagner, se procurer, recevoir.

EXEMPLE. – *Un jeu de photos salingues au bout des pognes, Pipo le Borgne avait affuré dix quebris en faisant du gouale à la mousmée du P.D.G. Césarine, qui de toute évidence prenait du rond en gros plan dans un gourbi de Barbès, avait casqué aussi sec pour pouvoir bouziller les négatifs...*

AGACER LE SOUS-PREFET (pour un homme).

Se masturber.

EXEMPLE. – *Devant ce défilé de miss les doudounes au vent et le joufflu rebondi, Alberto dégaina sous la carante pour agacer le sous-préfet.*

AGITER (les).

Fuir au plus vite en agitant ses jambes.

EXEMPLE. – *Quand Pierrot a vu qu'Ernest le Dingue avait balancé la sauce en plein Crédit agricole, il était plus question de carbure. Fallait les agiter !*

AGRAFER.

Saisir avec ou sans délicatesse.

EXEMPLE. – *En moins de temps qu'il en faut à un percepteur pour te piquer tes fifrelins, le boa avait agrafé le lapin !*

AGRAFER (se faire).

Se faire prendre.

EXEMPLE. – *Se faire agrafer par Ginette la première fois qu'il carambolait Gretta, c'était pas de fion pour Antoine !*

AILE.

Bras. (S'emploie au singulier.)

EXEMPLE. – *En plein commissariat, chacun des flics la tenait par une aile pendant que le troisième se pointait la défonceuse en avant. « Bande de tantes, qu'elle leur dit, il est pas encore né le poulet qui me fera reluire ! »*

AILE (en avoir un coup dans l').

Se trouver en un triste état, soit en étant ivre, soit en essuyant un mauvais coup du sort.

Signifie également : avoir atteint la cinquantaine qui en chiffres romains s'écrit « L ».

EXEMPLE. — *« T'as vu le Marcel ? Ses trois femmes l'ont valisé quand il s'est pété la guitare à Courchevel ! Il en a sûrement un coup dans l'aile, il a dû rappliquer en stop ! »*

AIR (avoir la biroute à l').

Se balader nu.

EXEMPLE. — *Avec sa biroute à l'air, quand le radis noir lisait son bréviaire dans le camp de nudistes de Montalivet, il faisait son petit effet !*

AIR (jouer la fille de l').

Partir, s'évader, faire la belle.

EXEMPLE. — *Paraît que le Louis XVI, quand il a joué la fille de l'air, il s'est fait cravater connement par un mec qui l'a retapissé sur une thune de l'époque !*

AIR (faire une partie de jambes en l').

Faire l'amour.

EXEMPLE. — *A soixante-dix carats passés, Marguerite Moreno se tapait encore des parties de jambes en l'air ! Elle disait souvent elle-même en se marrant : « A mon âge, mon cul me coûte cher ! »*

ALLER AUX RENSEIGNEMENTS.

Explorer certain endroit précis en caressant le corps d'une femme.

EXEMPLE. — *Philo l'Explorateur, qui avait eu plusieurs fois des surprises désagréables dans ce genre de sport, allait toujours aux renseignements avant de mettre le nez dans la fourrure...*

ALLER (chez le voisin).

Se tromper de trou.

EXEMPLE. — *Monica poussa un cri : cet enfiffré*

de Walter en profitait qu'elle était ourdée pour aller chez le voisin !

ALLER VOIR SI LE GUICHET EST OUVERT.

Se dit quand un chien renifle le derrière d'une chienne.

ALLONGER (s').

Avouer. Trahir. Syn. de s'affaler.

EXEMPLE. – *Après avoir morflé deux-trois ramponneaux sur la gaufre et un coup de genou dans les pendentifs, le môme s'était allongé en chialant...*

ALLONGER (les).

Régler, payer ses dettes.

EXEMPLE. – *« Dis-moi, mec, on a occis ton dabe, t'as hérité de l'oseille, à présent faudrait voir à les allonger ! »*

ALLUMER.

1) Tuer, agresser.

2) Boire.

EXEMPLE. – *Faut se gaffer de Milou la Barrique, quand il est allumé, il vendrait ses vieux pour un pastaga !*

3) Provoquer, aguicher.

EXEMPLE. – *« T'as vu comment qu'elle s'y est prise pour allumer le dirlo, celle-là ! »*

ALOUF.

Allumette.

EXEMPLE. – *Depuis un mois qu'Albert était au trou sans en griller une, c'était bien la scoumoune d'avoir dégauchi une pipe à l'infirmerie et de pas avoir d'alouf pour l'allumer...*

ALPAGUE.

Veston.

EXEMPLE. — *Quand le traître a argougné James Bond par l'alpague pour le balanstiquer dans la fosse aux serpents, le mouflaga a lâché un cri qui a fait poiler tous les spectateurs du cinoche.*

ALPAGUER.

Arrêter quelqu'un.

EXEMPLE. — *Cette pomme-là empalmait les biftons dans les troncs d'église. Ils l'ont alpaguée vite fait !*

AMATEUR DE TERRE JAUNE.

Pédéraste.

EXEMPLE. — *Le président qui était un fervent amateur de terre jaune accordait volontiers une rallonge à ses ouvriers qui refilaient de la dossière à leur patron chéri...*

AMÉRICAIN ou AMERLOQUE (prendre pour un).

Prendre pour un riche.

EXEMPLE. — *La bagouse qu'elle avait engourdie à son vieux crabe, elle en voulait dix bâtons ! J'y ai dit : « Tu charries, fillette, faudrait pas me prendre pour un Amerloque ! »*

AMIDONNER LA MAIN DE MA SŒUR.

Éjaculer.

EXEMPLE. — *Y'a le zizi tout propre du blanchisseur.*
Celui qui amidonne la main de ma sœur...

AMINCHE.

Ami.

EXEMPLE. — *« Oh ! les aminches, laissez quimper, c'est moi qui douille la tournée ! »*

AMOCHER.

Frapper, abîmer quelqu'un.

EXEMPLE. — *Après quelques coups de genou*

amicaux dans les claouis, quand ils ont vu que le Raymond battait à Niort, les poulets l'ont salement amoché !

AMORTISSEURS.

Seins.

EXEMPLE. — *Les amortisseurs de la Lollobrigida, j'en connais plus d'un qui se les serait faits à la coque, même sans beurre et sans sel !*

AMOUR A LA PAPA (l').

Amour pratiqué bourgeoisement, sans surprise.

EXEMPLE. — *Avec le châssis qu'elle se payait, la pauvre Bella avait jamais connu que l'amour à la papa !*

AMYGDALES (se dégraisser les ou **avoir les amygdales en pente).**

Boire ou être quelqu'un qui aime boire.

EXEMPLE. — *Après un concerto de clarinette à moustaches, Milou le Délicat avait pris la bonne habitude de faire péter une roteuse pour se dégraisser les amygdales !*

AMYGDALES (se faire dégivrer les).

Pratiquer un baiser profond.

EXEMPLE. — *Elle te m'a coincé les labiales*
Pour me dégivrer les amygdales !

ANDOUILLE A COL ROULÉ.

Membre viril.

EXEMPLE. — *Quand la môme s'est retrouvée avec l'andouille à col roulé de l'Arbi entre les salsifis, elle a mis les adjas en appelant sa maman qui, elle au moins, aurait sûrement profité de l'occase...*

ANDOUILLE (crème d').

Semence, Insulte.

EXEMPLE. – *Mes parents chéris*
Ont de galantes prises de bec
Ils se traitent en langage fleuri
De crème d'andouille et de pauvre mec...

ANGORA.

Sexe de la femme.

EXEMPLE. – *C'est sans doute parce qu'elle avait toujours eu la nostalgie de ne pas être un mec, que « Langue de Velours » se faisait une paire de bacchantes avec l'angora de Marie-Lou.*

ANGUILLE DE CALEBAR.

Membre viril.

EXEMPLE. – *A la foire du trône, la môme Charline avait profité de ce que la chenille passait sous le tunnel pour faire une main tombée sur l'anguille de calebar de son voisin qui godait comme la colonne Vendôme...*

ANTIGEL.

Verre de gnôle.

EXEMPLE. – *Au kilomètre 308, Herbert le Nantais avait mis deux p'tits antigels dans son caoua avant d'attaquer le Morvan...*

APPUYER (s').

Supporter quelqu'un.

EXEMPLE. – *En dehors de ses talents de pompeuse de nœuds les jours fériés, la ponette à Pipo, faut s' l'appuyer !*

ARBALÈTE (filer un coup d').

Posséder physiquement un ou une partenaire.

EXEMPLE. – *Au premier coup d'arbalète dans l'entrée de service, la Ginette a hurlé comme si on l'égorgeait !*

Arabe.

Exemple. – *Les Arbis qui avaient pas voulu faire la grève à l'usine avec les « camarades » retrouvaient le soir même le feu à leur casbah et une bouteille de Coca dans le proze de leur moukère !*

ARCAN.

Voyou, malfrat.

Exemple. – *L'arcan s'était fait enchrister à l'enterrement de son ancien boss par les perdreaux qui l'avaient redressé malgré sa moumoute et ses bernicles fumées.*

ARCHERS (les).

Les policiers.

Exemple. – *Quand les archers ont entiflé dans la strasse, ils ont reconnobré aussi sec le sadique du Perreux à qui la gonzesse chialant sur le pageot venait de balancer une bastos en plein palpitant.*

ARCHI-POINTU.

Archevêque.

Exemple. – *C'est l'archi-pointu lui-même qui est venu bénir le marida de Johnny-Gâchette. Faut dire qu'il avait mis le paquet, il lui avait refilé pour ses œuvres la moitié du casse de la Société générale !*

ARDILLON.

Membre viril.

Exemple. – *D'un seul coup d'ardillon dans la boîte à ouvrage, Triquesec avait enveloppé le berlingue de la bêcheuse.*

ARÊTES (les).

1) Le dos.

EXEMPLE. – *T'as vu le costard qu'il avait sur les arêtes !*

2) Les côtes.

EXEMPLE. – *Pour moi toutes ces sacrées minettes d'aujourd'hui ont trop d'arêtes !*

ARGAGNASSES (avoir ses).

Règles.

EXEMPLE. – *Quand la môme Lucia a vu ralléger sa pote en train de chialer avec un coquard comac, elle lui bonnit : « Je t'avais bien dit : fais gaffe, quand la taulière a ses argagnasses, c'est pas le moment de lui demander une rallonge ! »*

ARGOUGNER.

Attraper. Saisir. Appréhender.

EXEMPLE. – *Furibard qu'il ait encaldossé sa frelotte, le gitan avait argougné Gros-Bec par le quiqui en serrant jusqu'à ce que la menteuse lui sorte entre les badigoinces...*

ARPIGNER.

Attraper. Saisir. Prendre.

EXEMPLE. – *Sentant venir la cagade, Bibi l'Ablette grimpa sur la carante de poker pour arpigner le lustre et, tout en jouant les Tarzan, balançait de grands coups de tatane dans la tronche des mimiles ahuris.*

ARPIONS (se laisser écraser les).

Les pieds.

EXEMPLE. – *On a pigé tout de suite que le bavard du René allait pas se laisser écraser les arpions !*

ARQUEPINCER.

Arrêter, appréhender.

EXEMPLE. – *Bobby les Manchettes s'était fait arquepincer par les gabelous à l'arrivée du tire-fesses de Chamonix. Ils l'ont pas eu duraille pour déplanquer les trois cents biftons bien au chaud sous son anorak avant que césarin se trisse à Genève.*

ARQUER.

Marcher.

EXEMPLE. – *L'hélico, les clébards et un car de C.R.S. au train, le pauvre Espingouin pouvait plus arquer !*

ARSOUILLE.

Voyou.

EXEMPLE. – *Quand le député a proposé l'affure, on a reniflé tout de suite que c'était arsouille et compagnie !...*

ARSOUILLER (s').

Se soûler.

EXEMPLE. – *Depuis que son p'tit gluant s'était viandé dans l'escalier, la bignole s'arsouillait tous les soirs au point qu'elle reconobrait plus les locataires...*

ARTICHAUT.

Porte-monnaie.

EXEMPLE. – *La môme Sandrine, qui était sentimentale et superstitieuse, gardait toujours un trèfle à quatre feuilles porte-bonheur au fond de son artichaut.*

ARTICHE.

Argent.

EXEMPLE. – *C'est quand t'as plus d'artiche que tu connais tes vrais copains !*

ARTICLE.

Couteau.

EXEMPLE. – *Jo le Saigneur se séparait jamais de son article, ne serait-ce que pour se curer les ongles ou les crochets après le repas...*

ARTILLERIE.

Arme.

EXEMPLE. – *Victor l'Ancien emportait jamais d'artillerie pour monter sur un casse. Il avait des principes !*

AS (plein aux).

Riche.

EXEMPLE. – *A voir ses crochets en jonc et les bagouses de diam qui alourdissaient ses merguez, on s'est vite gouré que le vioque était plein aux as!*

ASPERGES (aller aux).

Se dit d'une femme qui fait le trottoir.

EXEMPLE. – *Qu'il pleuve ou qu'il vente, Lola d'Ivry allait aux asperges tous les jours à six plombes à la sortie des boulots ! On peut dire que Simon avait un sacré vase !*

ASSAISONNER (ou **se faire**).

1) Donner, recevoir des coups.

2) Être lourdement condamné.

EXEMPLE. – *Buffet et Bontemps se font fait salement assaisonner ! Faut dire qu'ils y étaient pas allés avec le dos de la cuillère !*

ASSEOIR SUR LE BOUCHON (s').

Expression imagée qu'il ne paraît pas indispensable d'expliquer.

EXEMPLE. – *(Tout de même !) : Quand Troisquintaux rallégeait dans la turne à Karine, la môme qui voulait pas se laisser enjamber par ce gros lard le couchait sur le dos et lui tétait le chalumeau avant de le finir en s'asseyant sur le bouchon...*

La cour d'assises.

Exemple. – *Avec le curieux qu'on nous a filé, on est bon pour les assiettes !*

ASSISTER.

Aider un ou une amie dans le besoin.

Exemple. – *Mélanie la Gagneuse, que tout le monde prenait pour une pétasse, avait assisté Gaston les Rouflaquettes pendant ses cinq piges de placard ! Chapeau !*

ASTIBLOCHE.

Asticot.

Exemple. – *Pas étonnant que ça chlingue ! Quand on a découvert la mémé crounie au milieu de ses greffiers, ça grouillait d'astibloches dans toute la carrée !*

ATHLÈTE.

Billet de 100 francs.

Exemple. – *En quittant le casino, paraît qu'Onassis filait facilement un athlète au loufiat qui lui ouvrait la portière de sa guinde.*

ATOUT (avoir de l').

1) Avoir des qualités qui en imposent.

2) Coup.

Exemple. – *Le Paulo a filé des atouts au mouton jusqu'à ce qu'il s'allonge !*

ATTAQUER A CINQ CONTRE UN.

Pour un homme, se masturber.

Exemple. – *Quand il restait puni tout seul le soir après la classe, pendant que le prof corrigeait les devoirs, Yvon attaquait à cinq contre un en matant la photo de Bo Derek à loilpé qu'il avait découpée dans* Lui !

ATTELÉ (être).

Se dit d'un maquereau qui exploite plusieurs femmes.

EXEMPLE. – *Attelé comme il était à trois écrémeuses, avenue Foch, Bibi la Frite en étalait tant qu'il pouvait devant ses potes...*

ATTIGER.

1) Blesser. Frapper.

2) Exagérer, pousser loin le bouchon.

EXEMPLE. – *Quand le bosco a dit à Louisette : « Tu peux pas me faire un petit rabais à cause de ma bosse ? » la môme lui a répondu : « Dis donc, le bombé, faudrait voir à pas attiger, mon grand... »*

ATTIGER (se faire).

Contracter une maladie vénérienne.

EXEMPLE. – *Quant P'tit Louis a sorti sa balayette infernale, le toubib a tout de suite vu qu'il s'était fait salement attiger !*

ATTRIQUER.

1) Prendre.

2) Acheter.

EXEMPLE. – *Billy le frisé avait attriqué une platine de premier choix pour pouvoir calcer les nénettes en esgourdant les Pink Floyd !*

AUTOR (d').

D'autorité. Sans hésiter.

EXEMPLE. – *Les habillés avaient entiflé d'autor dans la strasse, sans se gourer que la famille veillait depuis deux jours le « tueur de Créteil » qui était venu calancher chez la mamma...*

AUVERPIN.

Auvergnat.

EXEMPLE. – *L'Auverpin avait la sale manie de*

récupérer en remontant le beurre qu'il venait d'étaler sur le sandwich en descendant...

AVALER LA FUMÉE.

Avaler le sperme.

EXEMPLE. — *Riton Beaux Yeux avait berluré la rouquine en lui expliquant que le foutre d'un mec c'était un sacré fortifiant ! Depuis, elle avalait la fumée comme un premier communiant le petit Jésus !*

AVANT-SCENE.

Seins, poitrine de femme.

EXEMPLE. — *Quand elle a tourné « Pain, amour et fantaisie », la môme Lollobrigida qui ne cachait pas ses talents vous exhibait un mignon pétoulet et une superbe avant-scène capables de faire triquer un radical-socialiste... !*

AVARO.

Accident, empêchement, impondérable, désagrément.

EXEMPLE. — *Quand on démurgeait d'une banque avec la rousse au fion y avait neuf chances sur dix pour qu'on ait un avaro avec la charrette pourrie qu'avait piquée Momo ; comme y disait : « J' peux quand même pas demander au mec à qui je l'ai chouravée si elle tourne rond ! »*

AVOINE (filer une).

Battre quelqu'un.

EXEMPLE. — *Le mouflet qui avait surpris son dabe en train de caramboler l'infirmière se gourait bien que s'il l'ouvrait il allait morfler l'avoine du siècle...*

AVOINER (quelqu'un ou **se faire).**

Battre ou se faire battre.

EXEMPLE. — *Tous les matins en rentrant du*

turf, Gina se faisait avoiner par Marcel. Il voulait pas passer pour un faible !

AVOIR (en). (Sous-entendu : **des couilles**).

Être courageux. Être un homme complet.

EXEMPLE. – *Si ma tante en avait, elle aurait un vélo d'homme.*

AVOIR LA MOELLE.

Avoir de la santé. Être entreprenant. Volontaire. Courageux.

EXEMPLE. – *Pour passer au flan plus d'un milliard de faux talbins à la douane dans sa contrebasse à cordes, fallait que Diego ait une sacrée moelle !...*

B

Brancards. Brouette de Zanzibar *Dessin de Mose*

BABA.

Sexe féminin.

EXEMPLE. – *Tout en tricotant un pull raglan pour Nénesse qui devait décarrer aux sports d'hiver, la môme Huguette se faisait brouter le baba par Alfonso, son amant de cœur !*

BABA (mettre dans le, l'avoir dans le).

Léser quelqu'un ou l'être soi-même.

EXEMPLE. – *Quand le fourgue a casqué Freddo pour les diams de la marquise, c'est Fred lui-même qui en avait fixé le prix, l'article en pogne !*

Pas question encore une fois de l'avoir dans le baba !

BABA (en rester).

Stupéfait.

EXEMPLE. – *Quand la môme Crevette n'avait que douze piges, elle est allée bonnir à ses vieux qu'elle venait de se faire casser le pot par un Arbi ! Ils en sont restés baba !*

BABA DE PISSOTIÈRE.

Croûton de pain que des amateurs inspirés laissent imbiber d'urine avant de le déguster !

EXEMPLE. – *Le Blême se défoulait en avoinant sa régulière quand il rallégeait de sa tournée nocturne dans les tasses, sans avoir dégauchi quelque baba dont il était dingue !...*

BABOUINES.

Lèvres.

EXEMPLE. – *Chez Yvon le Lorientais, on s'en était foutu plein les babouines avec ses moules au muscadet !*

BACCARA (être en plein).

Être en pleine déconfiture, avoir des ennuis jusqu'au cou, être malchanceux.

EXEMPLE. – *Un maton refroidi, les sirènes qui hurlaient, les projos braqués sur la toiture du bigne et la sulfateuse qui commençait sa chansonnette, Tino était en plein baccara...*

BÂCHE.

Casquette.

EXEMPLE. – *Même quand il tirait sa crampette, le grand René gardait sa bâche vissée sur le trognon !*

BÂCHER (se).

Se coucher au lit.

EXEMPLE. — *Quand il était sur un casse, Bob le Solitaire se grattait pas pour se bâcher avec la bourgeoise à qui il avait engourdi ses diams, si peu qu'elle soit laubée...*

BADA.

Chapeau. Porter le bada : endosser une accusation (parfois involontairement) à la place d'un autre.

EXEMPLE. — *Rien qu'à l'idée d'être moulé dans un tonneau en béton, le Frisé avait refusé de porter le bada pour cette ordure de Julio !*

BADIGOINCES.

Lèvres. Syn. de babouines.

EXEMPLE. — *Vexé de s'être fait traiter de trou-du-cul, le loufiat, pinçant sauvagement le blair du grossium, lui fit avaler le Davidoff qu'il tétait entre les badigoinces...*

BAFFIES.

Moustaches.

EXEMPLE. — *Avec ses baffies en guidon de vélo et son portemanteau dans le pantalon, Julio tombait toutes les sœurs qu'il voulait...*

BAFOUILLE.

Lettre.

EXEMPLE. — *Menaçant d'envoyer une bafouille au mari, Jeff le Cobra attriquait un max d'oseille en faisant du gouale aux rombières qu'il sautait à la décarrade des salons de thé.*

BAGOT.

Bagage — Faire les bagots : voler les bagages dans les gares ou les aéroports.

EXEMPLE. — *Trois plombes après sa décarrade des Baumettes, Tonin, qui avait pas une thune, s'était fait gauler à Marignane en train de faire les bagots.*

BAGOULER.

Parler.

EXEMPLE. – *Tout en lui titillant le flageolet, la gonzesse, qui arrêtait pas de bagouler, débitait tellement de conneries qu'au bout d'une plombe Freddy bandait toujours comme un serpentin ! Il allait être obligé de se finir lui-même à la manivelle !*

BAGOUGNASSES.

Lèvres.

EXEMPLE. – *Tous les soirs, avant de ralléger chez sa bourgeoise, le dirlo se briquait Popaul au baveux, because « Sucette » sa secrétaire « particulière » qui se cloquait des kilos de rouge sur les bagougnasses...*

BAGOUSE.

1) Anus. Refiler de la bagouse : pratiquer la pédérastie passive.

1er EXEMPLE. – *Totor le Câlin espérait tomber sur le juge de Rouen qui avait la réputation de refiler de la bagouse !*

2e EXEMPLE. – *Voyant le mec arriver en tortillant son panier à crottes, la « veuve joyeuse » fit la grimace, se gourant bien que cette chochotte refilait de la bagouse à tout berzingue !...*

2) Bague.

EXEMPLE. – *La sous-préfète, quand elle allait se faire éponger à Pantruche, laissait toujours ses bagouses à la maison. Pas folle la viocque !*

BAGUETTE(S) (filer un coup de, ou **lui en filer un coup dans les).**

Posséder quelqu'un charnellement.

EXEMPLE. – *C'est dans le cimetière, à quinze piges, que pour la première fois Myriam s'en était fait filer un coup dans les baguettes par le jardinier qui entretenait les tombes...*

BAHUT.

Taxi.

EXEMPLE. – *Convoqué au lardu, le chauffeur du bahut avait retapissé Justin en s'écriant : « C'est bien lui, m'sieur le commissaire, avec son bec-de-lièvre, je l'ai reconnu tout de suite... »*

BAIGNER DANS L'HUILE, DANS LE BEURRE, DANS LA SAUMURE.

Aller parfaitement.

EXEMPLE. – *Depuis plus d'une plombe que Bibil, Tonio et cézigue s'acharnaient sur le coffiot à tour de rôle, Clo, inquiète, monta dans les combles pour remplacer Bob qui faisait le pet par la lucarne.*

« Alors ?

– T'inquiète ! Ça baigne dans l'huile ! »

BAIGNEUR.

1) Sexe féminin.

2) Postérieur.

EXEMPLE. – *Qui soyent rupins ou qui soy'nt fleurs*
Les plus mariol's l'ont dans l'baigneur.

BAIL (un).

Depuis longtemps. Syn. de : une paie.

EXEMPLE. – *Y'avait un bail que Riton avait pas grimpé Ginette. Elle commençait à renauder !*

BAILLE (la).

L'eau de rivière ou de mer.

EXEMPLE. – *Il s'agissait de déhotter dans un p'tit rafiot clandé, bourré de Chinetoques, qui avaient filé tout leur artiche pour se tailler vers Hong Kong. Si la vedette des poulagas se pointait, on était bon pour la baille, vue que le convoyeur nous avait ficelé les pognes et les nou-*

gats ensemble et qu'il restait plus qu'à nous virer par-dessus bord en cas de pet !

BAISE.

Amour physique.

EXEMPLE. — *« Pour mézigo, la bouffe et la baise y a pas au-d'ssus ! » Ainsi jactait Rabelais qui en connaissait un rayon !*

BAISER.

Faire l'amour. À la papa, bourgeoisement, à couilles rabattues, tant qu'on peut ! En levrette, en canard, en cygne, etc. Baiser à la riche : par l'orifice non traditionnel.

EXEMPLE. — *Le dimanche matin, si c'est debout qu'on baise, je prendrai les patins !*

BAISER (se faire).

Se faire prendre, duper, surprendre.

EXEMPLE. — *Cette pomme d'Anatole s'est fait baiser en décambutant du bar à Doumé. Il était gelé à mort et a traité les flics d'enculés avant de morfler une fricassée de ramponneaux sur la calebasse !*

BAISODROME.

Bordel, ou lieu de partouzes, ou chambre à coucher.

BALAIS.

Ans. (S'emploie uniquement au pluriel.)

EXEMPLE. — *A dix-huit balais on leur dit merde et on s'tir' en vitesse.*

BALAISE.

Bâti en force, imposant.

EXEMPLE. — *Je l'aurais bien traité de pédale, mais il était trop balaise pour mézigue !*

BALANCER.

Dénoncer.

EXEMPLE. – *Le mec qui a balancé Freddy le Dingue devait bien se gourer qu'il n'arriverait jamais à user ses godasses neuves !*

BALANÇOIRE.

Indicateur.

EXEMPLE. – *À sa façon de poser négligemment des questions tout en reboutonnant sa braguette, Érica a pigé vite fait que le gustave reniflait la balançoire à plein nez !...*

BALANSTIQUER.

Dénoncer. Syn de balancer.

EXEMPLE. – *Quand elle a appris qu'elle était doublée par Suzy Gueul' d'Ange, Zizi Crampette a balanstiqué Freddo aux poulagas pour le casse de la poste d'Ivry !*

BALAYETTE INFERNALE.

Membre viril.

EXEMPLE. – *Quand le Gabonnais s'est pointé dans la sacristie la balayette infernale en pogne, les bonnes sœurs mataient l'engin comme des gardiens de phare, tout en appelant Jésus !*

BALCON.

Poitrine de femme.

EXEMPLE. – *À treize ans déjà, Olga Patte en l'Air était bousculée comme une sirène, elle avait le dargif prometteur et du monde au balcon !*

BALLE (trou de).

Trou du cul.

EXEMPLE. – *Le p'tit René Bichette, qui tapinait aux Champs, redoutait comme la peste le chibre des Africains qui lui laissait le trou de balle comme un pissoir en démolition !*

BALLOCHARDS.

Seins.

EXEMPLE. – *Le juge, fasciné par ses fabuleux ballochards, n'avait filé que huit jours avec sursis à la môme Nadine en notant bien au passage son blaze et son turlu ; ça pouvait toujours servir !*

BALLOCHES.

Testicules.

EXEMPLE. – *Petites, noires et à ras du cul, les balloches à Fernand, y'a plus d'une gourmande qui en avait fait son quatre-heures !*

BALLON.

Prison.

EXEMPLE. – *Nénesse a morflé deux marcotins de ballon pour avoir engourdi le larfeuille d'un cave aux courtines.*

BAMBOU.

Membre viril.

EXEMPLE. – *Le vieux Victor Beau Chibre, qui s'était enjambé la bonniche de Martine Carol, s'était mis dans le trognon de faire une carrière au cinoche à coups de bambou !*

BAMBOULA.

Fête.

EXEMPLE. – *Quand il a enterré sa rombière qui l'avoinait régulièrement, le vieux crabe a fait une bamboula à tout casser !*

BANANE (avoir la).

1) Arborer un grand sourire.

EXEMPLE. – *Quand le grand Phil a morflé ses vingt piges de placard, cécolle avait gardé la banane... Y'a que son débarbot qui s'épongeait la frite !...*

2) Être en érection.

Exemple. – *C'est pas parce qu'il avait 28 balais que Renaud triquait sur commande. À la 8e prise du film porno* Érections municipales, *ça lui était duraille d'avoir encore la banane...*

3) Avoir une coiffure en forme de banane.

Exemple. – *Dick le Rocker passait deux plombes devant sa glace à choucrouter sa banane avec son crasseux et la laque de sa frelotte, avant d'aller retrouver ses potes, sa râpe en bandoulière.*

BANDANT(E).

Séduisant(e).

Exemple. – *D'après ce qu'ils en disent, la môme Jeanne d'Arc était bandante comme une casserole de pois chiches !*

BANDER.

1) Pour un homme, être en érection.

Exemple. – *Si vous voyez Estelle*
Dites-lui, mes amis,
Que je bande pour elle
Que j'en perds l'appétit.

2) Se dit aussi d'une femme qui désire quelqu'un sexuellement.

BANDER QUE D'UNE.

Avoir peur.

Exemple. – *Quand il a vu débouler les gabelous dans sa casbah, Albert, qui bandait que d'une, se mit à flasquer méchamment dans son grimpant...*

BANNES

Les draps.

Exemple. – *Après huit plombes de marche forcée sous un moulana de plomb avec l'adjupète au fion, Antoine, sans même briffer, s'était directo glissé dans les bannes en rallégeant à la caserne.*

BAQUET.

Ventre.

EXEMPLE. – *Avant de déhotter du commissariat, Louis les P'tits Pieds a fait faire cent lignes de « Mort aux vaches » à tous les poulagas ! Fallait en avoir dans le baquet !*

BARAKA.

Chance.

EXEMPLE. – *On peut dire que « Papa de Gaulle », qui avait échappé à plus d'une douzaine d'attentats, se trimbalait une drôle de baraka !...*

BARAQUE (casser la).

Avoir du succès, faire un tabac !

EXEMPLE. – *Tous ses admirateurs ont encore en mémoire l'inoubliable soirée d'adieu de l'ami Jacques Brel qui avait cassé la baraque à l'Olympia !*

BARAQUÉ.

Bien bâti, costaud.

EXEMPLE. – *Baraqué comme il est, le Charlton Heston, il a qu'à secouer son pieu à baldaquin pour que tous les matins il lui dégringole douze gonzesses dans le café au lait !*

BARATINER.

Séduire par des paroles, convaincre.

EXEMPLE. – *Inutile de baratiner le juge, Luc avait un dossier d'accusations noir comme un mur de chiottes de caserne !*

BARBOTTE.

Fouille des détenus ou des prostituées.

EXEMPLE. – *Quand elle s'est fait embarquer, Rosa la Taulière s'était cloqué le solitaire de la vieille tante dans la chagatte. Elle mouillait pour la barbotte !*

BARBOUZE.

1) Espion.

EXEMPLE. – *Mon épouse, elle est jalouse*
C'est pour ça qu'elle me fait filer
le train par des barbouzes.

2) Barbe.

EXEMPLE. – *Le rabbin passait pas inaperçu avec sa chiée barbouze quand il sortait de chez Mme Irma. Paraît-il que ses gamines avaient un faible pour son piège à vermicelles !*

BARBU.

Système pileux du sexe féminin.

EXEMPLE. – *Elle s'est mise à appeler sa dabe quand j'y ai fait une descente au barbu !*

BARDA.

Billet de dix francs.

EXEMPLE. – *De quoi ? Cent bardas pour tirer sa crampette ? Où t'as vu jouer ça ? J'aime encore mieux me griffer le macaroni tout seul, ça sera plus économique !...*

BARIL DE MOUTARDE.

Cul.

EXEMPLE. – *Dans tous les guinches africains de Paris, Billy l'Endoffé cavalait comme un dingue après les noircicauds pour se faire taper dans le baril de moutarde.*

BARJOT.

Fou.

EXEMPLE. – *Ça s'est gâté quand Léonie a traité le guignol de barjot !*

BARLU.

Bateau.

EXEMPLE. – *Le barlu quittait une fois par mois le nord de la Colombie pour Cuba qui traitait la schnouff avant de la convoyer vers Miami dans des boîtes de sauce tomate à double fond.*

BAROUF (faire du).

Mener grand bruit. Syn. de faire du foin.

EXEMPLE. – *Chaque fois qu'il était en manque c'était recta, Jo la Piquouse faisait du barouf !*

BARRAGE (tir de).

Mesures draconiennes prises pour empêcher l'exécution d'un projet.

EXEMPLE. – *Doulos l'avait saumâtre d'avoir pas pu ouvrir sa boîte à Pigalle. Le gérant s'était d'abord déballonné ; ensuite les papelards, les autorisations de la préfectance, on lui avait tout refusé. Tony le Corsico l'avait pourtant prévenu : « Tant que tu seras pas d'accord pour casquer, on fera le tir de barrage. »*

BARREAUX D'ÉCHELLE DE SECOURS.

Côtes.

EXEMPLE. – *Pour consoler la môme Peigne Fin, je la prenais bien serrée contre moi, et je comptais les barreaux de ses échelles de secours...*

BASCULE À CHARLOT.

Guillotine. Syn. d'abbaye de monte-à-regret.

EXEMPLE. – *Quand j'ai maté les deux poulets crounis, j' m'ai dit : « Tatave, t'es bon pour la bascule à Charlot ! »*

BASCULE (avoir des chaussures à).

Être en état d'ébriété avancé.

EXEMPLE. – *Pompon la Riflette avait renoncé à l'idée de calcer mémère sous le porche de l'im-*

meuble tant il avait du mal à tenir sur ses pompes à bascule !

BASSINER.

Importuner, agacer.

EXEMPLE. – *Dans son hamac sous le beau-blond, le dabe dit à son lardon qui lui râpait les burnes avec son jouet électronique sonore : « Arrête de nous bassiner sinon on t'envoie en colo ! »*

BASTOS.

Balle d'arme à feu. Avoir une bastos dans le placard.

EXEMPLE.

« Vous l'avez eu ? demanda le commissaire.

– Sûr qu'on l'a eu, le fumier, mais pas sans casse.

– C'est-à-dire ?

– Le sous-chef, chef, il a morflé une bastos dans le baquet... »

BÂTON (avoir le).

Être en érection. Syn. d'avoir le petit pain !

EXEMPLE. – *Pour ce qui est de la tringlette, le beau Ric était un vrai clébard ! Rien qu'à mater une Sainte Vierge en plâtre dans une procession lui filait le bâton !*

BÂTON (un).

Un million.

EXEMPLE. – *Quand je pense que pour une « deux-pattes » aujourd'hui faut casquer plus de deux bâtons !*

BATTANT.

Cœur. Syn. de palpitant.

EXEMPLE. – *À ce rencart j'avais le battant*
Qui cognait comme un débutant.

BATTERIE DE CUISINE.

Décorations.

EXEMPLE. – *Quand j'étais mouflet et que le 11 novembre je voyais tous ces pauvres grands-pères apporter une gerbe au monument aux morts, je pensais déjà qu'avoir toute une batterie de cuisine sur le poitrail pour remplacer un bras ou une jambe (ou les deux !) n'était pas un troc bien raisonnable.*

BATTRE À NIORT.

Mentir. Nier.

EXEMPLE. – *C'est quand il sentit la lame Gilette lui entamer la peau des roustimballes que Ramon arrêta de battre à Niort. « Je vous cracherai tout le paquet, il leur dit, mais touchez pas au bonheur des dames... »*

BATTRE LES COUETTES (s'en).

S'en moquer.

EXEMPLE. – *La mouflette répondit à ses vieux qui voulaient l'obliger à mater la téloche : « Du prix du chou-fleur, des radicaux, moi je m'en bats les couettes. »*

BAVARD.

1) Avocat. Syn. de débarbot.

EXEMPLE. – *Ils m'avaient cloqué un bavard qui bégayait comme un disque rayé ! Les carottes étaient cuites !*

2) Postérieur.

EXEMPLE. – *Quand Monette la dactylo quittait sa chaise pour aller chez le dirlo, tout le personnel masculin biglait ses cannes et son bavard qui valaient largement le premier étage.*

BAVARDE.

Langue.

EXEMPLE. – *Pendant l'Occupation, si on voulait pas aller apprendre le chleuh à Mathausen, fallait tenir sa bavarde !*

BAVASSER.

Bavarder inconsidérément, médire.

EXEMPLE. – *La bignole du 38 et celle du 40 passaient leur matinée entière à bavasser sur les histoires de cul de tous leurs locataires... Et ça faisait de l'ouvrage... !*

BAVER SUR QUELQU'UN.

Critiquer, dénigrer.

EXEMPLE. – *Au guichet de la banque, y'avait derrière nous deux vieilles autruches en tablier qui bavaient sur les hippies et la jeunesse d'aujourd'hui.*

BAVER SUR LES ROULEAUX.

Agacer.

EXEMPLE. – *« Tu commences à me baver sur les rouleaux ! » disait Didine à Fernando qui voulait savoir à tout prix pourquoi elle renquillait à six plombes du mat' avec les châsses en portefeuille !...*

BAVER (en).

1) Ou en faire baver : souffrir, subir.

EXEMPLE. – *Ces déchirures au bord de tes yeux doux*
Disent que tu en as bavé un peu beaucoup.

2) Être muet d'étonnement, d'admiration.

EXEMPLE. – *Quand Pépé la Jactance*
Truand de Gennevilliers
Nous causait de la vieille France
Nous tous on en bavait.

BAVETTE (tailler une).

Parler, bavarder.

EXEMPLE. – *Quand les clients voulaient tailler une bavette, Minouche, qui était timide, leur polissait le chalumeau ; ça lui évitait de répondre !*

BAVEUX.

1) Savon.

EXEMPLE. – *François la Schlingue ! le baveux, il avait jamais entendu parler !*

2) Journal.

EXEMPLE. – *Qu'est-ce qu'ils racontent comme conneries dans les baveux !*

BEAU-BLOND (le).

Le soleil

EXEMPLE. – *Le beau-blond avait choisi le 14 juillet pour réchauffer la théière des Parisiens. Le président, qui remontait les Champs devant une flopée de généraux et d'anciens combattants, gambergeait tristement : « Qu'est-ce que je serais mieux à pêcher au bord d'un étang au lieu de me faire chier la bite avec tous ces cons ! »*

BEAUF.

Beau-frère.

EXEMPLE. – *Le beauf de Cabu, dans* Charlie-Hebdo, *il a vraiment une tronche à bloquer les roues de corbillard !*

BEAUJOL – BEAUJOLPIF – BEAUJOLPINCE.

Beaujolais.

EXEMPLE. – *Vers huit plombes du mat', au bord de ce lac canadien, Bernard détestait pas déboucher la première boutanche de la journée. Bras tendu et rouille en pogne, il dit au trappeur qui était en train de riffauder nos truites : « Vous en voulez, monsieur Malfi ? C'est du beaujolpif ; ça peut pas vous faire de mal, ça vient de mon pays... »*

BÉBÉ ROSE.

Lait-grenadine.

EXEMPLE. – *« Un Melécass, deux noirs, un perroquet et un bébé rose ! » cria le loufiat au patron qui avait les paluches occupées dans le slibar de la barmaid...*

BÉBÊTE.

Sexe masculin.

EXEMPLE. – *C'est le printemps !*
Pinocchio qui voit que sa bébête
S'allonge autant que son pifomètre
Renverse les chaises en pleurant.

BÉCHAMEL.

Très mauvaise situation.

EXEMPLE. – *Le Bokassa, quand il a eu becqueté deux pensionnats de lardons, il a vite pigé qu'il s'était foutu dans une sacrée béchamel !*

BÊCHEUR (euse).

1) Prétentieux, vaniteux, méprisant.

2) (L'avocat) général.

EXEMPLE. – *Quand Alfredo a esgourdé la sentence de vingt piges, il s'est juré à sa sortie de refroidir l'avocat bêcheur, si l'enfoiré avait pas la mauvaise idée de calancher avant...*

BECTANCE.

Nourriture.

EXEMPLE. – *Quand Alain Chappel veut jaffer correctement à Lyon, il va déguster la bectance chez Léa, c'est dire !*

BECTER ou **BECQUETER.**

Manger.

EXEMPLE. – *Les flics nous gênaient pas, groupés autour d'un poêle*

Dans un commissariat y bectaient des p'tits-fours.

BECTER (en).

Être indicateur de police.

EXEMPLE. – *« Gaffe-toi d'Alexis, il en becte ! »*

BÉGONIA.

Sexe de la femme.

EXEMPLE. – *A loilpé sur le pageot, Pépita, tout en s'agitant deux salsifis dans le bégonia, dit à Marcello : « Tu vois, chéri, quand t'es pas là, je me joue un air de mandoline en pensant à toi... »*

BEIGNE(S).

1) Coup, gifle.

2) Au pluriel : applaudissements.

EXEMPLE. – *Après le bide retentissant qu'elle venait de prendre avec les trois beignes qu'elle avait récoltées dans la salle, la chanteuse gambergea qu'il valait encore mieux épouser un petit vieux bien propre et qui crache bien jaune...*

BELLE (se faire la).

S'évader.

EXEMPLE. – *Sergio la Poisse s'était fait la belle juste le jour de sa remise de peine. Les gaffes l'avaient pas mis au parfum !*

BELLE (mener en).

Duper quelqu'un.

EXEMPLE. – *La ponette s'était laissé mener en belle par ces deux ordures du bastringue qui l'avaient méchamment satanée avant de la passer à la casserole...*

BÉNARD ou BÉNOUZE.

Pantalon.

EXEMPLE. – *Après l'avoinée que lui avaient filée les bourres, il avait la menteuse comme une brioche au chocolat et le bénard qui lui dégringolait sur les fumeuses !*

BÉNITIER.

Sexe de la femme.

EXEMPLE. – *Dans la salle obscure de projo, ce connard de producteur avait cru que son artiche l'autorisait à faire une main tombée sur le bénitier de la jeune première. La va-te-laver qu'il a prise en pleine poire l'a mis tout de suite au parfum qu'y avait gourance...*

BEREZINA.

Désastre. Ennui sérieux.

EXEMPLE. – *Ernest avait pris deux valdas dans le baquet, et, quand on a déhotté de cette putain de bijouterie, tout le pays était verglacé ! Tu parles d'une Berezina !*

BERGES.

Années. Généralement employé au pluriel.

EXEMPLE. – *Son vieux lui avait appris à piloter le zinc pour passer la came, il avait même pas dix-huit berges !*

BERGÈRE.

Femme, maîtresse régulière.

EXEMPLE. – *Tous les dimanches matin, la Barbotte se pointait à Saint-Séverin, avec sa bergère et ses gniards qui avaient pas leur pareil pour empalmer l'osier des pécheurs pendant la communion !*

BERLINGUE ou BERLINGOT.

1) Clitoris.

EXEMPLE. – *... Soudain jaillit*
Le berlingot rose
Vers ma bouche éclose
Comme un flamant rose
S'échappe du nid.

2) Virginité.

EXEMPLE. – *Paraît que la môme Jeanne d'Arc veillait sur son berlingot comme les Amerloques sur le jonc de Fort-Knox !*

BERLUE.

Couverture.

EXEMPLE. – *Au séchoir de Dupleix où il avait morflé avec mézigue de huit jours pour absence illégale, Rico hurlait au charron après l'enculé de frais qui lui avait enveloppé sa berlue...*

BERLURER (se).

Se faire des illusions.

EXEMPLE. – *Tous les caves qui décarrent de Lourdes après le bain en pensant piquer un cent mètre se berlurent sec !*

BERNARD (rendre visite à).

Vieille expression de la deuxième moitié du XIXe siècle qui signifiait : aller aux cabinets. Charles Virmaitre, argotier émérite, explique que saint Bernard est d'ordinaire représenté tenant en main les tablettes illustrant (pourquoi pas !) le... papier hygiénique...

BERNICLES.

Lunettes.

EXEMPLE. – *Même avec ses bernicles, la gosse avait des châsses à faire triquer un académicien !*

BERZINGUE (à tout).

A tout va ! Vite. A fond la caisse !

EXEMPLE. – *Ce jour-là, le petit père Killy fonçait à tout berzingue dans la farine. Il l'avait pas volée, sa médaille d'or !*

BETTERAVE.

Bouteille de vin rouge.

EXEMPLE. – *Le moral de Bernard est tombé en lambeaux quand Lino lui a énuméré au bigorno le blaze et l'année de toutes les betteraves qu'on avait éclusées dans la soirée...*

BEURRÉ COMME UN P'TIT LU.

Ivre.

EXEMPLE. – *Je voudrais que ma grand-mère ne me réveille plus*
Quand elle rentre le matin beurrée comme un p'tit Lu.

BÉZEF (pas).

Pas beaucoup. Peu.

EXEMPLE. – *Au « Tord-Boyaux », des greffiers mignons y'en a plus bézef*
Ils sont tous dev'nus terrine du chef.

BIBARD.

Buveur invétéré, alcoolique, ivrogne.

EXEMPLE. – *Rétamés à zéro, les deux bibards s'étaient pris à la châtaigne because aucun des deux voulait laisser douiller les consos à son pote !*

BIBELOTS.

Attributs masculins.

EXEMPLE. – *Quand il était jeunot, Angel amenait Anita la bonniche du crémier au dernier rang du balcon. Dès que les loupiotes étaient éteintes, il lui roulait des pelles d'acier tout en caressant ses gros nibards pendant qu'elle lui astiquait les bibelots...*

BIBERONNER.

Aimer boire.

EXEMPLE. – *Quand il rallégeait chez lui, le big-boss, qui biberonnait ses deux betteraves de scotch tous les jours, avait du mal à enjamber sa bergère ! La pauvrette, heureusement, avait pris un acompte avec son maître nageur qui pratiquait si bien la plongée sans bouteilles...*

BIBINE.

Boisson médiocre.

EXEMPLE. – *C'était pas croyable à quel point le jin-jin de Léon vous riffaudait le burlingue ! Il avait raison quand il disait : « Avec ça, je crains pas la concurrence ! » On voit pas qui d'autre que cézigue aurait pu refiler une bibine pareille...*

BIDE.

1) Ventre.

EXEMPLE. – *En plein midi dans le métro, le cadre supérieur avait dégusté un coup de saccagne dans le gras du bide pour avoir refusé deux talbins de dix sacs à un toxico dont l'éducation laissait à désirer...*

2) Insuccès.

EXEMPLE. – *Celui qui prend un bide à l'Olympia peut aller planter ses choux ailleurs pendant quelque temps !*

BIDOCHARD.

Maquereau pourvoyeur.

EXEMPLE. – *Mustapha, le bidochard de Barbès qui en croquait avec la poule, s'était fait rectifier par Jo la Sentence qui détestait les petits rapporteurs.*

BIDON.

Faux, factice.

EXEMPLE. – *Billy le Magicien fourguait des Fragonard bidons à un Texan qui prenait Shakespeare pour un scénariste de feuilleton-télé et Léonard de Vinci pour le chef des Brigades rouges...*

BIDONNER (se).

Rire.

EXEMPLE. — *Qu'est-ce qu'on s'est bidonné quand la Cathy s'est fait brouter le baba par le greffier de la taulière !*

BIFTON.

Billet.

EXEMPLE. — *L'épicemar et sa mousmée avaient entravé queue dalle à la pièce de Ionesco* Les Chaises. *Malgré les deux biftons gratis qu'on leur avait refilés, ça valait pas* L'Auberge du Cheval blanc*...*

BIGLER.

Regarder.

EXEMPLE. — *Quand Ève bigla Adam à poil comme une pièce de cinq francs, elle dit au grand daron : « Vot' superman, c'est pas l' beau Serge ! »*

BIGLEUX.

Qui a mauvaise vue.

EXEMPLE. — *L'adjupète, qui était bigleux, était parti les quatre fers en l'air sur une belle merde de clébard, pendant le défilé !...*

BIGNE.

Prison.

EXEMPLE. — *Pour deux marcotins d'arriérés de loyers, ils avaient cloqué au bigne la pauvre mémère qui, de désespoir, s'était ouvert les brandillons avec un bout de ferraille de son pageot...*

BIGNOLE.

Concierge.

EXEMPLE. — *Mme Félicie, la bignole, qui appréciait tout particulièrement les services de Zéphyr, le releveur du gaz, ne se laissait pointer qu'en levrette, toujours face au couloir d'entrée de l'im-*

meuble. Irréprochable qu'elle était question conscience professionnelle !

BIGOPHONER.

Téléphoner.

EXEMPLE. – *Quand Amanda me bigophone, dès que j'entends sa voix bandante, ça me file le petit pain !*

BIGORNE.

Bagarre. Syn. de castagne.

EXEMPLE. – *Tous les samedis soir, Bunny le Cintré, qui en avait un coup dans les carreaux, entiflait dans les guinches où il cherchait du suif à tout le monde, uniquement pour la bigorne.*

BIGORNEAU.

Téléphone. Au pluriel, bigorneaux : rien ou pas grand-chose.

EXEMPLE. – *Il était naze, le tuyau de la bonniche... Y' avait pas plus d'osier dans le coffiot de son boss que de burnes au cul d'un poulet ! Total, au fade, il est resté des bigorneaux !...*

BIGORNER (se).

Se battre.

EXEMPLE. – *Les deux pochetrons arrêtaient pas de se bigorner pour une radasse complètement gelée elle aussi ; elle relevait sa roupane en dansant dans la rue pour montrer sa chatte aux moujingues qui en pouvaient plus de ribouler des calots !...*

BIGOUDI.

Sexe masculin.

EXEMPLE. – *Lelette était pas spécialement curieuse. Elle aurait pourtant bien voulu voir la hure du mironton à qui elle avait astiqué le bigoudi pendant la première moitié du film. Tous des goujats, les bonshommes ! Dès que la bête a lâché son cri, y remballent les outils et adieu, Berthe !...*

BIJOU (de famille).

1) Sexe de la femme.

2) Au pluriel : attributs masculins.

EXEMPLE. – *D'après le tableau choucard que nous en donne le grand Frédéric Dard, les bijoux de famille de Béru ressembleraient plutôt à des poids de pendule ancienne qu'à des balloches de premier communiant !*

BILLARD.

Table d'opérations.

EXEMPLE. – *Rita, qui en avait class de se décrocher des polichinelles deux fois par an, avait décidé de passer sur le billard pour se faire dévisser les échalotes.*

BILLARD (dévisser son).

Mourir.

EXEMPLE. – *Je reçus un fair'-part*
C'était mon ami Gaspard qui avait
dévissé son billard.

BINER (pour un curé).

Dire deux messes le même jour.

EXEMPLE. – *En plein hivio sur les routes verglacées de Savoie, le radis noir se farcissait vingt-cinq bornes en bécane pour aller biner d'un village à l'autre devant quatre punaises qui venaient confesser leurs péchés avant d'avaler le sapeur.*

BIROUTE.

Sexe masculin.

EXEMPLE. – *C'est avec son piège à flageolet que la polka de Nénesse était devenue secrétaire de direction, et c'est à coups de biroute dans les couloirs que cézigue s'était retrouvé chef de rayon aux galeries farfouille... !*

BISCOTTOS.

Biceps.

EXEMPLE. — *Les frangines évitaient de chercher du suif à la grande Fernande qui avait des biscottos comac et qui savait s'en servir !...*

BISCUIT.

Contravention.

EXEMPLE. — *Le temps d'écluser un godet chez Roger, ils m'avaient cloqué un biscuit sur le pare-brise !*

BISCUIT (tremper son).

Posséder charnellement.

EXEMPLE. — *En général, les mirontons qui allaient tremper leur biscuit chez Mme Claude attendaient pas après leur paye pour finir le mois !*

BISTOUQUETTE.

Membre viril.

EXEMPLE. — *Aux douches de la caserne, c'est because la bistouquette à Gégène qui disparaissait dans sa touffe de poils qu'on l'avait surnommé « Queue de Cerise » !*

BITE A JEAN-PIERRE (la).

La matraque.

EXEMPLE. — *Des six cars grillagés qui venaient de se pointer on a vu démurger une flopée de C.R.S., le bouclier dans une paluche, la bite-à-Jean-Pierre dans l'autre en fonçant sur les grévistes qui les attendaient avec des boulons tout neufs.*

BITOS.

Chapeau.

EXEMPLE. — *A deux cents bornes de Sidi-bel-Abbès, les deux malfrats avaient largué dans le sable le foireux qui les avait balancés. En plein moulana, sans tatanes et sans bitos, il aurait sûrement pas l'occase de faire un deuxième rapport aux poulardins.*

BITUME (faire le).

Faire le trottoir.

EXEMPLE. — *Lola Trombone, qui avait arpenté le bitume pendant trente piges de sa putain de vie, avait quand même réussi à s'acheter un petit magaze du côté de Saint-Sulpice où elle vendait des fournitures pour ecclésiastiques !*

BITURE.

Ivresse carabinée. Syn. de cuite.

EXEMPLE. — *Le soir de son élection à la présidence de la ligue contre l'alcoolisme, il se tenait une sacrée biture, le président !*

BLAIR.

Nez.

EXEMPLE. — *Tous leurs trucs nucléaires, quand ça va nous péter dans le blair, on n'entendra plus jamais Eroll Garner...*

BLAIR (avoir dans le).

Ne pas supporter quelqu'un. Lui en vouloir. Le détester.

EXEMPLE. — *Depuis que le taulier a appris que je calçais sa bergère, je sens qu'il m'a dans le blair, mais j'en ai rien à secouer !*

BLAIREAU.

Homme mûr qui n'est pas dans le coup.

EXEMPLE. — *Pinçant le bout des nibards qui martyrisaient le redresseur de torts de la superbe polka, Olive lui dit : « Tu viens belle gosse, on va se faire une toile ?* » *Et la gonzesse le suivit, abandonnant le blaireau ahuri qui la baratinait depuis une plombe.*

BLANC (être).

1) Être innocent.

2) (mangeur de) : Souteneur qui vit du sperme des « clients ».

3) (déguster un petit) : Avaler le sperme.

EXEMPLE. — *Pour la pauvre Irène qui arpentait le ruban depuis quarante piges, y avait plus d'autre solution que d'aller déguster des petits blancs sous les portes cochères à la décarrade des boulots.*

4) (faire son beurre) : Éjaculer.

EXEMPLE. — « *Tu te rends compte, disait Nanette à Vivi, j'étais bien en train de turluter le Gustave quand césarin me sort d'un coup la chopotte du clapoir et me balance tout son beurre blanc en pleine poire !* »

BLANCHE.

Drogue. Héroïne coupée. Neige.

EXEMPLE. — *Après quelques semaines de* « *marie* », *le jeunot se défonçait carrément à la blanche.*

BLANCHECAILLE.

Blanchisseuse.

EXEMPLE. — *Nino était fasciné par les amortisseurs de la blanchecaille qui sentaient bon la lavande...*

BLANCHISSEUSE (envoyer son enfant à la).

Éjaculer dans les draps.

EXEMPLE. — *Avant que la pilule existe, si tu voulais pas que ta gisquette attrique un lardon dans le tiroir à saucisses, fallait s'emmitoufler coquette dans une capote ou envoyer son enfant à la blanchisseuse.*

BLASE ou **BLAZE.**

Nom, ou prénom, ou surnom.

EXEMPLE. – *Comme il avait un blase à coucher dehors, tout le monde ici l'appelait Ducon et il s'en rendait tous les jours un peu plus digne !*

BLÉ.

Argent.

EXEMPLE. – *À la décarrade de la communale, le mouflet ramassait les clopes qu'il apportait aux petits vieux de l'hospice de Nanterre pour se faire du blé...*

BLÈCHE.

Laid. On dit aussi : bléchard.

EXEMPLE. – *José le Berluron crapahutait toute la journanche avec sa « deuch » pour fourguer dans les H.L.M. des lots de tissus fanés plus bléchards les uns que les autres.*

BLINDE (avoir son).

Avoir sa part, son fade.

EXEMPLE. – *Après le casse, les trois arcans, leur blinde en fouille, avaient tracé vers la cambrousse pour ligoter quelques polars en attendant que ça se tasse...*

BLINDER (se).

Se saouler.

EXEMPLE. – *Ribouis en pogne et blindé à zéro, Maxou, qui entiflait dans sa carrée sur la pointe des nougats, avait dégusté un coup de presse-papiers sur la théière. En reconnobrant son homme au tapis, la Mado, qui pensait avoir occis un cambrioleur, était partie dans le sirop à son tour...*

BLOCHE.

Asticot.

EXEMPLE. – *Quand il taquinait le gardon à la Garonne, le grand Gaston se cloquait une pincée de bloches dans le porte-pipe. Comme il les sortait un par un pour amorcer, dès qu'un promeneur se pointait en demandant : « Ça mord ? », ça décourageait les curieux !*

BLOT.

Prix forfaitaire.

EXEMPLE. – *« Si tu me fais un blot, je te prends le diam et les saphirs..., mais tu peux garder la gonzesse ! »*

BLOUSER (ou **se faire**).

Tromper (ou être trompé). Se laisser abuser.

EXEMPLE. – *Trois plombes trop tard, le Quai d'Orsay avait appris que Denis-Ferdinand Dubois était un faux blaze, et que l'agent double Ivanovitch Sergueiev les avait depuis toujours roulés dans la farine. Ils s'étaient fait blouser en beauté...*

BOBINARD.

Bordel. Maison close.

EXEMPLE. – *Tous les politicos qui sont de la jaquette oublient la gauche et la droite quand ils vont se faire ramoner le milieu au bobinard de Mme Rose !*

BOBS.

Dés. On dit pousser les bobs : jeter les dés.

EXEMPLE. – *C'était pas « le plan » que Géronimo s'était carré dans l'oigne avant d'être embastillé, mais uniquement les bobs pour pas se faire chier avec ses potes en cellote...*

BOCAL.

Tête.

EXEMPLE. — *Soudain folle de rage, elle lui a balancé sur le bocal un vieux Larousse de huit cents pages, avec des mots qui lui ont fait mal.*

BOÎTE À DOMINOS.

Bouche.

EXEMPLE. — *La mandale que Mélie Patte en l'Air a morflée de son homme en pleine tronche quand il l'a chopée au page avec son merlan lui a complètement démoli la boîte à dominos.*

BOÎTE (à ouvrage).

Sexe féminin.

EXEMPLE. — *Tout en lui roulant un pavé maison, la môme Yvette avait chopé la paluche de l'étudiant boutonneux pour lui cloquer une paire de salsifis dans sa boîte à ouvrage...*

BOÎTE À RAGOÛT.

Estomac.

EXEMPLE. — *En plein restaurant, il avait morflé trois coups de flingue dans la boîte à ragoût qui l'avaient empêché de terminer sa crème renversée !*

BOÎTE À SUCETTES.

Bouche.

EXEMPLE. — *Hector Bite cassée devait son blaze à la sale habitude qu'il eut une fois de trop de vouloir, par la force, introduire son onzième doigt dans la boîte à sucettes d'une drôlesse. De toute évidence, la môme préférait les carambars !*

BOMBARDER.

Fumer excessivement.

EXEMPLE. — *La môme Rebecca, qu'est-ce qu'elle bombardait quand elle passait sa journaille au bigorneau avec ces connards du show-biz !*

BOMBARDIER.

Cigarette de hasch.

EXEMPLE. – *Pendant le cours de géo, les mouflets de 12 piges se roulaient des bombardiers sur les genoux avant d'aller les griller aux gogues pendant la récré.*

BOMBÉ (le).

Bossu.

EXEMPLE. – *Ça faisait tartir le bombé qu'on vienne tripoter sa bosse pour voir si ça portait bonheur...*

BOMBER LA GUÉRITE.

Engrosser une femme.

EXEMPLE. – *La môme Tina l'avait trouvée saumâtre de s'être fait bomber la guérite dans la Rolls de ce foireux qui lui avait laissé douiller les consos !...*

BONBONS (les).

Les testicules.

EXEMPLE. – *D'un coup de genou dans les bonbons, Francette avait plié en deux le représentant de produits d'entretien. « Désolée, lui dit-elle, va voir à côté si la voisine a la chatte qui miaule ! mais ici la salle des fêtes est bouclarès !... »*

BONBONS (casser les).

Importuner.

EXEMPLE. – *Quand il était poivre, la Sucette cassait les bonbons à tout le monde avec ses histoires d'Indo.*

BONBONS (à liqueur).

Furoncles, boutons d'acné.

EXEMPLE. – *Je te jure sur l'honneur de plus gratter sans motif*

Les bonbons à liqueur que j'ai chopés sur le tarbouif.

BONI.

Bénéfice.

EXEMPLE. – *« Cette année, messieurs, pas de boni donc pas de partage ! » nous annonça le boss en entiflant dans sa Bentley.*

BONNE (avoir à la).

Bien aimer quelqu'un.

EXEMPLE. – *Gérard savait que je l'avais à la bonne, c'est pour ça qu'il m'a engourdi cinq bâtons, l'ordure !*

BONNICHE.

Bonne. Domestique.

EXEMPLE. – *« Je suis pas ta bonniche, Dugland ! » dit la marquise au duc qui en pauma son monocle !*

BONNIR.

Dire. Parler (vient de boniment).

EXEMPLE. – *Suzette disait souvent en matant Gaston : « J'en connais qui feraient bien de tourner sept fois leur menteuse dans le clapoir avant de l'ouvrir pour bonnir une connerie !... »*

BORDEL.

1) Maison de prostitution.

2) Pagaille.

EXEMPLE. – *« Quel bordel, mes aïeux ! » dit le curé en voyant la moitié de l'enterrement beurré à zéro !*

BORDILLE.

1) Indic.

EXEMPLE. – *« T'y fie pas, c'est une bordille ! Ça se voit sur sa tronche. »*

2) Planche pourrie. Bon à rien. Vicieux. Malin.

BORDURÉ.

Interdit de séjour, soit par la police, soit par le mitan avec qui on n'a pas été régulier.

EXEMPLE. – *Casimir avait plus qu'à chanstiquer de centre, de bled et même de tronche si possible, borduré comme il était de partout...*

BORGNON.

Nuit.

EXEMPLE. – *On avait surnommé la gosse la « Pipistrelle », because elle détestait le moulana et préférait attendre le borgnon pour aller s'aérer les éponges.*

BORGNOTER.

Regarder, surveiller et aussi se coucher.

EXEMPLE. – *Tout en esgourdant David Bowie sur la chaîne hi-fi, les gougnottes à loilpé sur le Boukara se bricolaient une descente en slalom de la menteuse sur la pâquerette avant d'aller se borgnoter...*

BORNE.

Kilomètre.

EXEMPLE. – *Au bout de trente-cinq bornes, la cheftaine était vive comme une branlette de communiant ! Faut dire qu'elle avait des moltegommes comme des pains de trois livres !*

BOSCOT.

Bossu.

EXEMPLE. – *Claudie avait dans ses clilles un boscot qui se faisait brouter la tige sur le canapé en reluquant un film porno sur son magnétoscope.*

BOSS.

Patron.

EXEMPLE. – *Le boss, carrément, proposa la*

botte à Anita qui lui balança sa poignée de merguez en pleine poire !

BOSSEUR.

Travailleur acharné.

EXEMPLE. – *Des bosseurs comme Richard, on en trouvait plus lerche. Même en limant le soir dans son paddock, il envoyait ses ordres au bigophone à la bourse de New York !...*

BOTTE (proposer la).

Invitation à l'amour.

BOTTE (filer un coup de) ou **BOTTINER.**

Essayer d'emprunter de l'argent à quelqu'un.

EXEMPLE. – *Ramon avait essayé de bottiner Pedro qui était lui-même dans une béchamel verdâtre après avoir paumé tout son osier sur Reine de Cœur qui devait gagner de trois longueurs !*

BOTTES (tu me).

Tu me plais.

EXEMPLE. – *« Tu sais que tu me bottes, toi ! » dit le crémier en caressant les noix du garçon de course qui devenait blanc comme un casier de nouveau-né...*

BOTTE (proposer la).

BOTTES (chier dans les).

Exaspérer, dégoûter quelqu'un.

EXEMPLE. – *Les pétroliers, avec leurs marées noires, y commencent à nous chier dans les bottes !*

BOUCLARD(S).

Bars, cinémas, bals, lieux publics.

EXEMPLE. – *Le pauvre Dimitri était marida avec une radasse qu'il avait connue dans un bouclard de Barbès. Du facteur au plombard en passant par le télégraphiste, la mignonne taillait des plumes à tout le monde en guise de pourliche !*

BOUCLARÈS.

Fermé.

EXEMPLE. – *Aux premiers jours, dès que le bourguignon se pointe, le merlan est bouclarès ; y va taquiner l'ablette en amont de Bougival !*

BOUDIN (faire du).

Bouder.

EXEMPLE. – *Le dab, malgré les dix-huit piges de sa fifille, lui avait filé une tisane pour avoir rallégé à trois plombes du mat'. Depuis, la gosse arrêtait pas de faire du boudin à son vieux qui s'en mordait les fourchettes.*

BOUDIN.

1) Femme qui couche facilement avec n'importe qui.

EXEMPLE. – *Le boudin à P'tit Jo, y'a vraiment que le tampon de la préfecture qui y est pas passé dessus !*

2) Pneu de véhicule.

EXEMPLE. – *Le malheureux Poulidor avait encore éclaté un boudin en pleine descente du Tourmalet !*

BOUFFE.

Nourriture.

EXEMPLE. – *On se bigophone, on se fait une bouffe ! (Article premier de la bible du show-biz.)*

BOUGNOUL.

Appellation qu'attribue le bon Blanc à tout Noir, Arabe ou métis.

EXEMPLE. – *« Moi, j'ai rien contre les Bougnouls, à condition qu'y touchent pas à ma fille, qu'y ferment leur gueule et qu'y me piquent pas mon boulot... » disait Armand le Facho à qui voulait l'entendre.*

BOUI-BOUI.

Bistrot ou restaurant douteux.

EXEMPLE. – *Il s'agit d'un boui-boui bien crado...*

BOULANGER (remercier son).

Mourir.

EXEMPLE. – *Comme s'il l'avait pressenti, le vieux Gégène avait déplanqué ses jaunets de sous les lattes du parquet ciré, pour les filer à Rosa avant de remercier son boulanger.*

BOULE.

Tête. Filer un coup de boule à quelqu'un.

EXEMPLE. – *D'un coup de boule en pleine tronche, Barberine fit gicler le raisiné dans les lampions du mec aveuglé, avant de lui piétiner les arpions avec ses talons aiguilles. Les faibles femmes sont plus ce qu'elles étaient...*

BOULE (avoir la).

Retenir son émotion.

EXEMPLE. – *La môme Juliette avait la boule quand les habillés ont mis les poucettes à son Jules pour l'embarquer au lardu.*

BOULER (envoyer).

Envoyer promener.

EXEMPLE. – *Rosita, qui se mordait les salsifis d'avoir envoyé bouler son viocquard, essayait de rengracier avec cézigo. Le caviar, les diams et la Rolls, ça s'oubliait moins facilement que les chiottes à la turque dans le jardin de banlieue familial !...*

BOULES.

1) Testicules.

EXEMPLE. – *Avant de pointer une frangine « à la paresseuse », Toine détestait pas se faire suçoter les boules de gomme...*

2) Argent.

EXEMPLE. – *Quand le champion Borg a placardé son blase sur les raquettes de tennis, ça lui a drôlement remonté les boules !*

BOULES DE LOTO (avoir les yeux en).

Rouler de gros yeux.

EXEMPLE. – *En voyant le braquemart du travelot gicler de son bénard, le noirpiaut qui croyait s'embourber une blondinette avait les godilles en boules de loto !...*

BOULOT.

1) Travail.

2) Travailleur.

EXEMPLE. – *Quand les boulots sortent de chez Renault, ils ont qu'une envie : aller se mettre la viande dans le torchon !*

BOULOTTER.

Manger.

EXEMPLE. – *En Irlande, les malheureux grévistes de la faim qui avaient rien boulotté depuis plus de cinquante jours pour faire chier les Rosbifs s'étaient connement laissés glisser en croyant que le monde allait changer... !*

BOUM (aller dans une).

Aller s'amuser dans une soirée.

EXEMPLE. – *La boum battait son plein, avec frotte, pelote et galoches garanties super, quand les viocques ont eu l'idée saugrenue de rappliquer dans le champ de bataille avant que leurs progé-*

nitures ne se fassent secouer le berlingue par quelque indélicat minet un peu chaud de la pince...

BOUQUET (le).

Petit cadeau à la « fille de joie » accordé en plus du tarif convenu.

EXEMPLE. — *Avant d'astiquer les bibelots du gros pépère pour lui faire éternuer sa chantilly, Martine lui bonnit, câline : « Tu oublies pas mon petit bouquet, mon gros minouchet ? »*

BOURDON.

Mélancolie, tristesse.

EXEMPLE. — *Quand tu mates les infos du soir à la téloche, à tous les coups ces rigolos te filent le bourdon !*

BOURGUIGNON.

Soleil.

EXEMPLE. — *A taquiner le gardon nu-tête toute la journaille, Mimile avait morflé un bon coup de bourguignon sur la théière !*

BOURRE.

Policier, en uniforme ou en civil.

EXEMPLE. — *Cézigue, chaque fois qu'il rencontrait des bourres*
Il avait les deux miches qui jouaient du tambour.

BOURRE (bonne).

Souhaiter « bonne bourre ! » à un ami : lui souhaiter une bonne nuit amoureuse.

EXEMPLE. — *Le vicaire était allé rendre une visite dans la paroisse de son copain l'abbé qui lui avait fait becqueter un sublime lapin aux pruneaux mitonné par une servante carrossée comme un petit saxe. « Mille mercis, dit-il en le quittant, après un petit sourire en coin. A bientôt et... bonne bourre... ! »*

BOURRÉ (être).

1) Riche, être plein aux as.
2) Saoul.

EXEMPLE. — *Le motard qui était bourré comme un coing s'est emplafonné directo l'ambulance ; les secours étaient déjà là !*

BOURRE-PIF (un).

Coup de poing.

EXEMPLE. — *Armand le Sensible avait joué un concerto de bourre-pif au plombard à loilpé qu'il avait surpris dans le pageot conjugal en train de sabrer sa bergère...*

BOURRER

Sens érotique. Posséder quelqu'un (femme ou homme).

EXEMPLE. — *La vieille tante du 16e se faisait bourrer par un catcheur de la salle Wagram qui lui secouait tout son osier !*

BOURRICHON (se monter le).

Se nourrir d'illusions.

EXEMPLE. — *Nestor s'était monté le bourrichon à propos de Mémène qu'il voyait déjà sapée bourgeoise avec plein de gniards autour. C'était mal connaître la coquine qui l'avait valisé au bout de quinze jours pour s'entifler avec un armenouche qui l'avait cloquée d'autor sur le ruban...*

BOURRIN.

1) Cheval.

2) Fille qui couchaille.

EXEMPLE. — *Les copains étaient sur le fion de voir Bébert se trimbaler avec ce prix de Diane qui avait l'air folle de cézigue ! Lui qui sortait d'habitude que des bourrins pas possibles !...*

BOUSCULÉE.

Une femme bien bousculée : bien faite, bien moulée.

EXEMPLE. – *Bousculée comme elle était, la Pibole avait qu'à agiter son petit slip pour qu'une armada de banquiers suisses radine en se chicornant pour lui signer des chèques !*

BOUSEUSE, BOUSEUX.

Paysanne, paysan, ou habitant de la campagne.

EXEMPLE. – *Perrette, une belle bouseuse,*
charriait son lolo.
Bien cloqué sur son caberlot.

BOUT.

Sexe d'homme. Se dit à propos de quelqu'un qui possède une femme : « Il se la met sur le bout. »

EXEMPLE. – *La femme du juge avec qui on avait tous pris des bides retentissants, en cinq minutes Pierrot Beau Chibre se l'était mise sur le bout !*

BOUTANCHE.

Bouteille.

EXEMPLE. – *Mimile et Jeannot, après avoir éclusé quatre boutanches de côtes-de-nuits 1947, avaient été réveillés au petit matin au pied du coffiot par le bourgeois qui leur offrit gentiment le petit déjeuner en attendant le car de police...*

BOUTIQUE.

1) Sexe de femme.

2) Bouche.

EXEMPLE. – *Elle avait plus qu'un croc dans la boutique*

De quoi poinçonner son ticket de métro.

BOUTON.

Clitoris.

EXEMPLE. – *A soixante-dix piges passées, Margot la Gaufrette se cloquait de la confiotte de reines-claudes dans la chagatte pour se faire lécher le bouton par son fox-terrier. Pauvre bête !*

BOUTS (mettre les).

Partir ou fuir.

EXEMPLE. – *Mon copain Jacques a mis les bouts*
Tout's voil's dehors ou vent debout.

BOUZIN.

1) Bordel. Syn. de boxon.

2) Chahut.

EXEMPLE. – *« Qu'est-ce que c'est que ce bouzin ? dit la mère supérieure en se radinant dans le dortoir. Si vous continuez, demain vous serez privées de messe », dit-elle aux pisseuses qui étaient déjà en train de se jouer un air de mandoline frénétique sous la berlue...*

BOYAUX QUI TRICOTENT DES NAPPERONS (avoir les).

Souffrir de coliques.

EXEMPLE. – *Quand Bruno fait l' menu et le sert*
T'as les premières douleurs au dessert
L'estomac à g'noux qui demande pardon
Les boyaux qui tricotent des nap-p'rons...

BRAGUETTE.

Prostituée opérant sous les portes cochères.

EXEMPLE. – *Les « mères de famille respectables » s'étaient pointées en délégation chez le commissaire du quartier pour exiger que toutes les braguettes qui engourdissaient l'osier de leurs pauvres maris mettent les adjas une fois pour toutes et retrouvent le droit chemin de la vertu !*

BRAGUETTE (argent-).

S'emploie dans les pays d'outre-mer pour désigner l'argent des allocations familiales.

EXEMPLE. – *Sosthène pensait qu'avec l'argent-braguette du cinquième qu'attendait sa doudou il pourrait enfin se payer la Talbot dont il avait tant besoin pour épater ses copains en allant à la plage...*

BRAISE.

Argent.

EXEMPLE. – *Son père avait de la braise*
Sa mère avait de la braise
Bref, elle était plein' de pèze à craquer
Je sais pas pourquoi je me suis mis à l'aimer.

BRANCARDS.

Jambes.

EXEMPLE. – *Paulette qui était très pieuse n'allait jamais s'en faire filer un coup dans les brancards sans avoir communié à Notre-Dame-de-Lorette !*

BRANDILLONS.

Bras.

EXEMPLE. – *Charlot le Mataf était fier de montrer les quelques cinquante blazes de gonzesses qu'il avait tatoués sur les brandillons ! « Elles ont toutes goûté à mon sirop de joyeuses », qu'il disait fièrement !*

BRANLÉE (prendre une).

Recevoir une correction.

BRANLER (s'en).

S'en moquer.

EXEMPLE. – *Que son bonhomme enjambe la proprio, la concepige s'en branlait complètement. Ce qui comptait, c'était les primes qui étaient de plus en plus proportionnelles aux coups de sabre que la pétasse prenait dans le dargif !...*

BRANLER (se les).

Attendre sans rien faire.

EXEMPLE. – *Josépha en avait class de se les branler des après-midi entiers à attendre le clille dans ce bar de ploucs...*

BRANLETTE.

Masturbation.

EXEMPLE. – *Je me souviens avec nostalgie de ces petites branlettes quc la gitane nous faisait en sortant de l'école par le trou de la palissade. Elle nous astiquait la zézette à tous les cinq ou six pour une plaquette de chewing-gum !*

BRANLEUR.

Type peu sérieux, sur qui on ne peut compter.

EXEMPLE. – *« Et pour tenir la caisse, qu'est-ce que tu penses d'Amédée ? – Laisse tomber, on a pas besoin d'un branleur pareil ! »*

BRANQUE.

1) Client d'une prostituée.

2) Fou.

EXEMPLE. — *Y fallait vraiment êt' branque*
Pour tremper dans l' coup d' la banque.

BRAQUAGE.

Attaque à main armée. Hold-up.

EXEMPLE. — *Les deux loubards qui avaient tenté ce braquage improvisé avaient compté sans le berger allemand ! En esgourdant le mot « Attaque ! » que lui avait bonni le bijoutier, le clébard qui leur bondit sur le râble ne fit qu'une bouchée de leurs noix, et quand la poulaille se pointa, les « terreurs » bandaient plus que d'une !...*

BRAQUEMART.

Membre viril dans sa forme avantageuse.

EXEMPLE. — *Quand Éticnnette vit la taille du braquemart de ce branque qui en voulait à son œil de bronze, elle renfila sa culotte et sa roupane en lui disant avant de mettre les adjas : « Excuse-moi, mon minet, si ça t'ennuie pas, avant, j'irai aux toilettes qui sont sur le palier... »*

BRAQUER.

Menacer d'une arme. Mettre en joue.

BRAVO (avoir les miches qui font).

Avoir peur.

EXEMPLE. — *La sulfateuse braquée sur le buffet par l'un des hommes à la cagoule, le caissier de la B.N.P. avait les miches qui faisaient bravo en leur filant le carbure...*

BRELICA.

Revolver. Calibre se dit brelica en verlan.

BRÈME.

1) Carte à jouer. Maquiller les brèmes : marquer les cartes pour tricher.

2) Carte d'identité.

EXEMPLE. – *Malgré la moumoute et les baffies c'était du mille-feuilles pour les condés de retapisser Herbert sur sa brème d'identité...*

BRICHETON.

Pain.

EXEMPLE. – *Au moment d'attaquer la cueillette des cèpes à la pique du jour avec mes potes Bernard, Neggio, Pierrot le Mataf et Roger le Chef, on frappe toujours chez le lartonnier avant qu'il ouvre pour lui attriquer cinq ou six baguettes de bricheton tout chaud. Le sifflard, la galantine, le cantal de Salers et quelques rouilles de bordeaux ne sont pas complètement étrangers aux éclats de rire qu'on peut esgourder dans la clairière !...*

BRIDE.

Serrure.

EXEMPLE. – *Avec sa simple lime à ongles, le Parigot qu'on avait surnommé « Sésame » avait si bien chatouillé la bride qu'à peine cinq minutes après on empalmait les jaunets dans le petit secrétaire Louis XV du bourgeois.*

BRIDÉ (être).

Être empêché.

EXEMPLE. – *Aldo le Rital est bridé par sa gonzesse. Il peut plus monter sur un travail sans qu'elle lui fasse un rébecca terrible !*

BRIDER.

Fermer. Brider la lourde.

EXEMPLE. – *Vaut mieux brider la lourde avant de les mettre, si la vioque se détache elle va gueuler au charron dans l'escandrin !*

BRIFFE.

Nourriture. Aller à la briffe.

EXEMPLE. – *Malgré les fréquents coups de canif dans le contrat qu'il lui avait fait morfler, Boris se gourait bien que chez Peggy il aurait toujours la briffe et la dorme...*

BRIFFER.

Manger.

EXEMPLE. – *Les mecs qui ont briffé à la centrouse de Melun ont tous rêvé de faire un casse chez Fauchon !*

BRIGNOL, BRIGNOLET.

Pain.

EXEMPLE. – *Après un beau fric-frac on cassait la bectance. Sardoch's dégoulinant's sur du brignol' au beurre.*

BRINGUE.

1) Noce, foire. Faire la bringue.

2) Se dit aussi : grande bringue, à propos d'une ou d'un grand dégingandé.

BRIOCHE.

Ventre.

EXEMPLE. – *Le Premier ministre se trimbalait une de ces brioches ! Lui qui prêchait l'austérité, ça l'affichait plutôt moche !*

BRIOCHE (se barrer en).

Se laisser aller. Se démoraliser.

EXEMPLE. – *En prenant du carat, et vu qu'il arrivait plus à triquer, le vieil Ernest le Queutard se barrait salement en brioche !*

BRIQUER.

Laver, nettoyer. Un parquet bien briqué.

EXEMPLE. – *Pour me prouver derechef*
Que j' l'avais briquée comme un chef

Elle me tend les lèvres
Pleines de savon
Oh ! misère, à poil que c'était bon.

BRISER (les).

Importuner.

EXEMPLE. – *La Marcelle, agacée en attriquant son chèque, dit à son vieux crabe : « Mais bien sûr que je t'aime, vieux con, arrête de me les briser ! »*

BROC.

Brocanteur.

EXEMPLE. – *Lui c'est le traîne-savate*
C'est le genre de broc un peu bidon...

BRODEUSE.

Pédéraste actif et passif.

EXEMPLE. – *Toutes les brodeuses brésiliennes du bois avaient décanillé vers les fourrés en voyant ralléger la poulaille qui grouillait comme une armada de bloches dans un calendo de prolétaire.*

BRONZE (couler ou **mouler sur).**

Déféquer.

EXEMPLE. – *Cet endoffé de Nénesse nous a tous fait poirer dans la salle des coffres ! Au lieu de faire le pet, Monsieur coulait tranquillement un bronze !*

BRONZE (c'est du).

C'est sûr.

BROQUILLE.

Minute.

EXEMPLE. – *Vu que le mec qui limait depuis déjà vingt broquilles arrivait pas à prendre son fade, Ketty, résignée, prit son ouvrage sur la table de nuit et se remit, peinarde, à tricoter en attendant le cataclysme !...*

BROSSER.

Posséder quelqu'un.

EXEMPLE. – *Après l'avoir confessée, l'abbé brossait tous les lundis, derrière la sacristie, la greluche du marchand d'images pieuses. Une absolution en somme !*

BROUETTE DE ZANZIBAR (faire la).

Posture amoureuse.

EXEMPLE. – *Ell' m'a fait l' pissenlit bulgare*
Et la brouette de Zanzibar !

BROUILLE-MENAGE.

Vin rouge.

EXEMPLE. – *Quand il attaquait sa deuxième rouille de brouille-ménage, Paco, qui était jalmince comme un pou, filait régulièrement une avoine à Conchita qui hurlait à l'assassin dans l'escandrin des HLM.*

BROUTER (ou **se faire).**

Faire une caresse linguale sur le sexe d'une femme.

EXEMPLE. – *La môme Elsa, qui avait de l'imagination et qui était vicelarde comme pas deux, se faisait brouter le fri-fri par un postier qui collait des timbres toute la journée avec une menteuse grosse comme une aubergine !*

BROUTEUSE.

Lesbienne. Une brouteuse de cresson.

EXEMPLE. – *Erika la Brouteuse pouvait plus encaisser les mecs depuis qu'elle s'était fait miser à cru par une ordure qui l'avait satanée à mort dans une impasse à trois plombes du mat' avant de la pointer.*

BRÛLÉ (être).

Être brûlé dans le quartier : susciter la méfiance, être déconsidéré.

EXEMPLE. – *Le petit Sylvio qu'on soupçonnait d'en croquer était brûlé dans tout le mitan.*

BRÛLE-PARFUM.

Revolver.

EXEMPLE. – *Quand les draupères ont surgi dans le rade, Léo a planqué son brûle-parfum dans la culotte à Sylvie qui mouillait comme un écolier devant le proviseur.*

BRUTAL.

1) Pain.

2) Métro.

3) Eau-de-vie. Mauvais vin.

EXEMPLE. – *A trois plombes du mat' les routiers s'envoient un dernier jus arrosé d'un brutal, avant d'attaquer les dernières cent bornes qui mènent à Rungis.*

BUFFET.

Estomac.
En avoir ou pas dans le buffet : être courageux ou lâche.

BULLE (se fendre la).

Rire aux éclats.

EXEMPLE. – *Qu'est-c' qu'ell' a pu se fendre la bulle*
Quand j' lui ai dit : « Je t'aime. »
Ell' m'a dit : « Je sais c' que tu aimes
Mais faut que j' prenne ma pilule. »

BULLE (coincer la).

Dormir.

EXEMPLE. – *Après sa tringlette à la papa du samedi soir, Ninette avait pas le temps d'arriver au bidet que le vieux Nestor coinçait déjà la bulle !...*

BURETTES.

Testicules.

EXEMPLE. – *Pendant les matches à XV, il est pas rare que dans les mêlées les p'tits gars se filent des coups de tatanes dans les burettes. J'en connais qui détestaient ces familiarités ! N'est-ce pas, Cabanier ?*

BURLINGUE.

1) Bureau.

2) Estomac.

EXEMPLE. – *Mère Noël au lieu d'un flingue*
Y vaudrait mieux du bon grain
Qui réchauff'rait tant le burlingue
De nos copains les Indiens.

BURNES.

Testicules.

EXEMPLE. – *Le pape commence à nous casser les burnes avec ses déclarations contre l'avortement. Ça se connaît que c'est pas lui qui s'embourbe le moujingue !*

BUTER.

Tuer.

EXEMPLE. – *Se faire buter pour ces foireux qui t'envoient au casse-pipe et qui se roulent des galoches vingt piges plus tard avec l'« ennemi », les jeunots d'aujourd'hui seront pas si cons, j'espère !*

Colonne (se taper sur la) *Dessin de Serre*

CABANE.

Prison.

EXEMPLE. – *Pour avoir refroidi le poulet dans le casse de la Générale, le curieux avait saqué Victor la Poisse. Il avait dégusté vingt piges de cabane à regarder pousser ses varices !*

CABERLOT.

Tête, crâne.

EXEMPLE. – *Ce petit père Einstein, tout de même, il en avait dans le caberlot !*

Le caberlot a de nombreux synonymes. On dit aussi :

La boule, la cabêche, la caboche, la cafetière, le caillou, le caisson, la calebasse, le carafon, le cassis, le chou, la ciboule, le ciboulot, le cigare, le citron, la coloquinte, le gradin, la hure, le melon, le plafonnard, la sorbonne, la tétère, la théière, le trognon, la trompette, la tronche, etc.

CABINCE(S).

W.-C.

EXEMPLE. – *Chaque fois qu'il allait aux cabinces à la communale, mon pote Dédé se tapait une petite pogne vite fait en pensant à Rita Hayworth ! Ça a toujours été un poète !...*

CABOT.

1) Artiste prétentieux.

EXEMPLE. – *J'ai un chien tout beau*
Qui s'appelle Napo...
Il est bien plus cabot que moi
Pour faire face aux photographes
Je le soupçonne quand je suis pas là
De signer des autographes.

2) Chien.

EXEMPLE. – *... Ce cabot intelligent c'est ma passion*
Songez que pour un chien il fait des trucs coton
Au carrefour sa queue devient pour traverser
Rouge, orange et verte, on peut passer.

CACA-BOUDIN.

Gros mot très usité aujourd'hui chez les enfants jusqu'à sept ans.

CACASSE (aller à la).

Aller baiser.

EXEMPLE. — *Quand Kaki et Momo le Provençal revenaient de la cacasse à Dupleix le dimanche soir, ils avaient des calots plus défaits que Napoléon à Waterloo !...*

CACHE-FRI-FRI.

Cache-sexe.

EXEMPLE. — *Les mômes de chez Mme Adrienne avaient pas beau schpile dans sa tôle. Cette vieille vache les obligeait à se raser la motte pour se cloquer dessus un cache-fri-fri grand comme un timbre-poste. Soi-disant que ça fait baver les vicelards !...*

CACHEMIRE.

Torchon.

EXEMPLE. — *Avant l'arrivée du taulier qui renaudait tout le temps contre la « saleté », le loufiat passait tous les matins un coup de cachemire sur le zinc et les carantes du troquet.*

CACHET.

Somme qu'une prostituée donne à son souteneur occasionnel et dont elle a momentanément le béguin. Ce qui n'empêche pas celle-ci de garder son indépendance.

CADAVRE.

Bouteille vide abandonnée après une nouba.

EXEMPLE. — *La communion du moujingue avait carrément viré à la partouze. Imbibés comme ils étaient, les invités avaient foutu un bordel monstre. La strasse était pleine de cadavres et de miches à l'air !*

CADENNES.

Menottes.

EXEMPLE. — *En plein milieu de la gare Mathabiau, les cadennes au poignet entre deux roussins, le « métèque » avait joué rip et personne l'avait jamais retrouvé !*

CADRAN SOLAIRE (se faire bronzer le).

Se faire bronzer le postérieur.

EXEMPLE. — *Sur la plage de Pampelonne uniqu'ment fringuées de leurs lunettes*
Huillées comme des salades elles se font toutes bronzer le cadran.

CAFÉ DU PAUVRE (prendre le).

Faire l'amour.

Vieille expression remise au goût du jour par l'ami Boudard qui en a fait le titre d'un bouquin superbe.

EXEMPLE. — *Après un gueuleton composé d'un bout de lard rance dans un quignon de brignolet chez leurs potes aussi fleurs que leurzigue, Lolotte et La Misère avaient rallégé dans leur cagna prendre le café du pauvre.*

CAFETER.

Rapporter, dénoncer.

EXEMPLE. — *On avait décidé avec les potes de se venger de Loulou Faux Cul qui cafetait tout le temps à l'instit'. Pendant que Milou et Bébert le tiendront, j'y tremperai les roubignolles dans l'encre violette, ça lui fera les pieds !*

CAFETIÈRE.

Tête.

EXEMPLE. — *A force de me faire du mouron*
J'ai les yeux bordés de jambon
Et sur la cafetière je perds tout mon cresson.

CAGE A PAIN.

Estomac, ventre.

EXEMPLE. — *Sauvé in extremis des griffes de la*

Gestap, césarin était pas laubé quand on l'a emmené à l'hosto. Quand il a ouvert Aristide, le chirurgien lui a enlevé deux douzaines de capotes anglaises de la cage à pain qu'il avait briffées pour pas crever la dalle...

CAGEOT.

Traînée, fille laide. Syn. de boudin.

EXEMPLE. – *Fallait qu'il tienne une sacrée biture pour que le beau Mathias ait ramené un cageot pareil dans son pucier...*

CAGES A MIEL.

Oreilles.

1er EXEMPLE. – *Les dabs qui avaient insisté pour aller esgourder les Rolling Stones avec leurs lardons étaient sortis du concert avec un sérieux mal au chou et les cages à miel en compote !...*

2e EXEMPLE. – *Y m' faut du Verlaine*
Dans les cages à miel
Quand j' prends mon bifton
Pour le septièm' ciel.

CAGNA.

Maison.

EXEMPLE. – *Amène ta viande, tu verras, y'a un bon pieu dans ma cagna, on sera mieux qu'à l'hôtel.*

CAGNARD.

Soleil.

EXEMPLE. – *Sous un cagnard à vous dégeler un garde des Sceaux, les grivetons défilaient depuis plus d'une plombe devant des généraux à l'ombre qui jactaient de leurs prochaines vacances !...*

CAGOINSSES.

W.-C., cabinets.

EXEMPLE. – *C'est dans les cagoinsses d'Orly*

que la jolie ambassadrice de Bokassa s'était fait gauler en train de tailler des plumes à de gros matous gourmands qui grimpaient au ciel sans prendre le Concorde !...

CAÏD.

Chef incontesté dans n'importe quelle discipline.

EXEMPLE. – *Vise un peu le grand Mao, c'était pourtant un sacré caïd ! Aujourd'hui on n'en fait pas plus de cas qu'une merde de chien !*

CAILLE (l'avoir à la).

Être contrarié.

EXEMPLE. – *Le petit père Carter l'avait salement à la caille que l'ayatollah lui ait embastillé toute son ambassade à Téhéran !*

CAILLER.

Faire froid. Avoir froid.

EXEMPLE. – *Ça caille, les mecs ! Y'a intérêt à s'emmitoufler les bijoux de famille !*

CAILLOUX (fourguer les).

Vendre les pierres précieuses volées.

EXEMPLE. – *C'est bien parce qu'il se gourait que Franz était complètement cisaillé que ce salopard de La Filoche lui avait proposé le tiers de la valeur pour fourguer ses cailloux !...*

CAISSE.

1) Poitrine.

EXEMPLE. – *La môme Victoria qui s'en allait de la caisse jouait* La Dame aux camélias *dans les tournées de province. Elle pouvait pas être plus nature !*

2) Tête. Se faire sauter la caisse ou le caisson !

EXEMPLE. – *Voyant que le grand Raymond l'avait quitté pour s'entifler avec Freddo, Loulou s'était fait sauter la caisse !*

3) Voiture automobile.

Syn. de charrette.

EXEMPLE. — *Le play-boy abaissant la vitre électrique de sa Rolls demanda à Stella qui racolait les Mimiles : « La rue Racine, s'il vous plait Mademoiselle ? — Je veux bien t'y emmener si tu me fais faire un tour dans ta caisse, mon mignon... »*

CALANCHER.

Mourir.

EXEMPLE. — *On a assez de raisons de calancher tous les jours sans aller se faire crever la paillasse connement à la riflette !*

CALBOMBE.

Ampoule, bougie.

EXEMPLE. — *Quand Betty la Rouquine me jouait* Une nuit sur le mont Chauve, *fallait toujours éteindre la calbombe. Après ça, elle se déchaînait, la goulue !*

CALBUTE.

Caleçon. Syn. de calebar.

CALEBAR.

Caleçon.

En avoir ou pas dans le calebar : être ou pas courageux, gonflé ou dégonflé.

EXEMPLE. — *En plein tribunal, la Truite avait giclé du premier étage par la fenêtre, et aussi sec il avait mis les adjas. Pas de doute, il en avait dans le calebar c' mec-là... !*

CALECER.

Posséder charnellement.

EXEMPLE. — *Quand Coco Beau Chibre est sorti de Fresnes, Fanny raconte qu'il l'a calecée tout de suite sur la table de la cuisine sans même lui laisser le temps d'enlever sa roupane !...*

CALECIF.

Caleçon. Syn. de calebar.

EXEMPLE. – *Des zizis, y'en a de toutes les couleurs*
J'en ai vu des impulsifs
Qui grimpaient dans les calecifs...

CALENDO.

Camembert.

EXEMPLE. – *Le renard dit au corbeau : « T'es bête,*
Si seul'ment t'enlèves ta jaquette,
J'te laisse ton calendo coulant. »

CALER LES MOUSTACHES (se).

Manger avec appétit.

EXEMPLE. – *Quand on rentre à Pantruche après quelques semaines de récitals en France ou à l'étranger, on va se caler les moustaches chez l'ami Bernard à l'Enclos de Ninon où la tortore est soua-soua...*

CALIBRE.

Revolver.

EXEMPLE. – *Quand Jo Dracula a sorti son calibre, la concepige a fait dans son froc !*

CALOT.

Œil. Ribouler des calots.

EXEMPLE. – *De la pièce d'à côté la môme dans son bain me crie : « Attrape le gant de crin et frotte-moi fort le dos, moi, j'ai du savon plein les calots... »*

CALOTS EN COUPE DE MOUSSEUX (avoir les).

Avoir les yeux qui pétillent.

EXEMPLE. – *Ça y est, les mecs, j'suis amoureux*
J'ai le cœur comme une calebasse
Et les calots en coupe de mousseux... »

CALOTS (boiter des).

Loucher.

EXEMPLE. – *Le vieil Arsène, dit La Vigie, qui boitait des calots, avait toujours porté des carreaux fumés pour pas être obligé de se bigorner avec tous ceux qui le tapissaient curieusement.*

CALOTTER.

Voler, dérober.

EXEMPLE. – *Dans la bousculade du métro, Totole s'était fait calotter le larfeuille qu'il venait de chouraver lui-même y avait pas cinq minutes ! Y'a plus de moralité !*

CALTER.

Fuir, se sauver.

EXEMPLE. – *Paulette, qui avait voulu calter de chez Mme Julien, s'était fait emplafonner par Doumé. Bilan : trois marcotins à l'hosto !*

CAMBROUSSE.

Campagne, campagnarde.

EXEMPLE. – *J'ai levé une cambrousse de vingt berges, qui m'a appris que le foin berrichon était pas plus dégueu qu'un pucier au Novotel, surtout pour y jouer la bête à deux dos !*

CAMBUT.

Échange, escroquerie.

EXEMPLE. – *Quand le vieux crémier bonnit : « Une minute, S.V.P. », en emportant le faux bifton de cinquante points dans l'arrière-boutique, Louisette pigea vite que le cambut avait foiré.*

Valait mieux les agiter avant d'avoir les condés sur la soie.

CAME.

Vient de camelote. Désigne une marchandise chez les forains, les brocs.

Se dit également de la drogue.

EXEMPLE. – *Charlot Bec-de-Lièvre, qui faisait dans la came, s'était fait poisser connement par la brigade des stup's à la décarrade de la communale ; ce con-là fourguait de la marie aux lardons qui en avaient touché deux mots à leurs vieux.*

Voici encore quelques-unes des appellations les plus répandues de la came :

L'acide, les amphés, le bambou, la blanche, le chanvre indien, une charge, le cheval, la chnouffe, la coco, la défonce, la déprime, la douce, la dynamite, la guenon, le hasch, l'herbe, le joint, le kif, la marie, la neige, la reniflette, le shoot, les stup's, une touche...

CAMEMBERT QUI A EU LE RETOUR D'AGE.

Camembert qui a déjà beaucoup vécu !

EXEMPLE. – *Si tu vas mastéguer chez Bruno au Tord-Boyaux, sois prudent, prends bien garde au fromage, son camembert a eu le retour d'âge.*

CANARDER.

Tirer des coups de feu.

EXEMPLE. – *Le caïd qui en avait class de se faire canarder par les habillés qui cernaient la villa, tenta une sortie abrité par le bourgeois à qui il avait collé un calibre derrière le chignon.*

CANER.

Mourir.

EXEMPLE. – *Léa avait beau lui polir le chinois régulièrement, le vieux vicelard voulait pas caner !*

CANNE.

Jambe.

EXEMPLE. – *Les cannes à Marlène, y'en a plus d'un qui s'en seraient fait un brancard !*

CANON (avoir une balle dans le).

Bander.

EXEMPLE. – *Tous les matins, Pierrot, qui avait une balle dans le canon, carambolait Rita qui s'en ressentait pas de passer à la casserole avant de se taper les escaliers du boxon toute la journanche !...*

CANTOCHE.

Cantine.

EXEMPLE. – *Les moujingues adoraient becqueter à la cantoche pour se filer les nouilles à la tronche et les yaourts au plaftard...*

CAOUA.

Café.

EXEMPLE. – *Malgré son palpitant qui battait la breloque, le taulier éclusait jusqu'à vingt caouas par jour pour pas flancher quand son rade était plein jusqu'à trois plombes du mat'.*

CAPITAL.

Virginité.

EXEMPLE. – *La mouflette l'avait à la caille, le jour de sa première communion, son vieux, salingue, voulait déjà entamer son capital !...*

CAPOTE ANGLAISE.

Préservatif masculin.

EXEMPLE. – *Serge, qui avait calcé la mémée hardi petit sans se cloquer la capote, s'était fait plomber comme chez le dentiste !*

CAPSULE.

1) Anus.
2) Casquette.

EXEMPLE. – *Riquette et Tatave s'étaient planqués dans l'église, pendant que les poulagas dressaient déjà des barrages sur toutes les routes du bled : « Enlève ta capsule, qu'elle lui dit, tu vois pas qu'on est chez le Bon Dieu ! »*

CARAFE (rester en).

Être en panne. Se retrouver seul.

EXEMPLE. – *On est resté en carafe avec les moujingues pendant trois jours dans un hôtel à Montélimar. Je peux plus blairer le nougat !*

CARAMBOLER.

Posséder une femme.

EXEMPLE. – *Raymonde la Gagneuse se laissait jamais caramboler avant d'avoir enfouillé les talbins. L'expérience lui avait appris qu'un Gustave est toujours plus joice avant de se dégorger le pipeau...*

CARANTE.

Table.

EXEMPLE. – *« Mets le tapis sur la carante et amène les brèmes, on va essayer d'affurer un peu d'artiche aux caves. »*

CARAT.

Année. S'emploie uniquement pour indiquer l'âge de quelqu'un.

EXEMPLE. – *Victor Gomina, qui avait enjambé des centaines de gonzesses dans sa vie, me racontait qu'il en était réduit à triquer les années bissextiles ! Il commençait sérieusement à prendre du carat !*

CARBI.

Charbon. Travail.

EXEMPLE. — *« Va falloir aller au carbi si ces dames se mettent en grève », disait Doumé la Rame à ses potes qui gambergeaient ce sombre avenir avec terreur...*

CARBONISER.

Compromettre à tout jamais la réputation de quelqu'un.

EXEMPLE. — *Freddo a laissé tellement de drapeaux qu'il y a plus un seul patron de rade pour lui servir un pastaga ! Il est carbonisé dans tout Maubert !*

CARBURE.

Argent.

EXEMPLE. — *Quand il a affuré les quatre cents briques du loto, le vieux Milo s'est répandu dans le burlingue du dirlo. D'avoir tout ce carbure d'un coup sans braquer personne, ça lui avait démoli le carafon !*

CARESSER L'HIBISCUS ou **CHATOUILLER L'HIBISCUS (se).**

Pour une femme, se masturber.

EXEMPLE. — *A quinze piges, Marylène se chatouillait l'hibiscus dans son page en gambergeant à la superbe Durandal qui enflait tous les matins la braguette de son prof d'histoire-géo.*

CARLINGUE.

Gestapo.

EXEMPLE. — *Les plus futés qui étaient dans la carlingue s'étaient fait la jaquette avant la Libération. On en connaît qui sont restés et qui ont la Légion d'honneur !*

CARMER.

Payer.

EXEMPLE. – *« Dis donc, vieux hibou, t'as tringlé, maintenant faut carmer », disait Monette au contrôleur des contributions...*

CAROLINE.

Homosexuel passif. Syn. de Jeannette.

EXEMPLE. – *« Qu'est-ce que c'est que cette Caroline qui tortille du proze en éclusant son bébé rose ? – C'est la folle à Gaston le catcheur, fais gaffe à ce que tu jactes, le mahousse apprécie pas la plaisanterie ! »*

CAROTTE.

Saxo soprano.

EXEMPLE. – *Pour un tas de fondus du jazz comme mézigue, si Charlie Parker était le pape du saxo alto, le vieux Sidney, c'était vraiment le roi de la carotte !*

CAROUBLE.

Clef.

EXEMPLE. – *Quand Nénette racontait l'histoire de Barbe-Bleue qui avait retrouvé sa carouble pleine de raisiné dans la pogne de sa pétasse, les moujingues mouftaient plus !*

CARPE (faire la).

S'évanouir pendant l'orgasme.

EXEMPLE. – *Avec Billy le Sabre, les gonzesses mettaient jamais les chaussettes à la fenêtre ; tout au contraire, elles faisaient la carpe à tous les coups, les polkas se l'arrachaient pour les parties de jambonneaux !*

CARPETTE.

Paillasson. Individu méprisable.

EXEMPLE. – *Durand, qu'on appelait Dugland à*

la grive, répondait toujours « Présent ! » pour la corvée de chiottes. Une vraie carpette !

CARREAUX.

1) Yeux.

EXEMPLE. – *Voyant se pointer le sadique vipère au poing, la môme, d'une fourchette dans les carreaux, lui a fait gicler ses bigarreaux.*

2) Lunettes.

EXEMPLE. – *« Passe-moi mes carreaux, les lettres sont trop petites ! » disait Riri le Bigleux à sa bergère tout en ligotant son bouquin porno...*

CARREAUX (en avoir un coup dans les).

Être saoul.

EXEMPLE. – *Fallait qu'Alfonsine en ait un drôle de coup dans les carreaux pour dire à sa taulière que c'était qu'une sale gougnotte et qu'elle lui pissait à la raie !*

CARRÉE.

Chambre.

EXEMPLE. – *A peine le mec s'est enquillé dans la carrée qu'Émilie Sucette te lui a mitonné la « roulette de Zanzibar » à double différentiel autolubrifié ! Le grand-père avait pas connu pareille émotion depuis Verdun !...*

CARREFOUR DES ENRHUMÉS (le).

Sexe de femme.

EXEMPLE. – *Je lui ai roulé des palots monstrueux et suçoté les enjoliveurs pendant une plombe avant de lui balancer mon fa dièse au carrefour des enrhumés...*

CARRER (se le).

Se le mettre, se l'introduire.

EXEMPLE. – *Brigitte, fumace d'avoir tapissé « son fiancé » en train de rouler un pavé infernal à une pouffiasse, lui bonnit : « Ben, mon beau Jacquot, le marida, c'est terminarès ! Et ta chevalière de chez Burma, tu peux te la carrer où je pense ! »*

CARROSSÉE.

Bien faite. Bien bousculée.

EXEMPLE. — *Y'a pas à chiquer, la Marylin, c'était quand même elle la mieux carrossée !*

CARTON (faire un).

1) Prendre une femme.

2) Tirer sur quelqu'un.

EXEMPLE. — *Les poulagas ont attendu que Mesrine soit bien ficelé dans sa chignole avant de se faire un carton sur sa pomme ! Glandilleux sans doute de faire autrement avec un barjot comme cécolle qui trimbalait un arsenal dans sa guinde !*

CARTONNER.

Péter.

EXEMPLE. — *Après la platée de loubiats qu'on clapait tous les soirs, ça cartonnait à tout berzingue dans la chambrée !*

CARTOUCHE (secouer la).

Se masturber.

EXEMPLE. — *Au séminaire des apprentis curetons, le soir dans le dortoir, il était obligatoire de garder ses paluches bien en vue sur la couvrante, afin que le démon vienne pas les inciter à secouer la cartouche !*

CASBAH.

Maison, demeure.

EXEMPLE. — *Crois-moi qu'avec toutes ces vitamines*
Le chlorate et la pénicilline

Qu'y a dans les épinoches
Et les chipolatas
Y'a pas un astibloche
Qui viendrait y faire sa casbah.

CASQUER.

Payer.

EXEMPLE. – *Après que le Sétois s'est fait dessouder, ce sont ses potes qui ont casqué l'enterrement et une petite pension à sa bergère qui restait seulabre avec trois nistons.*

CASQUETTE (prendre une).

1) Subir une défaite au jeu ou dans une affaire.

2) Se saouler.

CASSE (faire un) (monter sur un).

Cambriolage. Le casse du siècle !

EXEMPLE. – *Gaétan, qui avait monté le casse des « Fourrures de l'Opéra », s'était fait poisser à cause de sa nana. Du loup à l'ocelot en passant par le black lama, Alicia s'était cloqué en une semaine plus de trois cents briquettes de pelures sur les arêtes !...*

CASSE-NOISETTE (être).

Être importun, ennuyeux.

EXEMPLE. – *Qu'est-ce qu'y pouvait être casse-noisette, le grand-père, quand il racontait comment il s'était barré en pèlerinage à Lourdes pour remercier le bon Dieu de lui avoir fait serrer la louche à Pétain !*

CASSE-NOISETTE (faire le).

Contracter les muscles du vagin pendant l'amour.

EXEMPLE. – *Les clients de Mme Lydia réclamaient tous Mini Pincettes qui, de l'avis général, était la reine incontestée du casse-noisette !...*

CASSE-PIPE.

Guerre.

EXEMPLE. – *Je rencontre parfois des vieux poteaux d'antan*
Qui se tapent sur les cuisses en parlant du bon temps...
... Au prochain casse-pipe joyeux
Y faudra bien des mecs comme eux.

CASSER.

Cambrioler.

EXEMPLE. – *L'amour c'est bath, me dit-elle un jour,*
Mais on est fauché, mon amour,
Faudrait casser chez les rupins.

CASSER (la).

Mourir.

EXEMPLE. – *Faites une pipe à pépé*
Avant qu'il ne la casse...
(Chanson morale d'Henri Tachan.)

CASSER (se).

Fuir.

EXEMPLE. – *Le taulier s'est pointé calibre en pogne, Angelo a balancé la purée. Tu parles qu'on s'est cassé vite fait !*

CASSEROLE.

1) Prostituée.

2) Individu bon à rien.

3) Indicateur.

CASSEROLE (passer à la).

Pour une femme, être possédée contre son gré ou sans plaisir.

EXEMPLE. – *Sachant bien qu'elle était couchée aussi sur son testament, ça faisait tout de même tartir Martha Galipette de passer à la casserole tous les mardis chez ce vieux birbe qui triquait comme une épluchure de patate !...*

CASSEUR.

Cambrioleur.

EXEMPLE. – *Des petits casseurs qui se prennent pour des caïds, tu secoues les réverbères de Pigalle et ça dégringole comme à Gravelotte !*

CASSIS.

Crâne.

EXEMPLE. – *Pour calmer les nerfs du caissier, Nénesse lui avait filé un bon coup sur le cassis, qui avait nettement refréné ses instincts de justicier.*

CASTAGNE.

Bagarre. Ça y allait, à la castagne !

EXEMPLE. – *Y fallait méchamment chambrer Gaby le Pacifique avant de le foutre en renaud, même pour « raisonner » une gonzesse, il avait horreur de la castagne...*

CASTAGNER.

Taper dur.

EXEMPLE. – *Quand j'étais môme, au Café du Pont, il était pas rare, le samedi soir, de voir les grivetons de la caserne se castagner pour une louloutte avec les mariniers du canal !*

CASTAPIANE.

Blennorragie. Se dit plutôt dans le Midi, mais s'attrape partout !

EXEMPLE. – *Depuis la castapiane mal soignée qu'il avait chopée à la casbah d'Alger, Paulo la Trique marchait carrément à côté de sa bite !*

CATAS.

Catastrophe. Raccourci fréquement utilisé

aujourd'hui en parlant de quelque chose ou de quelqu'un de décevant, qui n'est pas à la hauteur.

EXEMPLE. – *Ne prenez pas Antoine pour faire le pet, il est miro comme un thermomètre. C'est une vraie catas !*

CAVALE (être en).

Évasion. Se dit de quelqu'un poursuivi par la police, voire par des complices trahis, etc.

EXEMPLE. – *Freddy la Poisse, qui était en cavale depuis le coup de la B.N.P., s'était cloqué une moumoute sur la coloquinte, façon hippie ! Ginette, sa polka, l'avait même pas reconnobré !*

CAVE.

1) Quelqu'un de non affranchi.

2) Le client pour la prostituée.

EXEMPLE. – *Chaque fois qu'elle épongeait un cave, Georgette gambergeait à sa moquette qu'elle aurait bientôt fini de carmer !*

CAVE (faire une descente à la).

Pratiquer le cunnilingus.

EXEMPLE. – *Tatave, qui était beurré à zéro, s'était mis au paddock avec Lilette pour faire une descente à la cave. Cézigue s'était foutu à ronfler aussi sec et la pauvre mémère avait dû mettre les chaussettes à la fenêtre...*

CAVU.

Cul.

EXEMPLE. – *Un bon coup dans le cavu ça n'a jamais fait de mal à personne..., à condition de choisir son agresseur !...*

CELLOTE.

Cellule de prison.

EXEMPLE. – *On esgourdait le hurlement des*

nouveaux arrivés qui se faisaient défoncer l'œil de bronze le soir dans les cellotes.

CENTRE (le).

Nom ou surnom de quelqu'un.

EXEMPLE. – *Camomille avait dix sortes de fafs différents et personne avait jamais su quel était son vrai centre...*

CENTROUSE.

Prison centrale.

EXEMPLE. – *Quand on s'est appuyé dix piges de centrouse et qu'on a plus une thune dans les profondes, on est bien obligé de se mouiller encore un coup pour sortir de la Berezina ! C'est le cercle vicieux.*

CERCUEIL.

Cocktail de boissons (picon, grenadine, bière).

EXEMPLE. – *« Patron, un cercueil ! »*

CERISE (la).

1) Malchance.

L'ami Alphonse Boudard en donne une magistrale définition tout au long de son savoureux bouquin : *La Cerise.*

EXEMPLE. – *Quand on a la cerise il est une loi parmi les hommes.*
Cependant que l'un crie : « Tue-le ! »
On entend l'autre qui dit : « Assomme ! »

2) Le visage.

EXEMPLE. – *Avec tout son attirail de crayons et de poudres, Lulu Belles Châsses était constamment en train de se refaire la cerise.*

CÉSARIENNE (pratiquer une).

1) Faire une incision suffisante dans un sac à main pour en dérober le contenu.

2) Payer une tournée sans enthousiasme en ouvrant... son portefeuille.

EXEMPLE. – *Des trois tournées d'anisette éclusées au rade par les quatre bibards, seul Roger le Palmé avait encore pas douillé la sienne. Malgré l'effort surhumain que ça allait lui coûter, il allait être obligé de pratiquer une césarienne dans son crapautard.*

CERVEAU OÙ ON VOIT LE JOUR (avoir le).

Être stupide, niais.

EXEMPLE. – *Ne prends pas celle qui est débauchée comme une bascule*
Ni celle qui prie à s'en faire péter les rotules
Celle qui a le cerveau où on voit le jour.

CERVELLE DE GOUJON (avoir une).

Être dépourvu de jugeote.

EXEMPLE. – *Avec ta pauvre p'tite cervelle de goujon,*
Ça serait duraille de faire une soupe de poissons...

CERVELLE A MARÉE BASSE (avoir la).

Ne plus jouir de toutes ses facultés mentales.

EXEMPLE. – *Ça y est, les mecs, je suis amoureux*
J'ai la cervelle à marée basse.

CÉSARIN.

Lui.

EXEMPLE. – *Avec césarin comme président de*

la République, je me gourais bien que la grâce, je pouvais me la carrer dans le train !

CÉZIG ou CÉZIGUE.

Lui. Syn. de césarin. On dit aussi cézigo, cézergue et cécolle.

EXEMPLE. – *« Tu veux vraiment savoir pourquoi je gode pour le Grêlé ? disait Colette à Léo Mimosa. C'est parce que cézigue il en a, lui ! et bien accrochées, je peux te l'assurer !... »*

CHABLER.

Frapper avec violence.

EXEMPLE. – *Le Rosbif avait du raisin plein la poire. Riri Crampon en avait profité pour chabler méchamment dans la mêlée !*

CHABRAQUE.

Fou, folle.

EXEMPLE. – *Le P.D.G. était un peu chabraque sur les bords. La grosse Rita qui le tenait en laisse le faisait aboyer à quatre pattes avant de lui laisser morfiler un susucre qu'elle s'était carré dans la moniche...*

CHAGATTE.

Sexe de la femme.

EXEMPLE. – *Ali l'Oranais avait obligé Angela à se raser la chagatte comme une boule de billard ! Paraît que dans son bled on peut pas piffer le poil au cul...*

CHAGRIN (aller au).

1) Aller au travail.
2) Porter plainte.

EXEMPLE. – *En biglant ses trois greffiers étranglés et cloués sur la lourde de sa loge, la bignole était partie à dame. Elle ligota le papelard qu'une des pauvres bestioles avait coincé entre les ratiches : « Ça t'apprendra à tenir ta menteuse. » Le temps d'agrafer son pébroque et son galure, elle avait décidé d'aller au chagrin.*

CHAILLE.

Dent.

EXEMPLE. – *Si tu veux pas gerber tes chailles sur le tapis, t'as intérêt à jacter, l'ami !*

CHAMBOULER.

Changer, transformer.

EXEMPLE. – *Le Chirac, qui depuis quelque temps déjà broutait la moquette, comptait bien sur les élections pour tout chambouler...*

CHAMBRER.

Se moquer.

EXEMPLE. – *Tonio le Corse, qui aimait pas se faire chambrer, avait carrément chablé dans le mec qui avait mis les adjas en se tenant les montgolfières...*

CHAMEAU (grimper sur le).

Monter sur la table prévue à cet effet pour y subir un examen gynécologique.

EXEMPLE. – *Rien qu'à mater le désastre au fond de la foufounette à Zelda, le toubib lui dit en retirant son spéculum : « Y a combien de temps que t'as pas grimpé sur le chameau ?*

– Ben, y a au moins un an, docteur.

– Eh ben, ma cocotte, t'as pas fini de pisser entre parenthèses ! ! ! »

CHAMP'.

Champagne.

EXEMPLE. – *La roteuse de champ' au frais et le feu de bois dans la cheminée, Nénesse avait tout gambergé. Ça serait bien un manque de fion si la môme Suzy rallégeait avec ses argagnasses !*

CHANGER SES OLIVES D'EAU ou **SON POISSON D'EAU.**

Uriner.

EXEMPLE. – *Une nuit, le poète Moréas, qui en avait un petit coup dans les carreaux en sortant d'un rade, se plante au pied d'un marronnier pour changer ses olives d'eau. Un flic qui passait s'arrête et lui dit : « Vous savez que c'est défendu ? » Et Moréas exhibant son revers de lardeusse : « Oui, mais moi j'ai la Légion d'honneur... »*

CHANSONNETTE.

Interrogatoire.

EXEMPLE. – *Avant que l'inspecteur déballe sa chansonnette, Pierrot le Blême lui avait filé un coup de boule dans la théière et avait foncé vers la rue par la lourde du lardu grande ouverte, les poucettes aux poignets.*

CHANSTIQUER.

Changer.

EXEMPLE. – *Quand Huguette se fout en renaud, suffit d'y balancer la paluche au pont arrière pour que la gourmande chanstique du tout au tout !*

CHARANÇONS.

Gonocoques.

EXEMPLE. – *Fridda la Catcheuse voulait plus se laisser enjamber par Léon le Corsico qui, paraît-il, se trimbalait une armada de charançons dans les valseuses !*

CHARBON (aller au).

Travailler dur.

EXEMPLE. – *Le pape, qui s'était cloqué les paturons dans une paire de baskets pour faire plus minet, réunit tous ses archipointus du monde entier et leur bonnit : « Messeigneurs, Allah, Bouddha, Shiva et compagnie commencent à nous baver sur les rouleaux ! Si Jésus s'est laissé clouer les abattis, mettez-vous bien dans le chou que c'était d'abord pour pas dégringoler du hit-parade ! Par conséquent, les aminches, faudrait voir à aller au charbon ! »*

CHARCUTIER.

Chirurgien.

EXEMPLE. — *Les nénettes d'aujourd'hui qui veulent à tout prix se faire remonter les roberts ou redresser le tarin se gourent pas que deux toubibs sur trois sont de vrais charcutiers et qu'à la sortie elles ressemblent moins à Raquel Welch qu'à la sœur de Quasimodo !...*

CHARGÉ (être).

Dopé, drogué ou épris de boisson.

CHARGÉ LA MULE (avoir).

Avoir trop bu.

EXEMPLE. — *En sortant du « Bar beau », Coco et Louison, qui avaient chargé la mule, avaient emplafonné avec leur Honda la vitrine d'un magaze de couronnes mortuaires spécialisé dans les « deuils express » !*

CHARGER (se).

S'armer.

EXEMPLE. — *Le tsigane, qui avait la gâchette facile dans sa jeunesse, se chargeait même plus quand il braquait une banque. Ça lui avait coûté trop cher. Il gueulait en entrant : « Tout le monde à plat ventre ! Y'a une bombe dans mon attaché-case. Restez peinards si vous voulez pas sauter comme une poêlée de marrons ! »*

CHARMEUSES.

Moustaches.

EXEMPLE. – *Les charmeuses de Clark Gable, elles en ont fait mouiller, des petites culottes !*

CHARRE.

Exagération, bluff.

EXEMPLE. – *Les discours politicards, c'est tous du charre !*

CHARRE (faire du).

Flirter.

EXEMPLE. – *« Arrête de faire du charre à ma gonzesse ou dans deux minutes on te reconnaîtra plus qu'à ton bridge en fer-blanc ! »*

CHARRIER.

Se moquer. Exagérer.

EXEMPLE. – *« Tu as déjà rappliqué avec tes moujingues et ta vieille, à présent tu radines avec ton Jules, faudrait voir à pas charrier ! »*

CHARRON (gueuler au) (crier au).

Ameuter.

EXEMPLE. – *Quand le critique gastronomique a trouvé une souris crevée dans le civet grand veneur, il s'est mis à gueuler au charron comme un qui se les est prises dans le tiroir du buffet !*

CHÂSSE.

Œil. S'emploie généralement au pluriel.

EXEMPLE. – *Avec des châsses comme les siens, elle ferait triquer un évêque qui vient d'écluser un calice de bromure !*

CHASSELAS (avoir un coup de).

Avoir trop bu, être ivre.

EXEMPLE. – *Rien qu'à voir cézigue s'emmêler le chiffon rouge et sa tronche plissée par ses rires idiots, les téléspectateurs d' « Apostrophes » ont vite pigé que le « romancier » avait un sérieux coup de chasselas.*

CHÂSSIS.

Beau corps.

EXEMPLE. – *La Marinette à Gino le Rital faisait des comptées fabuleuses avec un châssis pareil !*

CHAT, CHATTE.

Sexe féminin.

EXEMPLE. – *Corinne, qui rêvait d'une carrière au cinoche, avait fini par exhiber sa chatte à Pigalle devant une bande de vieux salingues qui s'astiquaient les bibelots sans pudeur pendant qu'elle ondulait du proze !...*

CHAT AU FROMAGE (laisser aller son).

Pour une femme, faire l'amour.

EXEMPLE. – *Quelle salope, cette Viviane, elle te roule des patins d'acier tant que tu veux, mais pour césarine pas question de laisser aller le chat au fromage.*

CHAT QUI A LE NEZ CASSÉ (avoir le).

Avoir ses règles.

EXEMPLE. – *D'un coup du turlu, Francette avait prévenu Pépito : « Écoute mon loup, vaut mieux pas qu'on se voie ce soir, mon chat a le nez cassé... »*

CHATAIGNE.

Bagarre. Coup de poing.

EXEMPLE. – *Les frangines avaient un tracsir terrible de Lucien le Timide qui avait l'habitude de faire ses déclarations d'amour à la châtaigne !*

CHAUD (être ou **ne pas être).**

Décidé, enthousiasmé.

EXEMPLE. — *Cette année, avec tout le mazout que ces connards ont lâché sur les côtes, je suis pas chaud pour aller me tremper les miches en Bretagne !*

CHAUD (la mettre au).

Posséder charnellement quelqu'un.

EXEMPLE. — *Lulu la Dévoreuse avait une façon de vous la mettre au chaud qui remplaçait avantageusement la prière du soir !*

CHAUDE-LANCE ou **CHAUDE-PISSE.**

Blennorragie.

EXEMPLE. — *Hector le Queutard, qui pissait des lames de rasoir, avait dérouillé la colonelle qui, sans vergogne, lui avait cloqué une superbe chaude-lance !*

CHAUVE A COL ROULÉ.

Membre viril.

EXEMPLE. — *La punaise était allée au cri quand le sacristain lui avait glissé son chauve à col roulé entre les mains jointes !*

CHEVAL.

Drogue. Héroïne.

EXEMPLE. — *Nénesse le Camé, qui était en manque, avait foutu le pharmaco au tapis avant de lui chouraver sa dose de cheval !*

CHIADER.

Soigner un travail (ou un plaisir !), fignoler.

EXEMPLE. — *Dédé le Minutieux avait tellement chiadé son plan qu'on est entré dans la banque comme une bite d'évêque dans une craquette de bonne sœur !*

CHIALER.

Pleurer.

1er EXEMPLE. — *De Santa-Cruz à Maldonado*

Y paraît que c'est beau à chialer...

2e EXEMPLE. — *On était tristes, affamés tristement*
Onze lardons, quel naufrage, ma mère chialait dans le potage...

CHIARD.

Enfant.

EXEMPLE. — *Le papa est tombé dans le sirop quand il a vu que sa bobonne lui avait pondu six chiards d'un coup !*

CHIBRE.

Membre viril.

EXEMPLE. — *Le chibre à Timoléon, le jardinier du couvent, on comptait plus les actes de contrition qu'il avait valus à ces demoiselles en cornette...*

CHICORÉE (donner ou **recevoir une).**

Correction.

EXEMPLE. — *Le soir du marida, la jeune épouse avait dégusté la première chicorée de son bonhomme, qui avait tenu à mettre les choses au point une fois pour toutes !*

CHICORER (se) ou **CHICORNER (se).**

Se disputer avec quelqu'un. Se battre.

EXEMPLE. — *Billie la Teigneuse se chicorait avec tout le monde à partir du troisième pastaga !*

CHIÉE (une).

Syn. d'une tripotée. Implique un certain nombre : onze. « Onze fait chier ! »

CHIER (ce qu'on se fait).

Ce qu'on s'ennuie !

EXEMPLE. — *Au bout d'une plombe de sermon*

du vicaire, la communiante, qui en avait ras le fion, balança tout haut à sa maman : « Qu'est-ce qu'on se fait chier avec ce con ! »

CHIER (ce mec est à).

Ce type est imbuvable.

EXEMPLE. – *Au bout d'un quart d'heure de cours, les élèves ont vite pigé que ce prof était à chier.*

CHIER DU POIVRE.

Etre poursuivi, se sauver.

EXEMPLE. – *Quand on a vu les perdreaux fringués en curetons débouler de la sacristie le rigoustin en pogne, on a chié du poivre dans tous les azimuts !*

CHIERIE ! (quelle).

Désagrément.

EXEMPLE. – *Je me suis caillé les roustons pendant deux plombes devant la lourde du chalet, pendant que Madame se faisait caramboler par son moniteur de ski ! Et gratis qui plus est ! Quelle chierie !*

CHIER PARTOUT (à).

Beaucoup.

EXEMPLE. – *En entiflant dans le bois avec Bernard, Roger et le Mataf, Neggio nous dit : « Eh les mecs, venez par ici, y a des cèpes à chier partout ! »*

CHIEUSE.

Insupportable.

EXEMPLE. – *Au bal de l'amiral*
Y'a une p'tit' chieuse
Qui n'aime que le pop'
Du genre vicieuse
Mais   achement propre !

CHIFTIR.

1) Chiffon.

2) Chiffonnier.

EXEMPLE. – *La bignole filait généreusement un franc au chiftir pour qu'il aille lui changer sa bouteille de gaz. Le pauvre con aurait préféré un sifflard et une betterave de rouquin !*

CHIFFON ROUGE.

Langue.

EXEMPLE. – *Les roberts pointés bien droits vers les paluches du dirlo tout en promenant le petit bout de son chiffon rouge entre ses badigoinces, la môme Héléna attendait une augmentation...*

CHIGNOLLE.

Voiture automobile.

EXEMPLE. – *Sa chignolle, Marcel en prenait soin autant que de sa bite. Il la vidangeait une fois par semaine et la lavait une fois par mois !...*

CHIGNON.

Tête.

EXEMPLE. – *Malgré le désert qu'elle avait sous le chignon*
Elle m'en faisait baver comme un lion...

CHINE (faire la).

Vendre ou acheter, surtout dans la campagne, de menus objets, ustensiles ou tissus, en faisant l'article aux clients méfiants.

CHINETOQUE.

Chinois.

EXEMPLE. – *Chez la mome Thérèse, au rond-point des Champs, on briffe la meilleure tortore chinetoque de tout Paris !*

CHINOIS.

Sexe de l'homme.

EXEMPLE. – *Dany le Tubard avait tiré ses trois piges de sana à force de se faire polir le chinois par ces demoiselles de Sainte-Marguerite !*

CHIOTTE.

1) Au pluriel : W.-C.

2) Automobile.

EXEMPLE. – *Il avait beau péter dans la soie et carburer au Chivas Regal, le taulier drivait lui-même sa chiotte.*

CHIPOLATA.

Membre viril.

EXEMPLE. – *Quand il avait tâté du monstrueux chipolata d'Antoine, le cul de ces dames jouait* Le Chant du départ !

CHIQUER.

Feindre. Ergoter. Bluffer. Hésiter.

EXEMPLE. – *Y'a pas à chiquer, Jojo, si t'as la chtouille, tu l'as pas chopée aux vêpres !*

CHLINGUER.

Puer.

EXEMPLE. – *Le pipelet chlinguait tellement que même son clébard hésitait à s'approcher pour morganer le nonosse qu'il lui tendait !*

CHLOROPHYLLER (se faire).

Aller voir ailleurs. Aller se faire voir.

EXEMPLE. – *Les miches à Gigi*
C'est pas du pain d' mie
Si ça t' fait pas marrer
Va t' faire chlorophyller.

CHOCHOTTE.

1) Personnage efféminé, précieux.

2) Pédéraste.

EXEMPLE. – *« Voilà, me dit-ell', j'avais épousé un forban*
Aux mœurs équivoqu's, un' foll' perdue dans ses rubans.
C'était une vraie chochotte, le roi du tourniquet. »

CHOCOTTES.

Dents.

Avoir les chocottes : claquer des dents, avoir peur.

EXEMPLE. – *Avant le changement de régime, Haroun Tazieff, qui avait pas les chocottes, a bonni à Claude Villers sur France Inter tout ce qu'il avait sur la patate ! Tel qu'on le connaît, le Claude a dû se prendre le « pied d'acier » à accoucher un mironton de cette pointure...*

CHOMEDU.

Chômage. Des gaziers qui ont du chou, paraît-il, viennent de pondre une bombe à neutrons. Ladite bombinette a pour fonction de ratatiner tout ce qui bouge et qui respire ! Chapeau les mecs ! Quand vous déhotterez de vos abris sophistiqués, c'est plus les smicars qui auront les moustaches en croix qui pourront vous les briser avec le chômedu !

CHOPER.

1) Attraper, prendre.

1er EXEMPLE. – *Quand ils ont pigé que c'était la caguade noire, les potes à Hitler, qui avaient pour consigne de ne pas se laisser choper vivants, avaient tous une pastille de cyanure coincée dans les tabourets.*

2e EXEMPLE. – *Pourquoi pas rester dans tes bras, ma belle*

Car l'homme qui fuit la varicelle
Chope souvent le choléra.

2) Récolter.

EXEMPLE. – *Fais gaffe, Clairette, Jeannot s'est chopé des morbacs. C'est pas le moment de lui jouer la flûte enchantée...*

CHOPOTE.

Sexe de l'homme.

EXEMPLE. – *Quand elle a vu la chopote à Ferdinand lui gonfler le grimpant jusqu'à la ceinture, la doctoresse a cru qu'il avait une hernie !*

CHOU.

1) Tête.

1er EXEMPLE. – *Pour pas que les poulets le redressent, Hector le Mielleux avait laissé pousser des charmeuses et s'était cloqué une gapette sur le chou.*

2e EXEMPLE. – *Je sens que j'ai le chou farci de p'tits grains de riz mécaniques.*

2) Cerveau, intelligence.

EXEMPLE. – *Bertie la Mouche, qui avait du chou, avait si bien gambergé le plan de la B.N.C.I. qu'on est entré dans la salle des coffiots comme un godemiché chez la veuve joyeuse !*

CHOUCARD(E).

Beau, mignon, agréable.

EXEMPLE. – *La régulière du dirlo était plutôt choucarde, mais rien que de penser qu'elle s'embourbait ce vieux kroumir, ça m'aurait fait déjanter tout de suite...*

CHOUETTE.

Bon, généreux, beau, gentil.

EXEMPLE. – *La môme Lisa a été chouette, elle*

a pris mes patins tout de suite quand le taulier m'a cherché du suif !

CHOUETTE (le).

L'anus.

EXEMPLE. – *Paraît-il que chez Mme Irma, à Pigalle, on serait surpris de voir la tripotée de ministres et parlementaires qui viennent se faire défoncer le chouette tous les mardis par des gros minous sortis tout droit de leurs poids lourds ou des plombards qui arrondissent les fins de mois !*

CHOUETTE (prendre du).

Posséder une femme contre nature.

EXEMPLE. – *Mélanie gueulait quand le grand Louis prenait du chouette avec elle, mais l'enfoiré n'hésitait pas à la châtaigner tellement il godait pour ça !*

CHOUIA (un).

Un peu.

1er EXEMPLE. – *Comme elle soignait sa ligne, avec un petit chouia de caviar sur sa tartine et des harnais de chez Saint-Laurent, la môme Marlène avait fondu en même temps que le compte en banque de l'évêque...*

2e EXEMPLE. – *J'ai mis un p'tit chouia d' brillantine*
Tout en me peignant les vermicelles.

CHOURAVER.

Voler, dérober.

EXEMPLE. – *Pendant que le Belgium pleurnichait au commissariat qu'on lui avait engourdi sa tocante, Hervé P'tits Doigts lui chouravait sa Mercedes au nez des poulagas !*

CHPILE (avoir beau).

Avoir la facilité d'entreprendre et de réussir quelque chose. Avoir les chances de son côté.

EXEMPLE. – *Après toutes les entourloupes que l'« autre » avait faites à son « copain » Chirac qui allait pas se gratter pour lui rendre la monnaie, le François avait beau chpile pour l'emporter haut la main cette fois-ci.*

CHPROUM.

Bruit, bagarre, scandale.

EXEMPLE. – *Quand la môme Anita a appris que le gros Louis la doublait, elle a fait un tel chproum qu'il l'a emmenée briffer le soir même chez Maxim's avant d'attaquer la partie de jambonneaux.*

CHROMES (se faire les).

S'embrasser. Se lécher amoureusement partout.

EXEMPLE. – *Quand j'ai guinché avec cett' môme*
J'y ai dit : « Ma p'tit' poupée d'Azur,
D'abord avant d' se fair' les chromes
Dis-moi ton blase pour le futur. »

CHTARD.

1) Cellule carcérale.

2) Coup.

EXEMPLE. – *En voulant éviter ce putain de clébard, je me suis fait encadrer par le fourgon des poulagas qui a pris un chtard terrible ! Comme je venais de piquer la tire, c'était pas le moment de leur demander du feu !*

CHTOUILLE.

Maladie vénérienne.

EXEMPLE. – *A force de tremper son biscuit dans toutes les cramouilles de Pigalle, Freddy la Défonce trimbalait une chtouille qui lui avait mis le chibre comme une mèche de lampe à pétrole !...*

CIGARE.

Tête.

EXEMPLE. – *... C'est c' que vous diront quelques rentiers vicelards*
Des vieux schnocks qui n'ont qu' des trous d'air dans l' cigare.

CIGLER.

Payer.

EXEMPLE. – *Charlie la Castagne avait méchamment avoiné le Mimile qui voulait pas cigler son « couché » avec la Mado !*

CIMETIERE (fleurs de).

Petites taches brunes que l'on peut apercevoir sur les mains des personnes âgées.

EXEMPLE. – *En reluquant les fleurs de cimetière qu'elle avait sur le dos des paluches, on se gourait bien, malgré son quatrième lifting, que la môme Irène commençait à rendre la monnaie.*

CINTRÉ.

Fou.

EXEMPLE. – *Le soir des noces déjà, le Julien, complètement schlâsse, essayait de pointer le « petit » de Marinette. La môme l'envoya aux fraises aussi sec : « T'es pas un peu cintré, non ? » qu'elle lui dit !*

CIRAGE (être dans le).

Etre hors service. N'être plus capable de rien.

EXEMPLE. – *Après les deux rouilles de beaujol-*

pince éclusées en plein moulana, le fossoyeur a débarqué à l'enterrement complètement dans le cirage !

CIRER (n'en avoir rien à).

Afficher une totale indifférence.

EXEMPLE. – *Je lui ai dit : I love you*
Mais elle en avait vraiment rien à cirer
Et elle s'est marrée...

CISAILLÉ.

Ruiné.

EXEMPLE. – *Après quarante-huit heures de poker acharné, quand Paulo a quitté la carante, il était complètement cisaillé !*

CISAILLER.

Démoraliser.

EXEMPLE. – *Etre obligé de se farcir la pointeuse avec les boulots du petit matin sur le quai de Javel, le Pedro qu'avait pas l'habitude, ça l'avait cisaillé !*

CLANDÉ.

Maison clandestine, de jeux ou de prostitution.

EXEMPLE. – *Quand le pape est venu faire son show au Palais des Sports, tous les clandés de Pantruche étaient bouclarès. Dommage, il aurait pu bénir les bidets, ça aurait peut-être remplacé les antibiotiques !...*

CLAOUIS.

Testicules.

EXEMPLE. – *Les perdreaux avaient retrouvé leur indic sur une banquette du métro Clichy, nageant dans le raisiné, les claouis dans le porte-pipe !*

CLAPER.

Manger.

EXEMPLE. – *Paraît que les Russkofs sont toujours en train de picter vu qu'y a pas grand-chose à claper chez les épicemars de Moscou.*

CLAQUE.

Maison de prostitution.

EXEMPLE. – *Dans le claque de Mme Rosie, y' avait que de la marchandise de premier choix : une tripotée de petits travelos de seize à vingt balais défilant à loilpé sous l'œil blasé de vieilles tantouses baguées comme des pigeons voyageurs qui venaient se faire taper dans la lune...*

CLASS.

Assez.

EXEMPLE. – *Au bout d'une plombe, quand la gonzesse m'a bonni : « Chéri, si tu es sage, t'auras peut-être un baiser », j'y ai collé une châtaigne en pleine poire, j'en avais class de ses magnes !*

CLÉBARD ou **CLEBS.**

Chien.

EXEMPLE. – *Le clebs du moujingue, qui était un sacré marlou, avait commencé par ronfler à la cuisine, puis sur le canapé du salon, puis finalement dans le pageot du môme, ravi...*

CLICLI.

Clitoris.

EXEMPLE. – *La Raymonde, son plaisir, c'était de se faire brouter le clicli avant de caramboler...*

CLIGNOTANT.

Œil.

EXEMPLE. – *Tes clignotants sont des auberges*
Toutes pleines de bouquets de glaïeuls

Et quand tu souris la Saint'Vierge
A côté a l'air de faire la gueule.

CLILLE.

Client.

EXEMPLE. – *Au fameux procès de Grenoble, les frangines, qui avaient pas froid aux châsses, ont déclaré au curieux que leurs mecs les obligeaient à s'embourber jusqu'à soixante clilles dans la journanche ! Tu parles d'un marathon !*

CLITO.

Clitoris.

EXEMPLE. – *En Afrique, les pauvres mousmées, dès l'âge de huit ans, se font saccagner le clito par leurs vieux, au tesson de bouteille ou, dans les meilleurs cas, à la lame de rasoir, afin que celles-ci ne s'avisent pas de prendre un jour leur pied avec qui que ce soit ! Ou pire, d'être infidèles à leur mari ! Décidément, leurs coutumes et leur morale sont aussi laubées que les nôtres...*

CLIQUETTE.

Oreille.

EXEMPLE. – *Riton avait les cliquettes bordées d'astrakan. Ça l'empêchait pas d'esgourder la musique des serrures de coffiots !*

CLOCHES DE NOTRE-DAME (les).

Les couilles.

EXEMPLE. – *Les mouflagas du village se fendaient la poire à mater les cloches de Notre-Dame du jardinier qui plantait ses choux avec un grand trou dans son false.*

CLOPE.

Mégot de cigarette.

EXEMPLE. – *A la troisième bouffée de son clope, il était déjà au tampax ! Quelle Berezina !*

CLOPINETTES (des).

Rien.

EXEMPLE. — *Après tous les noms d'oiseaux qu'on s'était balancés à la tronche, je me gourais bien que ce soir on dormirait à l'hôtel du cul tourné. Lolotte me dit : « Mon salaud, cette nuit t'auras des clopinettes ! »*

CLOQUE (être en).

Etre enceinte.

EXEMPLE. — *Sœur Dominique s'est mise à fouetter quand elle a vu que ses argagnasses arrivaient pas au bout d'un mois et demi. Elle pensa : « Jésus, Marie, pourvu que je sois pas en cloque ! »*

CLOQUER.

1) Donner. Faire.

EXEMPLE. — *Chaque fois que j'y cloquais la bise !*
Elle disait : « Arretum cochom tu m'excitum. »

2) Introduire. Mettre.

EXEMPLE. — *Après une tourlousine maison, les archers lui avaient cloqué les poucettes avant de l'emmener au quart.*

CLOU (mettre au).

Apporter quelque chose au mont-de-piété.

EXEMPLE. — *La pauvre môme s'était fait repasser toute son oseille et sa roupane du dimanche par un baluchonneur de chambre de bonniche ! Lui restait plus que son berlingue, la seule chose qu'elle pouvait pas mettre au clou !*

CLOUS (des).

Rien. Pas question.

EXEMPLE. — *Ressemblez-vous à la Joconde*
Qui a l'air de nous dire : des clous ?

COCO (se faire casser le).

Subir le baptême pédérastique.

EXEMPLE. – *Après avoir sucré les talbins et la joncaille, l'un des trois arcans, qui était de la jaquette, bondit sur le lardon de la bourgeoise :*

« A poil, mon pote ; quel âge t'as ? – Dix-sept ans. – C'est le bel âge pour apprendre la vie... »

Et devant ses potes indifférents et la daronne qui avait les yeux exorbités et du sparadrap sur les bagougnasses, il cassa le coco du môme qui chialait comme un veau.

COCOTER.

Sentir mauvais.

EXEMPLE. – *Quand elle débagoulait des mots d'amour, la gosse cocotait, c'était pas humain ! A croire qu'elle avait du reblochon dans son tube dentifrice !*

COCOTIER.

1) (grimper au) : Se mettre vite en colère.

EXEMPLE. – *Jalmince comme il était, Ramon supportait pas qu'on balance des vannes à propos de sa polka, il grimpait tout de suite au cocotier !*

2) (gagner le) : Se dit en dérision à quelqu'un qui vient de faire une bêtise.

EXEMPLE. – *Crins blancs serrait le colbac du gardien qui gueulait au charron : « Fais gaffe, serre pas trop ! » dit Jeannot à l'autre qui connaissait pas sa force.*

Le corps devint tout à coup comme une chiffe molle : « Merde, il est cané cet enfoiré-là ! – Bravo, mon pote, t'as gagné le cocotier ! »

COCOTTE-MINUTE.

Prostituée qui pratique l'abattage.

EXEMPLE. – *Le lardu recevait de l'osier de l'ins-*

pecteur qui en recevait de la taulière qui en avait reçu du hareng qui l'avait eu de sa cocotte-minute qui recevait elle-même une grande paire de mandales quand elle réclamait une caresse à son « homme »...

COFFIOT.

Coffre-fort.

EXEMPLE. – *Avant de débrider un coffiot, Zino Bras de Fer faisait le signe de croix. Quand il était lardon, il faisait la même chose avant de se taper un rassis... L'éducation chez les jésuites, ça vous marque un bonhomme !*

COFFRE-FORT.

Poitrine.

EXEMPLE. – *Le docteur dit en me collant l'oreille sur le coffre-fort*
Cramponnez bien la ramp' vous avez plus d'huil' dans les r'ssorts.

COGNE.

Gendarme.

EXEMPLE. – *Quand les cognes ont rappliqué, Marie-Jeanne a pas perdu les pédales. Elle dit aussi sec au grand rouquin qui avait les étiquettes en choux-fleurs : « Approche un peu, mon minou, viens mettre ta tête à l'étau pendant que ton p'tit copain va venir se faire défromager le minaret. »*

COGNER.

Sentir mauvais.

EXEMPLE. – *Ça cognait sec dans la cagna. Le prélat avait balancé une louise monstrueuse en plein confessionnal. La pécheresse avait pris la vengeance de Dieu en plein dans les naseaux...*

COIFFE.

Tête.

Onduler de la coiffe : délirer.

EXEMPLE. — *Rien qu'à esgourder toutes les craques que débitait ce gus, on s'est vite gouré que cécolle ondulait de la coiffe.*

COINCER.

1) Sentir mauvais : « Ça coince ! »
2) Coincer la bulle : dormir.

EXEMPLE. — *Après la sieste, quand il avait bien coincé la bulle, Roméo, qui avait régulièrement le petit pain, se pointait à la cuisine derrière Florie qui avait un pétoulet sublime et les mains pleines de farine : « Arrête, qu'elle lui disait, enlève tes mains ou je laisse tomber les crêpes ! »*

C'est pour ça que, même à la chandeleur, y avait jamais de crêpes chez Roméo.

COINSTO.

Coin. Désigne aussi un lieu, un endroit.

EXEMPLE. — *Y avait dix piges que j'étais pas revenu dans le coinsto. Même la pipelette m'a pas retapissé ! A croire que mes dix longes de placard m'avaient salement chanstiqué la tronche.*

COLBAC.

Cou.

EXEMPLE. — *Dédé a serré le colbac du bourre jusqu'à ce qu'il crache le blase de l'indic.*

COLIS.

Fille.

EXEMPLE. — *Pour sa défense, Riton la Biroute avait choisi un débarbot de première bourre : des rotoplots et un pétoulet à vous faire triquer tout un jury d'honnêtes hommes... Un joli p'tit colis !*

COLLER.

Aller, convenir.

EXEMPLE. – *On s'était dit*
Qu'entre ses parents hystériques
Et mes parents alcooliques
Ça pourrait coller.

COLONNE (se taper sur la).

Se masturber.

EXEMPLE. – *Son vieux lui avait pourtant dit : « Arrête de te taper sur la colonne, un de ces quatre t'auras les calots nazbroks et les éponges bouffées aux mites ! Puisque c'est ça, t'iras plus chez les scouts ! »*

COLOQUINTE.

Tête.

EXEMPLE. – *Le C.R.S. lui avait cloqué un grand coup de matraque sur la coloquinte et d'un coup de latte bien appliqué lui avait fait valser tous les crochets dans le caniveau. Les gauchistes lui plaisaient pas !*

COLTAR (être dans le).

Etre dans une situation périlleuse, être dans le désarroi.

EXEMPLE. – *Avec leur escalade des armements nucléaires « dissuasifs », ces enfoirés-là finiront bien par nous foutre dans le coltar !*

COLTINER (se).

Supporter quelqu'un. Travailler.

EXEMPLE. – *Quand la pauvre Angèle s'était coltiné une cinquantaine de clilles le samedi soir, elle avait pas envie de ligoter la Bible avant d'en écraser...*

COMAC.

Volumineux, impressionnant.

EXEMPLE. – *La balayette infernale du bel Angelo était connue dans toutes les boîtes à tango des boulevards. Les mémées étaient unanimes, il avait un chibre comac !*

COMPTÉE.

Recette quotidienne d'une prostituée qui est tenue de la remettre intégralement à son « homme ».

EXEMPLE. – *Tonino avait balancé une méchante va-te-laver à Violetta quand il avait dégauchi deux biftons de cinquante, quéplan dans son « redresseur de torts ». La comptée n'était pas correcte.*

COMPTEUR (relever le).

Se dit du souteneur qui va prélever la recette d'une prostituée.

EXEMPLE. – *Quand Pietro avait flambé tout son carbure aux courtines, il dropait jusqu'au Sébasto relever les compteurs de ces demoiselles...*

COMPTEUR A GAZ DANS LE DOS (avoir un).

Etre bossu.

EXEMPLE. – *C'est grâce à son compteur à gaz dans le dos que Biquet avait coupé à la grive !*

CONCASSER (en).

Se livrer à la prostitution.

EXEMPLE. – *En les mettant de la maison d'éducation surveillée où l'avaient cloquée ses vieux, la môme Doucette voyait pas d'autre solution que d'aller en concasser avec sa copine Helga qui partageait la crèche avec sa pomme.*

CONCEPIGE.

Concierge.

EXEMPLE. – *La concepige pouvait pas encadrer les poulets qui la faisaient tartir because ses pou-*

belles qu'elle sortait trop tôt ! C'est sans doute pour ça que la maison poulaga recevait des coups de grelot de temps en temps du genre : « Y a une bombe au Crédit lyonnais, elle va péter dans dix minutes !... » Et Paquita bichait comme un pou madrilène en esgourdant l'Estafette des poulets qui fonçait à la banque en faisant hurler les sirènes...

CONDÉ.

1) (Avoir le) Permission. Autorisation.
2) Policier.

EXEMPLE. – *Dès qu'ils eurent fini le fandango*
Les condés l'ont mis à l'hosto.

CONFITURE.

Pédérastie passive.

EXEMPLE. – *Personne se la donnait que Riri faisait dans la confiture lui qui sortait toujours avec les plus belles gonzesses de Saint-Germain, qui aurait pu se gourer qu'il mettrait un jour son baril à moutarde en rente viagère chez Jo le Marsouin... ?*

CONNASSE.

1) Femme stupide.

EXEMPLE. – *« Gaffe-toi de la Germaine, cette connasse est allée bavasser dans le rade à Fernand devant deux condés en civil qui avaient les cliquettes en entonnoir... »*

2) Femme se prostituant sans le « secours » d'un protecteur.

CONTRAT (accepter un).

Assassinat. S'engager à tuer contre une certaine somme.

EXEMPLE. – *Hervé le Baroudeur ne prenait de contrat que pour les Bougnouls, les Noirpiots ou un Chinetoque à la rigueur. Il aurait jamais dégommé un Français, patriote comme il était...*

CONTRECARRE.

Concurrence.

EXEMPLE. – *J'ai dit à Mélie de laisser quimper la rue Daunou, y'avait trop de contrecarre avec les chouquettes du quartier...*

COPEAUX (avoir les).

Avoir peur.

EXEMPLE. – *Quand Bibi la Semoule a vu le gaspard dans la cuvette des gogues où ces tordus allaient l'asseoir, il avait tellement les copeaux qu'il est parti à dame...*

COQUARD.

Œil au beurre noir.

EXEMPLE. – *Délit Mineur était plutôt blèche quand les archers l'ont relâché, il avait morflé un coquard comac et paumé trois tabourets !*

COQUETTE.

Membre viril.

EXEMPLE. – *Titine, que son bonhomme avait pas sautée depuis la nuit des temps, lui bonnit fumace : « Avec tézigo, coquette c'est comme l'argenterie de famille, on la sort une fois par an !... »*

CORGNOLON.

Cou.

EXEMPLE. – *Amandine, qui avait cloqué des suçons plein le corgnolon de sa merlette, lui avait douillé un foulard de chez Hermès pour se faire pardonner.*

CORGNOLON (tirer sur le).

Faire des efforts vocaux. Tirer abusivement sur ses cordes vocales.

EXEMPLE. – *Tous les soirs en sortant de Bobino, il avait tellement tiré sur le corgnolon qu'il avait la menteuse en berne et les cannes en fromage blanc.*

CORNANCHE (ça).

Ça pue, ça sent mauvais.

EXEMPLE. – *Le pilon cornanchait à mort because il adorait le calendo et il en gardait toujours un « bien fait » dans sa profonde...*

CORNICHON.

Téléphone.

EXEMPLE. – *« Si y' a du chproum dans la casbah, file-nous un coup de cornichon et on rallège aussi sec », avait promis le lardu.*

CORRIDA.

Dispute, bagarre.

EXEMPLE. – *En matant du rouge à lèvres sur le colbac de la limace à son homme, la môme Arlette avait déclenché la corrida.*

COSSARD.

Paresseux.

EXEMPLE. – *Sandro le Philosophe était tellement cossard qu'à quatre-vingt-dix piges passées il avait la flemme de caner...*

COSSE (avoir la).

Ne pas avoir envie de faire un effort.

COSTARD.

Costume.

EXEMPLE. – *« Mon cher ami, vaut mieux avoir une belle pine qu'un beau costard ! » disait la comtesse à son vieux crabe de général qui bandait comme un serpentin.*

COTELETTE (pisser sa).

Accoucher.

EXEMPLE. – *« Te fais pas de mouron, Ninette,*

je verrai le ratichon, le marida se fera à l'église comme de bons bourgeois, et tu pourras pisser ta côtelette la tête haute... »

COTON.

Difficile.

EXEMPLE. – *Pour griffer les trois valdas que Jeff avait morflées dans le baquet avec seulement une pince à épiler et un guindal de gnôle, c'était plutôt coton pour son pote le plombard. S'agissait pas du tout de la même tuyauterie !*

COUCHÉ (faire un).

Pour une prostituée, consacrer la nuit entière à un client.

EXEMPLE. – *« C'est deux mille balles pour un couché, mon grand ! » avait dit Louisa au mec du bitos à plume. Le gus dit : « Tagor, matam » en triquant comme un gail de cirque. Elle aurait pu lui faire carmer le double au bouffeur de choucroute !*

COUILLE (avoir une).

Avoir un ennui.

EXEMPLE. – *Dessouder un poulaga, c'est pire que tout ! Ça vous attire toujours des couilles monstrueuses !*

COUILLE (se barrer en).

Mal tourner.

EXEMPLE. – *Quand j'ai pigé que l'affure barrait en couille, j'ai retiré mes billes...*

COUILLE (c'est de la).

Ça ne vaut rien.

EXEMPLE. – *J'en veux pas de ta joncaille ! C'est de la couille en bâton.*

COUILLE (être casse-).

Type énervant, sans gêne.

EXEMPLE. – *« C' que tu peux être casse-couille, mon pauvre Gégène ! Tu peux pas me lâcher la grappe deux minutes ? »*

COULER (se la).

Vivre sans soucis.

EXEMPLE. – *J'ai gambergé un coup fumant*
Après ça on pourrait se tirer
Pour mieux se la couler.

COULOIR A LENTILLES.

Anus.

EXEMPLE. – *Le maton, qui en était, se faisait défoncer le couloir à lentilles dans la cellote à Queue d'Ane !*

COUP (faire un).

Monter une affaire louche, un cambriolage, etc.

EXEMPLE. – *C'est l'histoire d'un type qui fit un coup fumant*
C'est couvert d'oseille qu'il vit maintenant...

COUP (tirer un).

Faire l'amour ou quelque chose qui lui ressemble.

1er EXEMPLE. – *Tirer un coup avec BB dans les années 60, la moitié de la France masculine y gambergeait le samedi soir en besognant Bobonne...*

2e EXEMPLE. – *Cendrillon rêve d'avoir un Jules*
Qui puisse comme cette foutue pendule
Tirer ses douze coups en suivant.

COUP (écraser le).

Ne pas insister, passer l'éponge.

EXEMPLE. – *« Ah ! ma vache, t'as voulu me fabriquer ? – C'est des charres, Paulo, j't'ai pas doublé, parole ! » Quand Paulo la Castagne a vu que Marie-Lou perdait ses légumes, il a écrasé le coup.*

COUP DANS LES BAGUETTES (donner un) (prendre un).

Syn. de tirer un coup.

EXEMPLE. – *Gironde comme elle était, la pauvre Gloria, qui était au chômedu, pouvait pas quitter le burlingue d'un futur taulier, sans qu'il lui propose, en même temps qu'un boulot, un petit coup dans les baguettes !*

COUP DANS LE NEZ (avoir un).

Etre ivre.

EXEMPLE. – *Y' a le René qui s'est amené*
L'en avait un p'tit coup dans le nez.

COUP DU DÉBARDEUR.

Manœuvre amoureuse dont l'auteur se réserve l'exclusivité !

EXEMPLE. – *On y a fait le coup du débardeur*
Une fois à l'huile une fois au beurre...

COUPE-CHIASSE.

Pharmacien.

EXEMPLE. – *Betty, qui avait les foies de se retrouver avec un petit salé dans le burlingue ou des charançons dans la boîte à ouvrage, avait demandé au coupe-chiasse une boîte de pilules et une de capotes avant que les narzos du coinsto lui bombent la guérite...*

COUPE-CIGARE.

Anus.

EXEMPLE. – *Le temps de ramasser sa savonnette dans la douche, le griveton s'était retrouvé avec le flageolet du margi dans le coupe-cigare...*

COUP FOURRÉ.

Escroquerie, piège, malhonnêteté, trahison.

EXEMPLE. – *Quand on a maté les poulets à la décarrade du tunnel, on s'est gouré que Bibi la Tante nous avait fait un coup fourré. « Les mains en l'air ! » qu'ils ont gueulé. On était dans une drôle de béchamel...*

COUPURE.

Explication, alibi.

EXEMPLE. – *« Tu leur bonniras que pendant le braquage t'étais aux cabinces et qu' t'as pas osé moufter. T'as saisi la coupure ? »*

COURETTE.

Poursuite.

EXEMPLE. – *Calibre en pogne, les poulagas m'ont fait la courette jusqu'aux puces de Saint-Ouen où je me suis quéplan chez Zizou le Broc.*

COURTINES.

Courses hippiques.

EXEMPLE. – *Le commissaire, qui se faisait régulièrement lessiver aux courtines de Vincennes, s'écrasait mollement sur des coups fourrés avec une enveloppe de talbins...*

COURTS-CIRCUITS.

Infidélités, tracasseries, embûches.

EXEMPLE. – *Me serrant près d'elle, tendrement je m'enquis : « Votre époux serait-il infidèle, vous ferait-il des courts-circuits ? »*

COUSU MAIN (c'est du).

C'est sûr. Facile.

EXEMPLE. – *Pour ces tantes, engourdir l'osier de la vioque qui les biglait de sa chaise roulante sans pouvoir jacter, c'était du cousu main...*

COUVERT (remettre le).

Recommencer (de faire l'amour par exemple).

EXEMPLE. — *A six plombes du mat' et pour la septième fois, Ninette, d'une paluche experte, flattait l'arbalète à Lino, prête à remettre le couvert...*

COUVRANTE.

Couverture. Alibi.

EXEMPLE. — *Avec son turbin d'économe chez les bonnes sœurs, Laurent avait une bonne couvrante...*

CRABE (vieux).

Vieillard.

EXEMPLE. — *A force de se faire affûter la clarinette, le vieux crabe tenait plus sur ses moltegommes.*

CRACHER (se).

1) Avoir un accident.

EXEMPLE. — *Son feu en pogne, Mustapha le Branque hurla : « Vive la Palestine ! » avant que le zinc se crache dans la baille...*

2) Heurter, se renverser.

EXEMPLE. — *Mais aussi sec, macache ! La môme in the bitume*
Avec tout son lolo, vite fait bien fait se crache !...

CRA-CRA.

Crasseux.

EXEMPLE. — *Quand y gambergeait, Mickey la Schlingue se fourrageait dans le tarbouif pour décrocher ses tableaux !... Un vrai cra-cra !*

CRADINGUE.

Idem. Sale.

CRADO.

Idem.

CRAGNOS.

Sale. Louche. Peu recommandable. Douteux.

EXEMPLE. – *L'arcan que les Ritals nous envoyaient avait les baffies encore pleines de parmesan, un superbe couché de jaune d'œuf sur l'étrangleuse, les chailles repeintes à l'anguille sauce verte et les ongles aussi propres que la conscience du général Massu ! Légèrement cragnos sur les bords, quoi ! Vous me direz que pour refroidir un type, y'a pas besoin de sortir de chez Alexandre.*

CRAMOUILLE.

Sexe de la femme.

EXEMPLE. – *La petite cramouille de Lucie avait jamais connu de culotte. « Le temps de l'enlever et de la remettre du matin au soir, t'as facilement paumé dix clients », qu'elle disait.*

CRAMPE ou **CRAMPETTE (tirer sa).**

Faire l'amour.

EXEMPLE. – *Tous les samedis soir, le bombé allait tirer sa crampette chez la grosse Doudoune qui s'occupait de sa deuxième bosse.*

CRAPOTEUX.

Sale.

EXEMPLE. – *Crapoteux comme Julio, y'en avait pas deux. Quand il enquillait dans le rade à Marcel, tous les clilles avaient envie de gerber tellement y schlinguait !...*

CRAQUES (raconter des).

Vantardises, mensonges, exagérations.

EXEMPLE. – *Quand il nous bonnissait qu'il enjambait douze noirpiotes toutes les nuits dans sa case avant d'aller flinguer les éléphants dans la jungle, on se gourait bien que le vieux nous racontait des craques.*

CRAQUETTE.

Sexe de la femme.

EXEMPLE. – *Quand j'y ai balancé les salsifis à la craquette, c'était déjà beurré comme un moule à tarte...*

CRASPECT.

Crasseux. Syn. de crapoteux, cradingue.

CRASSEUX.

Peigne.

EXEMPLE. – *Mimile avait changé de calebar et s'était filé un coup de crasseux avant d'aller brosser la baronne...*

CRAVATE A GUSTAVE.

Serviette hygiénique.

EXEMPLE. – *Paula avait mal au baquet et des bonbons à liqueur sur la frite chaque fois qu'elle devait mettre la cravate à Gustave...*

CRAVATER (se faire).

Se faire appréhender.

EXEMPLE. – *Incapables de cravater le crouïa proprement, les Royco ont balancé l'artillerie à tout berzingue.*

CRAYON.

1) Crédit.

EXEMPLE. – *Marinette qui venait de le valiser, plus de crayon chez l'épicemar, Jambe de laine était en pleine Berezina...*

2) Au pluriel : cheveux.

EXEMPLE. – *Beaucitron, qui avait plus un poil sur la théière, avait craché une fortune en produits bidons qui empêchaient soi-disant de paumer ses crayons.*

CRÉCELLE.

Tête.

EXEMPLE. – *C'était surtout le soir, seulabre dans cette planque en pleine cambrousse, sans loupiote et sans même pouvoir ligoter un polar, que la môme avait du bourdon plein la crécelle...*

CRÈCHE.

Maison. Chambre.

EXEMPLE. – *Fifi Beau Chibre s'était fait douiller une crèche de deux cents bâtons, à Saint-Trop, par la comtesse à qui il filait des tourlousines maison chaque fois que ses havanes étaient mal humidifiés !*

CRÉCHER.

Se coucher. Habiter.

1er EXEMPLE. – *Depuis qu'il avait les Corsicos au train, Victor la Donneuse créchait jamais au même endroit ; il avait trop les moules de se retrouver un matin avec les claouis en sautoir...*

2e EXEMPLE. – *Quand j'étais gosse je créchais rue Mouff'tard C'était vieux sans espoir, ça sentait l' suppositoire.*

CRÉMERIE.

Lieu, endroit, café, etc.

EXEMPLE. – *Les évêques ritals, qui en avaient class de voir défiler les papes en Avignon, ont pris le coup de sang un beau jour en bonnissant au monde entier : « Chers fidèles, enfoncez-vous bien dans le trognon que le palais des Papes, c'est terminarès, on change de crémerie. Les nouveaux papes devront turbiner en Italie, la nouvelle crèche s'appellera le Vatican. »*

CRESSON.

Cheveux. Poils.

CRESSONNIÈRE (la).

Poils du pubis.

EXEMPLE. – *La bourgeoise du percepteur avait une cressonnière bien connue de tous les contribuables du 18ᵉ.*

CRI (aller au).

Faire du scandale, protester.

EXEMPLE. – *La Rouquine allait au cri quand un cave voulait pas les allonger. C'est alors que Charlot la Cadence venait jouer au malheureux un concerto de salsifis avec accompagnement de coups de pompe dans le valseur...*

CRI (la bête a lâché son).

Ejaculer.

EXEMPLE. – *Mélanie, qui avait les flubes d'attriquer un lardon, faisait déjanter son bonhomme avant que la bête ait lâché son cri !*

CRIC-A-BITE.

Piment, poivre, qui sont censés provoquer une érection.

EXEMPLE. – *Malgré tout le cric-à-bite qu'elle avait cloqué dans ses tripes à la tomate, la môme Victoria se gourait bien qu'il allait falloir mettre le starter pour faire triquer Hubert la Flanelle !*

CRINIÈRE.

Chevelure.

EXEMPLE. – *Il y a des Grecs, des Espagnols*
Des assassins, des pleins d'alcool
Qui viennent frotter leur crinière
Contre mes hanches hospitalières.

CROCS ou **CROCHETS.**

Dents.

EXEMPLE. – *Rouler une pelle à un salingue*

pareil débectait carrément Lolotte. Pas possible, y devait se laver les crochets au roquefort !

CROCHETS (avoir les).

Avoir faim.

EXEMPLE. – *Passer la noille à débrider une trentaine de coffiots dans les sous-sols du Crédit du Nord nous avait filé les crochets.*

CROCHETS (avoir mal aux).

Avoir mal aux dents.

EXEMPLE. – *« Tiens ! v'là un bon détartrage ! dit Coco en balançant un méchant coup de clef anglaise dans la poire du C.R.S. Si t'as mal aux crochets, c'est le remède idéal ! »*

CROQUE (la).

La nourriture.

EXEMPLE. – *On va se faire une croque chez Aramis. J'emmènerai le tutu. Oublie pas le brignolet !*

CROQUER (en).

1) Etre indicateur de police.

2) Profiter en voyeur d'une scène érotique.

EXEMPLE. – *Tous les samedis soirs, le vieux vicelard en croquait à travers l'œilleton de la « chambre japonaise » avant d'aller se faire faire les cuivres par Malou l'écrémeuse !*

CROQUEUSE DE SANTÉ.

Amoureuse insatiable. Prostituée.

EXEMPLE. – *A quinze ans j'ai fait du gringue à une croqueuse de santé qui miaulait quand elle godait, comme un greffier qui se les est prises dans une tapette à souris... !*

CROQUIGNOL, CROQUIGNOLET.

Bien fait, gentil, mignon ou horrible !

EXEMPLE. – *Manque de bol en guise d'obole*
Ell's nous cloquèrent un p'tit souv'nir bien croquignol.

CROSSES (chercher des).

Chercher querelle.

EXEMPLE. – *Arrête de chercher des crosses à Fredi, tu sais bien qu'avec césarin les meilleures plaisanteries finissent toujours dans une chambre froide !*

CROUM.

Crédit. Acheter ou vendre à croum.

1er EXEMPLE. – *Billy la Ficelle achetait à croum des télés couleur qu'il refourguait aussitôt cash à moitié prix dans les rades de la rue Marbeuf. Quand il a redressé les perdreaux qui lui filaient le train, c'était râpé. Il s'était quand même goinfré un beau pacson de fifrelins qui l'attendaient à la décarrade du séchoir...*

2e EXEMPLE. – *A la sortie des cinés pornos de Barbès, Nini Sucette épongeait des lavedus dans une carrée cradingue uniquement pourvue d'un pucier, d'un lavabo et du torchon. Bonne pomme qu'elle était, elle faisait du croum aux pères de famille nombreuse !*

CROUNIR.

Décéder.

EXEMPLE. – *Rosette en avait class du vioque qui arrivait pas à tirer sa crampette. « Alors, mon pépère, Popaul est fatigué ? T'es sorti des rails ? Merde alors ! Manquait plus qu'ça ! L'enfoiré est crouni en limant ! »*

CROÛTE.

Nourriture.

EXEMPLE. – *Ça vous dégoûte de casser la croûte*
Dans un boui-boui où c' qu'y a le colin qui sent le mazout.

CROÛTON (vieux).

Vieillard décrépit.

EXEMPLE. – *Ce matin, j' me pointe à l'usin' et qui j'vois près du grand patron, ma nénett' qui m'fait un clin d'œil. C'était la femme de c'vieux croûton.*

CUILLÈRE.

Main.

EXEMPLE. – *Excuse-moi, partenaire, mais à un ancien de la carlingue je serre pas la cuillère qui est encore pleine du raisiné des p'tits copains de maquis...*

CUISSES DE MOUCHE.

Fille de la zone aux cuisses maigres.

EXEMPLE. – *On l'appelle cuiss's de mouche, fleur de banlieue*
Sa taille est plus mince que la retraite des vieux.

CUIT.

Fini. Terminé définitivement.

EXEMPLE. – *Quand Khrouchtchev a renquillé d'Amérique, c'est à la radio qu'il a esgourdé le blaze de son successeur... Il a eu vite pigé que pour lui c'était râpé. Inutile de se palucher. Pour être cuit, c'était cuit...*

CULBUTANT.

Pantalon.

1er EXEMPLE. – *Les nibards à l'air et le culbutant en lambeaux, la môme avait giclé de derrière la sacristie en hurlant : « Au viol ! au viol ! » L'abbé avait-il perdu les pédales ?*

2e EXEMPLE. — *« Je sors du boxon, disait-il content,*
J'ai des petites bêtes plein mon culbutant. »

CULBUTE (faire la).

Doubler la mise.

EXEMPLE. — *Sur ses calendos soi-disant « fermiers » Jo la Crème faisait plus que la culbute, il triplait carrément la mise !*

CULBUTÉ (être).

Etre ivre.

EXEMPLE. — *Dédé le Bordelais avait paumé sa bâche et gerbé dans tout le tapis. Sa bergère qui l'embarquait par un aileron dit au taulier : « Faut l'escuser, m'sieur Franckie, il est culbuté à zéro ! »*

CULBUTER.

Posséder une femme.

EXEMPLE. — *Quand il a culbuté Mauricette qui jouait les Marie-gercées, Mimile a chopé une chaude-lance qui lui a fait pisser des lames de rasoir le temps de morfiler son tube de pénicilline.*

CULOTTE (prendre une).

Perdre au jeu.

EXEMPLE. — *Quand Billy Beaux Yeux ramassait une culotte au casino, il amenait sa guinde chez ma tante et rallégeait aussi sec pour se faire plumer !*

CURE-DENT.

Couteau.

EXEMPLE. — *Devant le bourgeois à loilpé terrorisé, attaché au radiateur, Alex dit au Rital entre ses dents : « Ah, monsieur veut pas jacter... C'est pas grave, file-moi ton cure-dent, je vais lui faire monter la voix d'un ton... »*

CURIEUX.

Juge d'instruction.

EXEMPLE. — *Les curieux de province sont souvent plus ficelles qu'à Pantruche... On se souvient d'un Lyonnais fouille-merde qui y a laissé ses plumes...*

CUTI (virer sa).

1) Changer d'opinion.

2) Perdre sa virginité.

3) S'adonner soudain à des pratiques homosexuelles.

EXEMPLE. — *Devant ses airs de gazelle effarouchée et à sa façon de frôler ses nibards comme si c'était des orties, Minouchette se demanda si pendant ses deux piges de ballon son mecton avait pas viré sa cuti...*

D

Dessin de Blachon

DABE.

Père. Mère.

EXEMPLE. – *À la fin de sa première roteuse, le marié a entonné* Le Dénicheur. *Est-ce le tracsir ou l'émotion de son premier tabac, il en a licebroqué dans son fendard. Sa légitime était fumace mais ses dabes se fendaient la poire...*

DACHE (à).

Au loin mais on ne sait où.

EXEMPLE. – *D'un formidable coup de tatane, René le Nantais avait envoyé le ballon à dache !*

Du coup, les dix mille spectateurs se sont levés comme un seul homme en gueulant : « Bravo, Néné, c'est toi l' meilleur ! »

DALLE.

1) Gosier. Avoir la dalle en pente. Se rincer la dalle.

EXEMPLE. – *Depuis cinquante piges que La Gobette avait la dalle en pente, y commençait sérieusement à perdre ses légumes.*

2) Faim. Avoir la dalle.

EXEMPLE. – *Après cette mémorable partie de jambes en l'air avec Mimi Pincette, Sylvain avait la dalle !*

DALLE (que).

Rien.

EXEMPLE. – *« File-moi juste un godet, Gaston, c'est le dernier, après je me casse. – Que dalle t'auras, mon pote, tu vois pas qu' t'es blindé ! »*

DAME (aller à).

Tomber. S'évanouir.

EXEMPLE. – *Quand le toubib lui a mis sous les calots le crochet qu'il venait de lui sucrer, Firmin la Fiotte est parti à dame.*

DANSE (filer une ou **recevoir une).**

Correction.

EXEMPLE. – *Chaque fois que la moujingue recevait une danse de son vieux, elle lui chouravait dix sacs dans son larfeuille pour s'en faire un avion qu'elle lâchait du dixième étage !*

DARD.

Membre viril.

EXEMPLE. – *Le dard de Mustapha terrorisait tous les prozes du Sébasto !*

DARDILLON.

Idem.

DARGEOT ou **DARGIF.**

Postérieur.

EXEMPLE. – *À coups de lattes dans le dargeot, voilà comment le margi traitait les 2es pompes à Dupleix ! Il était leur supérieur oui ou merde !*

DARON, DARONNE.

1) Grand Daron : Dieu.

2) Père, mère.

EXEMPLE. – *Son daron qui était général avait cassé sa pipe au front en caleçant une A.F.A.T. sur une paillasse de crin ! En pleine gloire, quoi !*

DAUFFER.

Sodomiser.

EXEMPLE. – *Lulu la Crêpe, qui se faisait dauffer par la moitié de la marine de Brest, refusait toujours une chaise quand on lui proposait de s'asseoir tellement elle avait mal au fion !...*

DÉBAGOULER.

Parler facilement. Bavarder.

EXEMPLE. – *Bernard Pivot, qui a pas la menteuse dans sa fouille, sait trouver les questions glandilleuses pour faire débagouler ses victimes à la téloche.*

DÉBALLONNER (se).

Céder, renoncer.

EXEMPLE. – *Quand Freddo la Vache s'est mis à promener son opinel sous les valseuses du bijoutier, le malheureux s'est déballonné. Il a tout craché ! Y voulait bien paumer son artiche et sa joncaille, mais ses bijoux de famille il y tenait !*

DÉBARBOT.

Avocat de la défense.

EXEMPLE. – *Même si tu engourdis une sucette au supermarché et que tu te fais gauler, de nos jours t'as intérêt d'avoir un bon débarbot.*

DÉBARDEUR.

Maillot de corps.

EXEMPLE. – *M. Antoine, qui avait ses quatre-vingts balais bien sonnés et qui s'en était mis quelques-unes sur le bout, matouzait à présent avec nostalgie les minettes en débardeur qui leur tombait à ras du bonbon. Ça lui remuait le palpitant à défaut du reste !*

DÉBECTANT.

Dégoûtant, odieux, détestable, répugnant.

EXEMPLE. – *Ce qui était le plus débectant chez Prosper, c'était la tronche qu'il affichait à l'enterrement du gazier qu'il avait rectifié la veille...*

DÉBECTER.

Dégoûter.

EXEMPLE. – *Le jour où je me suis cloquée avec cette crêpe, j'aurais mieux fait de me péter une guitare... Sa tronche est aussi blèche que son calecif... C' que ce mec peut me débecter !*

DÉBILE.

Idiot, demeuré.

EXEMPLE. – *Quand Lisette a vu le type sortir son petit fer électrique et lui a demandé de lui friser les poils de coquette, elle a pigé qu'elle avait encore affaire à un débile.*

DÉBINE.

Misère.

EXEMPLE. – *Au milieu d'une telle débine*
Je m'amusais régulièrement tous les matins
Au mécano avec ma cousine
Qui voulait visser son nombril avec le mien.

DÉBITER.

Parler, dire, raconter.

EXEMPLE. – *Les yeux noyés dans la vodka*
Elle nous débite un peu gouailleuse
Des tranches de sa vie fabuleuse.

DÉBLOQUER.

1) Tenir des propos bizarres. Déraisonner.

EXEMPLE. – *Si je te double, Charlotte, c'est pour pas décevoir tes copines qui attendent que ça et non pas parce que j' t'aime plus... Arrête de débloquer !*

2) Médire de quelqu'un.

EXEMPLE. – *On avait tellement débloqué sur le pauvre Marcel qu'il avait envoyé des lazagnes à tous ses potes pour les affranchir qu'y avait gourance avant de se praliner le plafonnard...*

DÉBOULER.

1) Arriver inopinément.

2) Marcher ou rouler très vite.

EXEMPLE. – *Le Bernard Hinault a déboulé le Tourmalet à tout berzingue. Avec ses moltegommes et une classe pareille, le tour cette année pour cézigue est encore dans la fouille.*

DÉBOULINER.

Idem.

DÉBOURRER.

Déféquer.

EXEMPLE. — *En voyant ce gros tas en smok en train de se morfaler le caviar en tortillant du proze au milieu de tous ces possédants, le larbin ne pouvait s'empêcher de l'imaginer en train de débourrer dans son chiottard de luxe.*

DÉBOUSSOLER.

Perdre la raison.

EXEMPLE. — *Quand le môme a renquillé au bout de six marquotins du quartier haute sécurité, ils l'avaient complètement déboussolé...*

DÉBRIDER.

Fracturer une porte ou une fenêtre.

EXEMPLE. — *Frédé avait paumé sa plume en route, on a jamais pu débrider la lourde !*

DÉCAMBUTER.

Sortir.

EXEMPLE. — *Les deux cents poulagas qui avaient cerné le pâté de maisons et qui attaquaient Attilio à la bombe lacrymogène pour le faire décambuter de sa carrée en ont été pour leurs frais. Il s'était filé une bastos dans la hure en leur laissant simplement ces mots : « Vous l'avez dans le cul ! »*

DÉCANILLER.

S'enfuir, partir.

EXEMPLE. — *Quand les demi-sel qui faisaient du rébecca dans le tapis ont vu entifler la bande des Corsicos, tu parles s'ils ont décanillé !*

DÉCARPILLAGE.

Déshabillage.

EXEMPLE. — *Les gnaces qui biglaient la môme Elsa au guinche se gouraient bien qu'elle avait pas les nibards en polystyrène mais celui qui avait le fion de la mater au décarpillage en prenait plein les vasistas !*

DÉCARRADE.

Sortie.

EXEMPLE. – *À part sa vieille dabe qui chialait tant et plus, y'avait pas un seul pote qui attendait Kiki Récidive à la décarrade de la Santé.*

DÉCARRER.

Sortir, partir.

EXEMPLE. – *Avant de décarrer de son petit baisodrome, le président se cloquait une moumoute sur le chou et des charmeuses qui le chanstiquaient complètement. Il était plutôt duraille à retapisser.*

DÉCHARGE (témoins à).

Les couilles.

EXEMPLE. – *En balançant la louche dans le slibar de la gonzesse, Isidore, qui avait jamais entendu parler de travelos dans son Berry natal, se retrouva penaud avec dans les paluches les témoins à décharge de la belle Suzy !*

DÈCHE.

Misère, pauvreté.

EXEMPLE. – *La Félicie, pas rancunière, lui avait dit : « Si un jour t'es dans la dèche, tu peux ralléger, y'aura toujours à becqueter pour tézigue. »*

DÉCHIRÉ (être complètement).

Être ivre.

EXEMPLE. – *À la fin du gueuleton, Nénesse, complètement déchiré, hurlait : « Attention les yeux ! » en essayant de lisbroquer dans le goulot d'une rouille de champ' sans en cloquer une goutte sur la moquette...*

DÉCHIRER (la).

Mourir.

EXEMPLE. — *Bébert qu'on avait pourtant mis au parfum que le vioque était enfouraillé a dégusté une fricassée de pralines dans le baquet avant de la déchirer connement.*

DÉCHIRER (son tablier).

Mourir.

EXEMPLE. — *A peine trois jours après sa mise à la retraite, Mimi le trapéziste avait déchiré son tablier en bêchant un carré de salades.*

DÉCHIRER LA TOILE.

Péter.

EXEMPLE. — *Quand Popaul déchirait la toile, même le greffier changeait de pièce !*

DÉCONNER.

Plaisanter, médire, déraisonner.

EXEMPLE. — *Fernando que les matuches venaient de réveiller dans sa cellote pour l'emmener se faire décoller le cigare sur la bascule à Charlot leur dit : « Juste un sucre dans mon jus ce matin, les gars, je dois faire gaffe à mon diabète... ! — Arrête de déconner ! » lui dit le chef maton qui avait un humour plutôt limité...*

DÉCROCHER SES TABLEAUX.

Nettoyer son nez aves ses doigts.

EXEMPLE. — *En attendant le feu vert au volant de sa Rolls, Mimile qui décrochait ses tableaux en observant consciencieusement les fruits de ses explorations, les rejeta d'une pichenette sur la pèlerine du flic qui avait pas l'air trop joice de ce manège !*

DÉCULOTTER SES SOUVENIRS.

Raconter ses souvenirs, son passé.

EXEMPLE. — *« Esgourdez bien, les jeunots, j'vais vous déculotter un p'tit coup mes souv'nirs... »*

DEDANS (faire du rentre-).

Tenter de séduire. Faire des avances à quelqu'un. Flirter.

EXEMPLE. — *Ludo Beaux Châsses avait fait un rentre-dedans terrible à la crémière avant de lui engourdir son collier de perles fines du Japon.*

DÉFARGUER (se).

Se disculper.

EXEMPLE. — *Flo s'était défarguée sur Freddo qui avait morflé un max.*

DÉFAUSSER (se).

Se débarrasser de quelque objet compromettant.

EXEMPLE. — *Sergio, qui s'était défaussé de la came dans la cuvette des gogues, a même pas eu le temps de tirer la chasse. Les condés, une seconde avant, lui avaient fait voler la lourde en pleine tronche.*

DÉFENDRE (se).

Se prostituer.

EXEMPLE. — *Avant d'aller se défendre le soir sur l'avenue Mac-Mahon, Maddy se cloquait une giclée de « Mitsouko » autour du fri-fri. Les habitués adoraient ça !*

DÉFONCE.

Drogue.

EXEMPLE. — *Un tire-jus sur le tarbouif, Lulu P'tit Citron, qui était à court de défonce, a trouvé rien de mieux que de braquer son pharmaco. Cézigue l'a reconnobré aussi sec quand les perdreaux l'ont borduré.*

DÉFONCÉ (être).

Être saoul.

EXEMPLE. — *Suce la Glace, qui était complète-*

ment défoncé, avait sorti sa clarinette baveuse et battait la mesure avec en écoutant le juke-box devant les clilles ahuris !

DÉFONCER (se).

1) Se droguer.

2) En mettre un coup. Pour un musicien ou un acteur, par exemple, jouer mieux que d'habitude.

EXEMPLE. – *Pour sa mise en scène de* Potemkine, *Robert Hossein s'était défoncé. Faut dire que sans subventions, s'il bandait pas pour ça, y'a longtemps qu'il serait au chômedu...*

DÉFONCEUSE.

Membre viril.

EXEMPLE. – *Roberto se serait jamais gouré que c'était à cause de la gripette à la princesse qu'il était amputé de la défonceuse...*

DÉFOURAILLER.

Sortir son arme. Dégainer son revolver ou son couteau.

EXEMPLE. – *Voyant que le hotu voulait pas lâcher son lazingue, Tino avait défouraillé sa rapière à cran d'arrêt. L'autre qui chocottait lui a même filé sa tocante en jonc !*

DÉFRISER LA CHICORÉE.

Caresser le sexe d'une femme.

EXEMPLE. – *J'avais cloqué mes salsifis sous la minijupette à la gosse, manière de lui défriser la chicorée.*

DÉGAINE.

Allure.

EXEMPLE. – *Les miches à ras du gazon et la tronche à constiper un pasteur écossais, on se demande comment avec une dégaine pareille Fifi Jaune d'Œuf pouvait tomber autant de frangines.*

DÉGAINER.

Sortir les bijoux de famille de leur écrin.

EXEMPLE. — *Depuis leur marida, Fabienne se gaffait de pas trop se baisser pour passer l'aspirateur devant Raymond, qui était toujours prêt à dégainer !*

DÉGAUCHIR.

Trouver, dénicher.

1er EXEMPLE. — *« Y picole, y t' file des avoines et y t' fauche ton osier ! J' sais pas où qu' t'as dégauchi un arsouille pareil ma fille mais j'avais rêvé pour toi d'un homme mieux élevé !... »*

2e EXEMPLE. — *Le plus dur à Saint-Trop, c'est*
d' dégauchir des p'tit's minettes
Du genr' de cell' qui env'lopp' la viand' du chat dans l' chèqu' en blanc.

DÉGLINGUER.

1) Détraquer, saboter, casser, démolir.

EXEMPLE. — *« Écoutez bien, les gars : vous grattez pas pour déglinguer la taule tant que vous aurez pas dégauchi les lingots. Y sont sûrement coinçaresses sous quelques lames de parquet !*

2) Être déglingué : être saoul.

3) Tuer.

EXEMPLE. — *Les chasseurs qui avaient déglingué deux éléphanteaux à la 8,68 avaient pas vu ralléger le troupeau fumace, mémères en tête. Ils ont dû gamberger au moment de se faire piétiner la boyasse que les défenses en presse-livres et les cannes de pachydermes en porte-parapluies, c'était râpé pour ce coup-ci !*

DÉGOISER.

1) Tenir des propos abondants, parfois inconsidérés, voire médisants.

EXEMPLE. — *Quand j'ai entendu Friquette dégoiser sur tézigo, j'y ai dit : « Ça va Fricou, ferme ton claque-merde, Paulo, c'est mon ami !»*

2) Chanter.

EXEMPLE. – *Quand tu dégois's un' chansonnette*
La Callas peut faire du crochet.

DÉGOMMER.

1) Abattre, tuer.

EXEMPLE. – *Quand un poulardin se fait dégommer dans une manif, y'a intérêt à mettre les adjas. Ces messieurs n'apprécient pas qu'on vienne appliquer leurs méthodes !*

2) Destituer, évincer.

EXEMPLE. – *Le jour où le grand Borg s'est fait dégommer par un jeunot, sûr qu'il en a pris un vieux coup sur la calebasse.*

DÉGONFLER (se).

Renoncer par manque de courage.

EXEMPLE. – *En m' dégonflant je m' suis fait traiter d' grand' coquette.*

DÉGOTTER.

Syn. de dégauchir. Trouver.

EXEMPLE. – *Arrivés dans l' Midi on s' dégott'*
un' pension minable
En s' disant qui s'rait temps
d' s'emballer deux filles à papa.

DÉGRAINER.

Recevoir une semonce, voire une correction.

EXEMPLE. – *Les trois ploucs qui attendaient le manouche dans le poulailler lui ont filé une dégrainée à coups de nerf de bœuf qui a conforté si besoin était leur sens aigu de la justice !*

DÉGRINGOLER.

Dérober un objet.

EXEMPLE. – *À la barbe de la caissière, qui d'ail-*

leurs avait plein de poil au menton, Beau Sourire avait dégringolé une boîte de Davidoff qu'il avait cloquée rapidos dans l'échancrure de sa limace...

DÉGUEU.

Raccourci de dégueulasse. Sale, répugnant, dégoûtant.

EXEMPLE. – *C'est dans les vieux pots que la soupe est la plus dégueulasse.*

DÉGUEU (pas).

Beau, bon, attrayant, conséquent.

EXEMPLE. – *Si la tronche était tarte, le pardingue et les bagouses de la rombière étaient pas dégueu !*

DÉHOTTER.

Partir.

EXEMPLE. – *Quand on a déhotté du boxon, seul Théo qu'avait pas pu triquer avait échappé à la chtouille ! À part ça on avait plus un pélot dans les vagues...*

DÉLOQUER.

Dévêtir.

EXEMPLE. – *Si tu veux que je me déloque complètement, ça fera dix sacs de mieux mon gros loup !*

DÉLOURDER.

Ouvrir une porte.

EXEMPLE. – *Un conseil, Gino, si tu veux monter sur ce casse sans bobo, prends le quincaillier, y'en a pas deux comme cézigue pour délourder un coffiot.*

DÉMERDE.

Habile, débrouillard.

EXEMPLE. – *Tu peux lui demander un godemiché écossais ou un commando de mercenaires, il te les dégottera tout de suite ! C'est vraiment un mec démerde !*

DEMI-SEL.

Voyou de petite envergure.

EXEMPLE. — *Le commissaire emplâtra le môme d'un aller-retour qui lui fit gicler le raisin : « Des demi-sel comme toi, mon gars, j'en chie douze tous les matins avant mon petit déjeuner. »*

DÉMONTÉ (être).

On dit qu'il l'est d'un maquereau provisoirement sans femme.

EXEMPLE. — *Depuis qu'il est démonté, Fernand la Fatigue reste assis des journées entières à biberonner des casse-poitrine dans le rade à Momo. C'est plus du tout le même homme !*

DÉMURGER.

Sortir précipitamment.

EXEMPLE. — *Le gigolpince d'Élodie avait démurgé en loucedé en mordant la chiotte que Dédé la Saccagne garait en bas de l'immeuble.*

DÉPIAUTER (se).

Se déshabiller.

EXEMPLE. — *C'est alors qu'elle se mit à son tour*
A me dépiauter comme un vautour...

DÉPIEUTER (se)

Sortir du lit.

EXEMPLE. — *A soixante-quinze carats, les nuits de Freddy étaient courtes. Après trois ou quatre heures de ronflette, le vieux se dépieutait pour faire son caoua plutôt que de rester sans rien branlocher dans son pucier.*

DÉPLANQUER.

Sortir quelque chose d'une planque.

EXEMPLE. – *Sans se soucier du chauffeur de taxi qui roulait des gobilles comme des boules de billard, la présidente, qui avait passé la douane sans emmerdes, se fourrageait dans le baba pour déplanquer les diams qui lui endommageaient sérieusement le clicli !*

DÉPONNER.

Ouvrir, déboucler une porte.

EXEMPLE. – *En moins de temps qu'il en faut à un chef d'État pour déclarer une connerie à la téloche, Olive avait déponné la lourde de la chambre forte.*

DÉPOTER (son géranium).

Mourir.

EXEMPLE. – *Tante Yvonne avait même pas eu le temps d'aller chercher le thé et les p'tits fours à la cuistance que le grand Charles avait dépoté son géranium en faisant une réussite !*

DERCHE.

Cul.

EXEMPLE. – *Les bourgeoises qui sortent de Saint-Honoré-d'Eylau le dimanche matin en tortillant le derche sont pas les dernières à se faire caramboler au bois de Boulogne dans leurs Mercedes 500 par des gros chibres de prolos !*

DERCHE (faux).

Hypocrite.

EXEMPLE. – *Tous les faux derches qui défilent à la téloche sont prêts à promettre du « Margaux » dans les robicots pour qu'on aille voter pour eux !*

DÉROUILLÉE.

Correction.

EXEMPLE. – *Gaston le Rouquemoute racontait qu'il morflait de sacrées dérouillées quand son dabe le gaffait en train de se palucher.*

DÉROUILLER.

1) Frapper sauvagement.

EXEMPLE. – *J' vois par exempl' ma sœur*
Ell' bat l' beurr'
Ma mèr' qui n'aim' pas l' beurr'
Bat ma sœur
Et cette sorcière dérouille mon frère...

2) Commencer, inaugurer : la prostituée dérouille lorsqu'elle réussit enfin à convaincre son premier client.

EXEMPLE. – *Quand Marie Belles Châsses se pointait sur le ruban, elle poireautait jamais. Elle dérouillait avec le premier hotu qui passait.*

DÉROULER.

Traîner de bistrot en bistrot.

EXEMPLE. – *À force de dérouler jusqu'à six plombes du mat', Billy l'Enclume s'était retrouvé au quart défoncé à zéro avec les tantouzes du petit matin.*

DÉSAPER.

Déshabiller.

EXEMPLE. – *Lulu la Gourmande, qui était déjà à loilpuche, s'était agenouillée pour polir le bigarreau du sous-préfet avant même qu'il ait le temps de se désaper...*

DESCENDRE (se faire).

Se faire tuer.

EXEMPLE. – *C'est uniquement parce qu'il avait les cages à miel calaminées que Ramon le Coriace s'est fait descendre. Il avait pas esgourdé ces fumiers de poulagas qui avaient rallégé en fumantes et balanstiqué les valdas à travers la lourde.*

DESSOUDER.

Tuer.

EXEMPLE. – *Quand l'anguille s'est fait dessouder à la décarrade de la poste, ses trois polkas ont casqué chacune une couronne de cent bardas avec marqué sur un ruban : « À mon homme regretté ! »*

DÉTRANCHER (se)

Tourner la tête.

EXEMPLE. – *Alicia se gaffait de pas se détrancher sur un beau gosse quand elle était avec l'Andalou. Jalmince comme il était, elle aurait morflé une paire de mandales en pleine poire.*

DEUIL (porter le).

Porter plainte.

EXEMPLE. – *La concierge avait pas osé porter le deuil pour son sautoir en Burma. Elle se gourait bien que l'Arbi qui la brossait tous les samedis en venant faire les carreaux était pas blanc-bleu...*

DÉVISSER (la).

Mourir. On dit aussi « dévisser son billard ».

EXEMPLE. – *Quand John Kennedy l'a dévissée, y' a plus d'une frangine qui a ouvert les écluses en apprenant la catas.*

DIAM.

Diamant.

EXEMPLE. – *« Je prendrais volontiers un peu de foie gras, mon ami ! dit le grossium au loufiat qui se tenait au garde-à-vous. Et vous, ma chère, qu'est-ce qui vous ferait plaisir ? » Mina répondit en sortant un petit bout de langue rose : « Moi je préfère les diams, mon gros baigneur. »*

DIGUE-DIGUE (tomber en).

S'évanouir.

EXEMPLE. – *La buraliste essayait de faire avaler un guindal de pousse-au-crime à P'tit Gégène qui était tombé en digue-digue en apprenant qu'il avait gagné le quarté.*

DINDE (plumer la).

Jouer de la guitare.

EXEMPLE. – *Quand il rallégeait du bureau, pour pouvoir douiller les leçons particulières de piano de son môme et les petites culottes en soie de sa bergère, Clément allait plumer la dinde dans une boîte de travelos à Pigalle jusqu'à trois plombes du mat'.*

DINGUE.

1) Pince-monseigneur.

EXEMPLE. – *Même quand y se pointait à un enterrement, Charlie le Marle emportait sa dingue. On sait jamais !*

2) Fou.

EXEMPLE. – *Quand il montait sur un casse, Pierrot se la donnait de Tutur qui était un peu foldingue et qui défouraillait pour un greffier qui lui passait sur les arpions !*

DINGUER (envoyer).

Refouler ou rejeter brutalement quelqu'un ou quelque chose.

EXEMPLE. – *Assis sur un banc en pleine sorgue vu que ses cannes le portaient plus tellement il était blindé, Raoul la Gobette avait envoyé dinguer le clébard qui était en train de licebroquer sur son bénard.*

DINGUES (battre les).

Simuler la folie.

EXEMPLE. – *Louis la Berlure avait si bien battu les dingues pour se faire libérer de Dupleix que même ses potes de chambrée, qui étaient au parfum, le croyaient complètement givré !*

DONNER.

Dénoncer quelqu'un.

EXEMPLE. – *Marco les Mouillettes s'était affalé tout seul avant que les poulets commencent la musique. Il avait donné tous ses potes du casse de la rue de Prony. Il venait de payer son billet d'enterrement !*

DONNER (se la).

Se méfier.

EXEMPLE. – *De cellote en cellote on se l'était donnée que le nouveau reniflait le mouton à dix pas.*

DONNEUR, DONNEUSE.

Dénonciateur, dénonciatrice.

EXEMPLE. – *Lita la Teigne s'était fait bordurer de tous les rades de la Mouff'. Plus personne n'ignorait que c'était une donneuse.*

DORER (se faire).

Aller voir ailleurs. Aller se faire voir.

EXEMPLE. – *Elle m'a dit non*
T'es trop moche
T'as pas d' pèze
T'es qu'une cloche
Va t' faire dorer chez ta mère.

DORME (la).

Le sommeil.

EXEMPLE. – *Après la bouffe et avant la dorme, Sylvain Bite en Velours détestait pas se faire allu-*

mer la tour de contrôle. Ça remplaçait la camomille !

DOSSIÈRE (la).

Le cul, l'anus, les fesses.

EXEMPLE. – *Dans la compagnie, rien qu'à voir sa démarche, tous les grivetons se gouraient que l'adjupète refilait de la dossière à tout va !*

DOUBLAGE.

Trahison.

EXEMPLE. – *Francis le Balafré était un spécialiste du doublage. Sûr qu'on le retrouverait un matin avec une bastos dans le baquet !*

DOUBLARD.

Deuxième femme d'un souteneur.

EXEMPLE. – *Tintin la Cosse, qui avait pas le tracsir des scènes de ménage, avait une gagneuse au premier et son doublard au troisième du même immeuble. C'était du mille-feuilles pour relever les compteurs..., mais un tantinet glandilleux !*

DOUBLER.

1) Tromper. Abuser de la confiance de quelqu'un.

EXEMPLE. – *Vincent le Fourgue qui avait doublé Henri les P'tits Bras a morflé trois valdas dans le buffet, que même l'Alka-Seltzer a pas pu faire passer !*

2) Faire une infidélité.

EXEMPLE. – *Lisa la Rouquine a jamais doublé son homme pendant ses huits marquets de placard. C'est pourtant pas les occases qui lui manquaient !*

DOUCE (se faire une).

Se masturber.

EXEMPLE. – *Milo l'Instit', qui les avait dans les amygdales au bout d'un pige de bigne, avait pris l'habitude de se faire une douce de temps en temps après s'être pagnoté.*

DOUDOUNES.

Seins.

1er EXEMPLE. – *Les doudounes de l'Antillaise pointaient en avant comme deux gros hameçons au bout desquels tous les michetons habitués de la rue Blondel s'étaient un jour accrochés par les babouines !*

2e EXEMPLE. – *Le contrôleur d'impôts mal dans sa peau qui boit des pots*
Fut malade éperdu pour les doudounes à la dodue...

DOUILLER.

Payer.

EXEMPLE. – *Contre un casse-dalle aux rillettes et un chocolat de déménageur, le vieux Doumé d'Ajaccio, qui pouvait plus douiller ses consos, lavait les godets et faisait un peu de ménage chez Pierrot le Bougne de la rue Séguier.*

DOUILLES.

Cheveux.

EXEMPLE. – *Lucien le Fortiche qui avait des douilles jusque sur les endosses les a tous paumés en trois coups les gros quand sa gerce l'a valisé. À présent, jour et nuit, il porte un bitos vissé sur le trognon pour pas qu'on se gaffe qu'il n'a plus de papier sur la marge.*

DOUILLETTES.

Les testicules.

EXEMPLE. – *Jeannot Gros Pif qui en avait class des boniments de ce boudin lui dit : « Arrête, la Marie, tu nous chauffes les douillettes ! »*

DRAGÉE.

Balle d'arme à feu.

EXEMPLE. – *Raymond le Branque qui avait pas calanché pour autant avait dégusté six dragées dans la barbaque avant de valdinguer du toit de la centrouse.*

DRAGUER.

Tenter de séduire une fille ou un garçon.

1er EXEMPLE. – *Nino les Grands Pieds allait tous les matins draguer les bonniches espingouines rue de la Pompe avant d'attriquer son brignolet.*

2e EXEMPLE. – *Hier tout d' suite après la messe*
J' suis allé dans un pince-fesses
Car dans les saints lieux maint'nant
On peut plus draguer tell'ment.

DRIVER.

Conduire, guider, mener.

EXEMPLE. – *Hervé la Douleur qui avait jamais eu que des galoups avec les gonzesses drivait à la châtaigne un réseau de jeunes tantouses qui, bonnes pommes, crachaient le carbure comme s'il en pleuvait !*

DROPER.

Se presser, courir.

EXEMPLE. – *C'est tout le pichtegorme qu'on avait éclusé chez le bourgeois qui nous empêchait de droper. Encore une fois on avait bien failli l'avoir dans l'œuf !*

DUCE.

Signe discret de connivence avec un tiers pour

prévenir d'un danger, s'apprêter à tricher au jeu ou effectuer un cambriolage.

EXEMPLE. — *De trois petits coups de phares discrets, Antoine avait envoyé le duce aux arcans de François le Grenoblois qui s'apprêtaient à faire craquer la lourde.*

DUCHNOQUE.

Crétin. Terme de mépris.

EXEMPLE. — *« Hé ! Duchnoque, laisse quimper, Madame est en main... »*

DUR (le).

Le train.

Brûler le dur : prendre le train sans payer son billet.

EXEMPLE. — *Je les avais dans les reins depuis l'infirmerie. Avec un peu de vase je pourrais brûler le dur qui s'arrêtait au bled dans un peu moins d'une demi-plombe.*

DURAILLE.

Difficile.

EXEMPLE. — *Dany les Belles Dents l'avait plutôt duraille pour emballer la mousmée. Il était seulabre à pas être affranchi que la môme était de la maison tire-bouton...*

E

Étrangleuse à rayures *Dessin de Laville*

ÉCHALOTE.

1) Anus.

EXEMPLE. – *Pépé la Flanelle arrivait plus à prendre son pied si la frangine lui carrait pas un salsifis dans l'échalote.*

2) Au pluriel : les ovaires.

Se faire dévisser les échalotes : se faire enlever les ovaires.

EXEMPLE. – *Suzy Beaux Nichons qui avait pas tellement confiance à la pilule s'était fait dévisser les échalotes pour plus avoir d'emmerdes...*

ÉCLAIRER.

Payer ou exhiber son argent pour montrer qu'on peut.

EXEMPLE. – *Nono la Guinde, le chauffeur du boss, avait sorti sa gapette et afflurait l'osier pour le tiercé du lendemain :*

« Allons, les amis, je veux bien jouer pour vozigues, mais faudrait voir à les éclairer ! »

ÉCLATER (s').

Se mettre dans un état euphorisant, sous l'effet de la drogue principalement. L'alcool et la musique peuvent y contribuer.

EXEMPLE. – *Pour s'éclater, les jeunots s'étaient éclatés de première ! À trois plombes du mat', y'en avait plus un seul capable de jacter au toubib quand l'ambulance a rallégé pour embarquer leur copain en overdose sur la lunette des gogues.*

ÉCLUSER.

Boire.

EXEMPLE. – *Le drame pour Flavio le Polak, c'est qu'il pouvait écluser une betterave de perniflard avant d'être nasqué !*

ÉCONOCROQUES.

Économies.

EXEMPLE. – *On piqu' les bouquins d' band's dessinées de Gotlib et Reiser*
On essaie d' fair' des éconocroqu's pour jouer la fill' de l'air.

ÉCOSSER (en).

Se prostituer.

EXEMPLE. – *Gisèle, qui en avait class de sa vie : jambon-salade-yaourt-télé à côté de son cocu, avait mis les adjas. Elle allait en écosser à Lyon avec une ancienne copine de bureau qui l'avait persuadée que pour attriquer de l'osier et faire la java, ce genre de turf, c'était du mille-feuilles !*

ÉCOUTILLES.

Oreilles.

EXEMPLE. – *Charlot de la Bastoche, qui avait horreur de la plaisanterie, emplâtrait le premier qui le chambrait pour ses écoutilles en feuilles de choux !*

ÉCRASE-MERDE.

Chaussures de forte pointure.

EXEMPLE. – *Avec des écrase-merde pareils, Ange le Toulonnais pouvait arquer en plein mistral, y risquait pas de s'envoler.*

ÉCRASER.

Passer l'éponge. Ne pas insister.

EXEMPLE. – *Le hotu, qui cherchait du suif à tout le monde, s'était fait tisaner par Riton le Câlin qui lui avait dit : « Écrase, fils, si tu veux revoir ta maman. »*

ÉCRASER (en).

1) Se prostituer.

2) Dormir profondément.

EXEMPLE. – *Les frangines aimaient pas se faire caramboler par Gros Loulou qui pouvait pas tirer sa crampe sans en écraser en plein milieu.*

ÉCRASER SES TOMATES.

Avoir ses règles.

EXEMPLE. – *La pauvre Mimi avait des douleurs terribles dans le baquet chaque fois qu'elle écrasait ses tomates.*

ÉCRIRE A SA FAMILLE.

Pour une femme, se masturber.

EXEMPLE. – *La jeune nonne qui avait dégauchi*

un magazine porno oublié par le maraîcher au fond d'un cageot de laitues, matait les photos cochonnes le soir dans le silence de sa cellule tout en écrivant à sa famille...

EFFACER.

Tuer, supprimer.

EXEMPLE. – *Victor le Prétentiard, qui avait monté une pomme de terre à Raoul d'Ivry, s'était fait effacer en plein restau par deux arcans qui lui ont balancé la purée en plein dans le soufflé aux poires qu'il était en train de morfiler.*

EFFACER UN COUP.

Recevoir un coup.

EXEMPLE. – *Le gosse avait effacé une paire de mandales sans lâcher le blase de ses p'tits potes qui avaient engourdi les confiotes de la maîtresse.*

ÉGOÏNER.

1) Évincer.

EXEMPLE. – *À force de débagouler dans tous les tapis, Jo les Carreaux s'était fait égoïner par tous les malfrats sérieux qui voulaient plus entendre jacter de cécolle.*

2) Posséder charnellement une femme ou un homme.

EXEMPLE. – *Le micheton, qui mégotait dix sacs à sa bourgeoise pour aller chez le merlan, carmait cinquante bardas tous les mardis soir pour aller se faire égoïner par trois ou quatre pointeurs des halles montés comme des bourricots !*

ÉGOUTTER SA SARDINE ou **SA SARDOCHE.**

Uriner.

EXEMPLE. – *Avant d'entifler dans le dortoir de la colo, les moujingues devaient tous s'égoutter la sardoche dans les pissenlits. Y'avait pas de cabinces à l'intérieur et ces enfoirés de moniteurs bou-*

claient les lourdes avant de riper en java ! Elles étaient « jolies » leurs colonies de vacances !...

EMBALLAGE.

Rafle, arrestation.

EXEMPLE. — *Après le rébecca que Sandro avait déclenché dans le rade, tous les clilles étaient bons pour l'emballage et la vérification de faffes.*

EMBALLER.

1) Arrêter. Syn. de emballarès.

EXEMPLE. — *Pour les condés, c'était pas du mille-feuilles d'emballer Marco la Teigne qui leur balançait la purée à travers la lourde.*

2) Racoler. Conquérir une femme ou un homme.

EXEMPLE. — *M. Bernard rallégeait tous les soirs dans sa carrée en sortant du boulot pour chanstiquer son costard de cadre supérieur contre une paire de tennis, un tee-shirt « University Michigan » et un jean à pinces. Avec cet uniforme de minet et son sourire d'Alain Delon, il était sûr d'emballer.*

EMBARQUER.

Arrêter, appréhender, emmener.

EXEMPLE. — *On a torturé la concierge*
Pour qu'elle avoue qu'elle était vierge
Pis on a dansé l' tamouré
Pis les flics nous ont embarqués.

EMBELLEMERDÉ.

Embarrassé d'une belle-mère.

EXEMPLE. — *A Clichy y'a un p'tit guinche pépère*
C'est la locomotive à Dédé
Les nanas viennent seules sans les belles-mères

On risque pas d'être embellemerdé.

EMBELLIE.

Coup de chance.

EXEMPLE. — *Le grossium, qui s'était piqué la ruche, était tombé écroularès au pied du pilon qui avait profité de l'embellie pour lui engourdir son carbure !*

EMBISTROUILLER.

Emmerder.

EXEMPLE. — *Nénette se laissait jamais embistrouiller par un clille. Elle trimbalait dans son sac le coupe-chou de son vieux dabe, qui décourageait le plus vicelard.*

EMBOUCANER.

1) Syn. d'embistrouiller.

2) Puer. Sentir mauvais.

EXEMPLE. — *Gaby la Gapette avait emboucané la strasse en balançant une perlouse silencieuse qui avait fait frémir les joueurs de belote !*

EMBOURBER (s').

Posséder une femme.

EXEMPLE. — *Yvan l'Affreux s'embourbait des prix de Diane autant qu'il en voulait. À croire qu'il avait le chibre aimanté !*

EMBRINGUER (s' ou **se laisser).**

S'engager de façon hasardeuse.

EXEMPLE. — *Jo le Nantais, qui était lessivé, s'était laissé embringuer par les manouches dans une carambouille qui lui avait valu trois piges de bigne !*

EMBROUILLE.

Situation confuse, louche. Ennui.

EXEMPLE. – *Le merlan, qui reniflait l'embrouille avec son client trop nerveux, avait bigophoné aux poulardins qui, « à la surprenante », avaient fait aux pattes le maniaque du 8e qui prenait son pied en enfonçant des épingles à chapeaux dans les nibards des minettes du quartier !*

ÉMERAUDES.

Hémorroïdes.

EXEMPLE. – *On allait plus becqueter chez Milo depuis qu'on avait appris qu'il se beurrait les émeraudes à la végétaline qui lui servait à faire les frites !...*

ÉMIETTEUSE.

Prostituée.

EXEMPLE. – *Depuis qu'il avait trois émietteuses sur le ruban, Ludo la Frime débectait tout le monde tellement il était prétentiard.*

EMMANCHÉ (espèce d').

1) Imbécile.

2) Homosexuel passif.

EXEMPLE. – *Tonin la Belle Bite, qui avait gardé l'habitude de son miché à la centrouse de Clairvaux, avait filé deux mandales à cet emmanché de Bibiche qui faisait des magnes pour se cloquer au paddock avec cécolle !*

EMMERDE (avoir une ou des).

Emmerdements, ennuis.

EXEMPLE. – *« Mes amis, mes amours, mes emmerdes. » (Chanson d'Aznavour.)*

EMPAFFER.

Sodomiser. Empaffé ! (injure).

EXEMPLE. – *Margot, qui l'avait à la caille de pas avoir dérouillé depuis deux plombes, dit au hotu qui marchandait : « Va te faire empaffer, eh ! connard ! »*

EMPALMER.

Voler, dérober, subtiliser.

EXEMPLE. – *Avant que le plouc ait fini d'enlever ses fumeuses, Nina la Rouquine lui avait empalmé sa grosse tocante en jonc du grand-père qui devait bien peser dans les deux cents bardas !*

EMPAQUETÉ.

Injure. Syn. d'enculé.

EXEMPLE. – *Alexis Face de Rat s'était affalé avant même que les habillés lui posent les questions. Tu parles d'un empaqueté !*

EMPAQUETER.

Arrêter, emprisonner.

EXEMPLE. – *Depuis quinze piges qu'il montait sur des casses, Gégène le Prudent, qui s'en ressentait pas pour la ratière, s'était encore jamais fait empaqueter !*

EMPÉGUER (se faire).

1) Se faire avoir. Se faire duper.

EXEMPLE. – *Sur le coup des diams de la vieille Amerloque, le Libanais m'a empégué d'au moins trois bâtons !...*

2) Syn. de se faire enculer.

EXEMPLE. – *Anna, la sous-maque du Grand-Huit de Montélimar, avait viré le Belge qui allait au cri en lui disant : « Mes petites, c'est pas des tarderies... Si elles te bottent pas, eh bé, va te faire empéguer !... »*

EMPLAFONNER.

1) Frapper méchamment.

EXEMPLE. – *Le contrôleur d'impôts, qui avait d'abord morflé un glaviot en plein poire, s'était fait emplafonner par le contribuable récalcitrant qui s'était pointé dans son burlingue, un bas résille sur la hure.*

2) Voler, dérober.

Exemple. – *Pendant que le pompiste seulabre dans sa station faisait le plein à la chignole de son dabe, le moujingue avait emplafonné toutes les bouchées au chocolat de la boutique.*

3) Heurter violemment.

Exemple. – *À cent cinquante à l'heure, les quatre mimiles en java avaient emplafonné le tracteur qui traversait la route, sans loupiote.*

EMPLÂTRE.

Coup.

Exemple. – *Quand Fanny la Bêcheuse tombait sur son doublard, c'était plus fort qu'elle, elle lui filait un emplâtre !*

EMPLÂTRE (marcher à l').

Vivre de vols.

Exemple. – *Florent le Niçois, qui avait jamais marché qu'à l'emplâtre, entravait que dalle au turbin qu'on lui avait refilé à Fleury-Mérogis.*

EMPLÂTRER.

Frapper quelqu'un. Syn. d'emplafonner.

ENCADRER.

Frapper quelqu'un.

Exemple. – *La grande Lola s'était fait encadrer par Suzy Carré d'As qui pouvait pas la piffer because son mignon pétoulet et ses harnais de chez Sonia Rykiel.*

ENCADRER (ne pas).

Ne pas supporter.

Exemple. – *Momo le Lyonnais, qui pouvait pas encadrer les curetons, avait étouffé un nombre incalculable de calices en jonc, candélabres et tutti quanti dans toutes les églises de son fief.*

ENCAISSER.

1) Supporter.

EXEMPLE. – *Jacquot les Poucettes avait pas pu encaisser le mitard. Il s'était cloqué une épingle à chapeaux dans le battant avant qu'on le retrouve crouni dans son raisin.*

2) Recevoir des coups.

EXEMPLE. – *Quand elle se pointait au bitume avec les châsses comme des boulets bernot, les frangines se gouraient bien qu'avec cette lope de Rital, la Mado avait encore encaissé.*

ENCALDOSSER.

Prendre par-derrière. Sodomiser.

EXEMPLE. – *Léo la Fauvette, qui se faisait encaldosser par des débardeurs aux biscottos imposants, sortait ses griffes dès qu'une gonzesse s'avisait de le frôler : « J'encaisse pas les nanas, qu'il disait, c'est physique ! »*

ENCHRISTER.

Arrêter, embarquer.

EXEMPLE. – *Cette pétasse de bignole avait dû porter le deuil. En plein premier étage, l'artillerie en pogne, les perdreaux enchristaient Nanard et Dédé qui étaient faits aux pattes comme des débutants.*

ENCHTIBER.

Emprisonner.

EXEMPLE. – *Pépé le Branque s'était fait enchtiber connement pour avoir sucré deux paires d'enjoliveurs qu'il voulait cloquer sur sa DS 21.*

ENCROUMÉ.

Endetté.

EXEMPLE. – *Encroumé jusqu'aux yeux et les condés au train, Tintin la Guigne, qui était com-*

plètement dans le potage, avait pas trouvé mieux que de faire du mitard.

ENCULÉ.

Sodomisé.

Grave injure lorsqu'on dit : « On a un gouvernement d'enculés ! » La généralisation affaiblit l'intention qui devient plus « aimable ». Lorsqu'un homme se fait traiter d'enculé, c'est une tout autre musique, tout au moins dans certain « milieu ».

EXEMPLE. – *Quand le lardu qui avançait dans le couloir sombre, calibre en pogne, dit à Loulou le Manchot : « Montre-toi, enculé ! » la dégelée de pruneaux qu'il a morflés dans les roubignolles lui a coupé définitivement le sifflet !*

ENCULODROME.

Lieu de débauche, de partouzes. (Voir exemple à : Endosses.)

ENDAUFFÉ.

Enculé.

EXEMPLE. – *Panier Percé, qui se faisait endauffer par tout Saint-Germain, détestait les gougnottes qu'il trouvait trop viriles à son goût.*

ENDOSSES (les).

Dos, épaules.

EXEMPLE. – *Dans cet enculodrome tout en velours rouge orné de gravures polissonnes, une bonne quinzaine de pédoques se tapaient dans la lune en se tenant par les endosses comme des mouflets qui jouent au train... Le plus curieux, c'était de les entendre chanter en même temps : « Pourtant, que la montagne est belle !... »*

ENFOIRÉ.

Homosexuel passif. Insulte. Peut être lancé également comme un amical reproche...

EXEMPLE. – *« Je t'ai refilé la carouble de ma casbah pour que t'ailles t'embourber Marie-Thé, t'as sifflé tout mon whisky, déglingué mon pucier et gerbé sur ma chaîne stéréo ! Je te le dis, Fonfonse, t'es un bel enfoiré ! »*

ENFOUILLER.

Empocher.

EXEMPLE. – *La Banane a enfouillé la chevalière du bourgeois qui tremblait comme la gélatine, avant de lui filer un chtard sur la coloquinte qui l'a envoyé à dame.*

ENFOURAILLER (s').

S'armer.

EXEMPLE. – *Gaston le Curiste, qui marchait à la poivrade, avait pour principe de jamais s'enfourailler quand il travaillait. Y devait bien se gourer que le perniflard est pas un ami des réflexes !*

ENGOURDIR.

Voler.

EXEMPLE. – *À la communale, on nous apprenait qu'un gazier qui piquait un œuf finissait toujours par engourdir un bœuf... Moi, je me disais qu'il fallait être vachement costaud !*

ENGRAINER.

Embaucher.

EXEMPLE. – *Pierrot s'était fait engrainer aux Halles, à décharger des gros culs, pour pouvoir douiller les remèdes de sa polka qui était en cale sèche avec les éponges bouffées aux mites.*

ENGRAIS.

Argent.

EXEMPLE. – *Lily Beaux Nichons, qui en avait quine d'aller au persil à Saint-Lazare, espérait toujours avoir assez d'engrais pour mettre les adjas avec Freddo le Grêlé qui lui avait promis son petit bar à Collioure.*

ENJAMBER.

Posséder charnellement.

EXEMPLE. – *Julot la Trique, qui venait d'enjamber la bourgeoise après lui avoir chouravé ses cailloux, n'en crut pas ses esgourdes au moment de décambuter : « Vous êtes déjà fatigué ? » lui dit la coquine qui était prête à remettre le couvert !*

ENJOLIVEURS.

Seins.

EXEMPLE. – *Les mouflettes, qui étaient loin d'être truffes, avaient vite pigé que le prof de musique, qui pouvait pas détacher ses calots des enjoliveurs de Clairette, s'en ressentait pour elle.*

ENJUPONNÉ (être).

Être ivre.

EXEMPLE. – *Le ratichon, qui avait pris un sérieux acompte de chablis dans les coulisses, arrivait plus à débagouler. Sa menteuse dérapait dans le sermon tellement il était enjuponné !*

ENQUILLER.

Entrer, pénétrer.

EXEMPLE. – *D'un coup de rapière entre les endosses, le gitan a rectifié le gardien qui venait d'enquiller dans la strasse avec sa lampe de poche.*

ENSUQUER.

Fatiguer, abrutir, endormir.

EXEMPLE. – *Nénette avait fini par ensuquer Bébert avec ses histoires à la graisse d'oie qui le faisaient plutôt tartir.*

ENTAMER SON CAPITAL.

Perdre sa virginité.

EXEMPLE. – *Nina la Rouquine, qui en écossait à la Madeleine depuis belle lurette, se souvenait parfois de son vieux dabe qui lui disait : « Te laisse pas entamer le capital avant le marida, ma poulette, tu pourrais t'en mordre les fourchettes... » Y'a plus de vingt piges qu'elle se les mordait !*

ENTIFLER.

Entrer, pénétrer.

EXEMPLE. – *Loulou venait d'entifler en loucedé pétoire en pogne par la lourde de service de la poste, pendant que Riton gueulait déjà au guichet : « Les pattes en l'air ! Le chargeur est plein, y'en aura pour tout le monde ! »*

ENTIFLER (s').

Se mettre ensemble, se marier.

EXEMPLE. – *Olga et Pierrot s'étaient entiflés à la gitan. D'une entaille d'opinel dans le brandillon, ils avaient mêlé leur raisin avant de se pager comme de bons bourgeois.*

ENTOILER (se faire).

Se faire arrêter.

EXEMPLE. – *Augustin le Branque, qui avait un casier de nouveau-né, s'était fait entoiler connement pour « coups et blessures » sur la personne d'un député qui avait voulu l'entuber dans une affaire immobilière... Y'a plus de justice !*

ENTÔLAGE.

Vol d'un client par une prostituée.

EXEMPLE. – *Le Petit Suisse, qui avait pas apprécié l'entourloupe, avait porté le pet aux poulets qui avaient eu beau chpile de remonter jusqu'à Margot la Vache spécialiste de l'entôlage.*

ENTRAVER.

Comprendre.

EXEMPLE. — *Lola Beaux Châsses entravait que dalle à ce que lui bonnissait son ministre english, mais les chèques qu'il lui refilait prouvaient clairement qu'il godait sec pour sa pomme !*

ENTUBER.

Duper, escroquer.

Entuber jusqu'à l'os : synonyme d'enculer, moralement parlant.

EXEMPLE. — *Certain contrat de disque signé avec certain P.D.G. de firme très connue m'a fait gamberger, « mais un peu tard », comme dit le grand La Fontaine, que je m'étais fait entuber dans les grandes largeurs !*

ENVAPÉ (être).

1) Être sous l'influence de la drogue.

EXEMPLE. — *Dédé le Beatnik, qu'on avait vu calcer trois mousmées dans la journanche, arrivait même plus à se mettre une frangine sur le bout tellement il était envapé jusqu'aux yeux !*

2) Être dans une situation déplorable.

EXEMPLE. — *Fifi la Glisse, qui s'était fait retapisser par la serveuse because sa photo dans tous les baveux, les avait mis fissa en la biglant se ruer sur le cornichon pour appeler les lardus. Sans un et les bourres au fion il se sentait envapé à zéro !*

ENVELOPPER.

Voler. Posséder quelqu'un. Le tromper.

EXEMPLE. — *Bill et Jojo avaient enveloppé trente bâtons au sénateur en lui jurant qu'ils se chargeaient de le faire réélire les doigts dans le pif !*

ENVIANDÉ.

Sodomisé. Syn. d'enculé. Injure.

EXEMPLE. — *Le vieux Dick s'est gouré que Lino*

avait dû s'affaler au quart en biglant ces enviandés de poulets déjà en planque devant sa turne.

ENVOYER (les).

Payer.

EXEMPLE. – *Nénette, bien en train de s'astiquer le fri-fri à cheval sur son bidet, dit au gonzier qui enlevait son falzar : « Avant de filer ton coup de pinceau, faudrait voir à les envoyer, mon minou. »*

ENVOYER (s') quelqu'un.

Le posséder charnellement.

EXEMPLE. – *Paulo l'Ancêtre, qui de temps en temps filait encore un coup de sabre, s'envoyait plus que des prix à réclamer tellement il était bléchard lui-même !*

ÉPÉE.

Homme sûr, estimé pour son savoir-faire et sa droiture.

EXEMPLE. – *Les mecs sérieux se battaient pour monter sur un boulot avec Louis les P'tits Pieds. Dans son genre c'était une épée.*

ÉPICEMAR.

Épicier.

EXEMPLE. – *La Filoche avait tellement de croum chez l'épicemar qu'il s'était décidé à le braquer en se cloquant un bas de Lulu sur la hure.*

ÉPLUCHEUSES (de lentilles).

Lesbiennes.

EXEMPLE. – *Iris était fondue pour sa michette ; quand la gosse lui cloquait la menteuse dans la boîte à ouvrage, y en avait pas deux comme elle pour éplucher les lentilles !*

ÉPONGER.

Sexuellement, recevoir ou procurer de la jouissance.

EXEMPLE. — *Celui qui a le fion de se faire éponger par Lily Casse-Noisette est sûr de pas mettre les chaussettes à la fenêtre !*

ÉPONGES.

Poumons.

EXEMPLE. — *L'ami Alphonse Boudard, qui à une certaine époque de Berezina a eu comme mézigue les éponges mitées, vous en causera mieux que ma pomme dans son fameux bouquin* L'Hôpital *qui est un chef-d'œuvre du genre.*

ESBIGNER (s').

S'en aller, s'enfuir.

EXEMPLE. — *Malgré le schproum de cette putain de sonnerie d'alarme, le vieux Tatave voulait pas s'esbigner avant d'avoir enveloppé les lingots et tout le plâtre du coffiot.*

ESCAGASSER.

Abîmer.

EXEMPLE. — *Tonin le Toulonnais, qui s'était fait escagasser les francforts dans une séance de torture à la carlingue de Marseille, s'esbignait vite fait trente-cinq piges après, en esgourdant quelqu'un jacter avec l'accent fridolin. Y pouvait toujours pas encaisser !*

ESCALADEUSE DE BRAGUETTE.

1) Demoiselle sportive douée d'un tempérament certain.

2) Prostituée.

EXEMPLE. — *On allait voir nos escaladeuses de braguettes*
Marchander le bifteck avec des p'tits gourmands.

ESCALOPE.

1) Langue.

EXEMPLE. — *Le président répugnait pas à*

balancer la louche au faubourg des chanteuses en vogue avant de leur rouler une escalope prometteuse. La Légion d'honneur n'étant méritée qu'après une séance de « zizi-pan-pan » sur le divan de son enculodrome personnel...

2) Usité également pour grandes mains, pied, et même oreilles imposantes.

EXEMPLE. – *Y nous disait : « Les mecs ouvrez vos escalopes*
J'vais vous déculotter un p'tit coup mes souv'nirs. »

ESCANDRIN.

Escalier.

EXEMPLE. – *Zelda en avait plein les cannes et ras le berlingot de se taper l'escandrin quarante fois par jour dans ce claque à matelots plein de bibards.*

ESGOURDER.

Écouter.

EXEMPLE. – *Simon le Tatoué, qui faisait le pet, avait esgourdé les deux matuches bien avant de les voir se pointer en loucedé, les écrase-merde au bout d'une pogne et le brelica dans l'autre... Ç'avait été du mille-feuilles de les envoyer dans le sirop d'un coup de gomme à effacer le sourire.*

ESGOURDES.

Oreilles.

EXEMPLE. – *Samy le Dandy aimait pas se faire chambrer pour ses esgourdes en contrevent. Surtout par les dames. Il supportait mal !*

ESPINGO (ou **Espingouin**).

Espagnol.

EXEMPLE. – *Pour un coup de saveur à un beau gosse, Lola morflait une tisane de son Espingo qui était jalmince comme un tigre.*

ESSORER (se faire).

Syn. de lessiver : Se faire duper, escroquer. Se retrouver ruiné.

EXEMPLE. – *Léopold, qui pendant plus de vingt piges s'était fait essorer aux courtines le carbure de sa gagneuse, s'est retrouvé sans un quand l'ingrate a eu subitement l'idée saugrenue de plier son pébroque.*

ESTOGOM.

Estomac.

EXEMPLE. – *... Et si la pauvrett' n'est pas très gastronom',*
C'est la faut' bien sûr à son petit estogom.

ESTOM.

Estomac.

ESTOM (faire à l').

Faire un coup de bluff.

EXEMPLE. – *Ce pauvre Théo, qui avait braqué le pompiste à l'estom avec le doigt tendu dans la fouille de son imper, avait dégusté deux bastos dans le gras du bide qui lui ont valu deux marquets d'hosto et trois piges de placard.*

ESTOURBIR.

Assommer. Tuer.

EXEMPLE. – *Hector le Sensible avait estourbi sa frelotte pour lui chouraver cent cinquante balles d'éconocroques qu'elle avait planquées dans son sucrier.*

ÉTABLI (l').

Le lit.

EXEMPLE. – *Roger le Tendeur était connu et apprécié chez les frangines pour ses remarquables séances d'établi.*

ÉTAGÈRES À MÉGOT.

Oreilles.

EXEMPLE. – *Yvan le Frileux se cloquait un passe-montagne sur le trognon pendant tout l'hivio because ses étagères à mégot qu'il avait ultrasensibles.*

ÉTAU (être à l').

Mettre la tête entre les cuisses d'une femme.

EXEMPLE. – *Julie Berlingot, qui adorait ça, se faisait faire des séances de tête-à-l'étau qui la laissaient avec les cannes toutes tremblantes et la chagatte en robe à queue...*

ÉTIQUETTES.

Oreilles. Syn. d'étagères à mégot.

EXEMPLE. – *Il a l'œil du mec bagarreur*
Et les étiquettes en choux-fleurs.

ÉTOUFFER.

Voler, dérober.

EXEMPLE. – *Merde ! Le temps d'aller aux gogues lâcher un fil, on m'avait étouffé mon lardeusse !*

ÉTOURDIR.

Voler. Syn. d'étouffer.

ÉTRANGLEUSE.

Cravate.

EXEMPLE. – *J'ai mis une étrangleuse à rayures*
Sur une limace à carreaux lilas.

ETRE (en).

Être pédéraste.

EXEMPLE. – *Le petit père Chazot, qui se cache pas d'en être, est vraiment poilant quand il fait son numéro avec Philippe Bouvard à la téloche.*

ÊTRE POUR.

Se rallier. Être d'accord. Être attiré par.

EXEMPLE. – *Bien avant d'aborder Singapour*
Elle était déjà pour.

ÉTRILLER (se faire).

Recevoir une correction.

EXEMPLE. – *Le moujingue, qui avait cassé en route la betterave de 12 degrés, s'était fait étriller de première par son vieux qui lichetronnait à tout va !*

EXODE SUR UNE BARRIQUE ou **SUR UNE CITERNE (faire l').**

Avoir les jambes en cerceau.

1er EXEMPLE. – *... L'avait fait l'exode sur une barrique*
Elle marchait comme un jockey au trot.

2e EXEMPLE. – *La grosse moustachue qui les gouverne*
A dû faire l'exode sur une citerne.

EXPLIQUER (s').

1) Se battre pour régler un différend.

EXEMPLE. – *Loulou le Gitan, qui était sorti s'expliquer avec cette tante de Freddy, a même pas eu le temps de sortir sa rapière qu'il avait morflé une valda en pleine poire.*

2) Se livrer à la prostitution.

EXEMPLE. – *Fanny Suçon, qui avait paumé ses vieux sous le bombardement de Brest, avait pas trouvé d'autre solution à dix-sept piges que de monter s'expliquer à la Madeleine.*

Dessin de Nicoulaud

FA DIÈSE (balancer le).

Dans l'argot des musiciens et des saxophonistes en particulier, le fa dièse correspond à l'application sur l'instrument du majeur de la main droite, utilisé par ailleurs à d'autres fins qui n'ont rien de musicales.

EXEMPLE. – *Quand j'ai vu la sœur m'écraser les enjoliveurs sur la boîte à dominos avec les calots chavirés, j'y ai balancé mon fa dièse et j'ai pas regretté le voyage !*

FABRIQUÉ.

Victime, dupé, escroqué.

EXEMPLE. – *Au partage des cailloux qui devaient nous beurrer les profondes, Fil de Fer nous avait encore fabriqués !*

FADE

Part du butin.

EXEMPLE. – *Après le braquage du Crédit agricole, chacun a eu son fade comme prévu, plus un quart de la part de ce pauvre Neunœil qui s'est fait dessouder par cet endauffé de caissier.*

FADE (être).

Avoir son compte. Avoir reçu une correction. Avoir contracté une maladie vénérienne.

EXEMPLE. – *A ce qu'on raconte, Ninon de Lenclos, qui était plutôt gironde, aurait fadé plus d'un petit marquis sans demander la royale autorisation de son Loulou préféré.*

FADE (prendre son).

Syn. de prendre son pied : jouir, trouver la volupté.

EXEMPLE. – *Quand Lolotte prenait son fade avec le grand Fernand, y' en a plus d'un dans l'immeuble qui arrêtaient leur radio ou leur télé pour pas louper ça !...*

FADER.

Partager.

EXEMPLE. – *Au moment de fader l'oseille, Oscar le Flambeur, qui avait tout misé sur un tocard, n'a pas gambergé qu'en braquant ses trois potes il signait son arrêt de mort !*

FAFFES.

Syn. fafiots : billets de banque, papiers d'identité.

EXEMPLE. – *Au barrage de police, Vaneck le Yougo, qui avait des faux faffes, avait les miches qui faisaient bravo.*

FAIRE (se le ou se la).

1) Supporter.

EXEMPLE. – *Quand son chat a le nez cassé, la môme Rirette, y faut se la faire !*

2) Posséder charnellement.

EXEMPLE. – *La jeun' veuve avant qu'ell' se fane*
Se fait l' meunier, son fils et l'âne
Et l' laboureur et ses enfants.

FAIRE AUX PATTES (se faire).

1) Être fait prisonnier.

2) Se laisser séduire.

EXEMPLE. – *... Et c'est ainsi, messieurs, qu' je m' suis fait faire aux pattes*
Le vent qui bat sa porte est fait de mes soupirs.

FAIRE SAUTER LE COMPTEUR.

Être en érection.

EXEMPLE. – *Une haleine de rose*
Me fait sauter l' compteur.

FALZAR.

Pantalon.

EXEMPLE. – *Le pauvre Marcel Jambon, ainsi surnommé parce qu'il n'avait jamais eu rien d'autre que du jambon pour son goûter à l'école, faisait dans son falzar chaque fois qu'il était appelé au tableau.*

FARCIR QUELQUE CHOSE (se).

1) Le prendre, le voler.

EXEMPLE. – *Roland le Sourdingue, qui s'était farci les douze toiles de maître chez le grossium de la rue Raynouard, s'était pas gouré une seconde qu'elles étaient invendables.*

2) Faire, effectuer.

EXEMPLE. – *On s'est farci douze bornes à chier du poivre avec les pandores et leurs clébards au cul avant de choper au vol le seul autocar qui embarquait sa fournée de boulots pour Pantruche.*

FARCIR QUELQU'UN (se).

1) Le corriger ou le supprimer.

EXEMPLE. – *Régis écarta Rirette du petit gommeux qui lui pinçait méchamment le bout d'un nichon : « T'inquiète pas, ma poule, je vais me le farcir ! »*

2) Subir, supporter.

EXEMPLE. – *Stann le Ruskoff, quand il avait éclusé sa chopine de calva, fallait se le farcir !*

FARCIR UNE FEMME (se).

La posséder.

EXEMPLE. – *Doudou le Gandin, qui était de la pointe, se farcissait comme il voulait toutes les gonzesses qui lui passaient à portée d'arbalète !*

FARCIR DE PLOMB.

Tirer.

EXEMPLE. – *Avant de les mettre au tribunal, ils avaient farci le juge et l'avocat général avec une vieille Thomson qui avait fait plein de trous dans l'emploi du temps de ces messieurs...*

FARGUER.

Accuser, charger quelqu'un.

EXEMPLE. – *Samy le Tatoué, qui avait pas voulu farguer ses potes, s'était farci deux marcotins d'hosto en souvenir de la Tour Pointue.*

FAUBOURG.

Postérieur féminin.

EXEMPLE. – *Avec une paire de roberts et un*

faubourg pareils, Nénette pouvait descendre s'expliquer, elle était sûre de dérouiller vite fait !

FAYOTS.

Haricots.

EXEMPLE. – *Les fayots c'est du vrai béton*
J'ai l'estomac comme une falaise.

FEIGNASSE.

Dérivé de fainéant(e).

EXEMPLE. – *Trente sacs pour avoir l'impression de m'embourber la momie de Ramsès II !... « Tu peux pas bouger ton cul, espèce de feignasse » !*

FENDARD.

Pantalon.

EXEMPLE. – *Depuis qu'il était clodo, Gégène se barrait en couille. Il était voûté, cradingue comme un peigne et ses bibelots s'échappaient de son fendard.*

FENDRE DE (se).

Payer.

EXEMPLE. – *Le jour de sa première communion, son dabe s'était fendu de deux saccotins : « Tu t'achèteras un stylo pour pouvoir mieux travailler à l'école », qu'il lui avait dit.*

FENDRE LA GUEULE, LA PIPE, LA PÊCHE, LA POIRE, LA FRITE, etc. (se).

Éclater de rire.

EXEMPLE. – *« Tu va voir, tu vas t' fend' la frit'*
Attends que j' te racont' la suit'. »

FENÊTRE (mettre les chaussettes à la).

Pour une femme, avoir un sentiment de frustration ou n'éprouver aucun plaisir pendant l'amour. Bide, déception.

EXEMPLE. – *« Tu vois, disait Sandra à Suzette, j'ai vraiment le béguin pour François Beaux Yeux, mais pour ce qui est de la bagatelle, des clous ! A chaque partie de jambes en l'air, j'ai mis les chaussettes à la fenêtre ! »*

FER (mauvais).

Individu dangereux. Mauvais coucheur.

EXEMPLE. – *Si t'as affaire à Freddo Feuilles de Choux, fais gaffe à tes os, c'est le mauvais fer !*

FER À SOUDER.

Nez. Grand nez.

1er EXEMPLE. – *Après cinq ou six mandales en pleine poire, Jo la Teigne, qui avait le fer à souder plein de raisiné, nous avait tous balancés aux condés en chialant comme une communiante qui a une tache de cambouis sur sa robe !*

2e EXEMPLE. – *Docteur, quand je suis seul*
Je m'ennuie alors je fum'
Dès lors mes doigts d' pieds sont brûlants
Et j'ai l' fer à souder qui s' bouch'
Et j' sens nett'ment mes globul's blancs
Qui s' font des toasts avec les roug's.

FESSES (pain de).

Argent gagné par la prostitution.

EXEMPLE. – *« Monter sur un casse, dessouder un gus, d'accord à la rigueur, M'sieur le Président, mais apprenez que Simon la Carouble a jamais fait dans le pain de fesses ! »*

FÊTE A QUELQU'UN (faire sa).

Le corriger, voire lui régler son compte.

EXEMPLE. – *Coco le Placide, qui supportait depuis des années sa polka pétardière comme pas deux, en avait class tout à coup. Devenu blanc soudain comme une roubignolle de boulanger, il posa ses brèmes sur la table et dans un silence glacial déclara doucement : « Suzy, je vais te faire ta fête ! »*

FEU.

Pistolet, revolver. S'emploie surtout dans les romans-photos à l'eau de rose.

FEU AU TAMBOUR (avoir le).

Avoir le feu aux fesses.

EXEMPLE. – *« Dépêch'-toi, mon amour*
Elle a le feu au tambour. »

FEUILLE.

Oreille.

EXEMPLE. – *La bignole, qui était dure de la feuille, entravait pourtant bien quand on lui froissait un bifton de dix raides tout près des cages à miel.*

FICELLE (être).

Malin, rusé, débrouillard.

EXEMPLE. – *Milo de Suresnes, qui était pourtant ficelle, s'était fait servietter par les perdreaux malgré ses harnais de travelo et ses nibards en mousse de nylon.*

FIFINE.

Serviette hygiénique.

EXEMPLE. – *« Sois raisonnable, Bébert, ne renaude pas comme ça ! Je te dis que ce soir c'est pas possible. Y'a même pas cinq minutes que je me suis cloqué Fifine dans la cage à serins. »*

FIFRE (que).

Rien, ou presque rien.

EXEMPLE. – *Le radis noir, qui avait fait une lèche éhontée à la baronne pour lui soutirer quelques picaillons, avait eu que fifre pour les étrennes. La vieille bique lui avait seulement envoyé ses vœux « les plus pieux ».*

FIFRELIN.

Argent.

EXEMPLE. – *Les éponges mitées, sa gerce au placard et plus un fifrelin en fouille, le pauvre Mimile était pas laubé ! Comme il disait lui-même : « Y' a du mou dans la corde à nœuds ! »*

FIGNE, FIGNEDÉ.

Anus.

EXEMPLE. – *Le marchand de cacahouètes l'avait eu dans le figne en face du cow boy, aux dernières présidentielles amerloques !*

FILER.

1) Donner.

EXEMPLE. – *Quand je vois une sœur qui me branche, je lui donne mes sous, je lui donne le bras, je lui file même des tartes si elle aime ça.*

2) Suivre.

EXEMPLE. – *J'avais l'air fin*
D' lui filer l' train
Sans oser lui dire un' parole.

FIN DE MOIS (une).

Prostituée occasionnelle.

EXEMPLE. – *Mona groumait tant et plus après les fins de mois qui persillaient au marca un filet à provisions en pogne : « Ça sert à quoi qu'elle disait de payer ses impôts ! »*

FIOLE.

Tête, figure.

EXEMPLE. – *Mes enfants, que la vierge nous patafiole*
Plutôt que de revoir un jour sa fiole.

FION.

1) Anus.

EXEMPLE. – *Après avoir éclusé une dernière lampée de whisky, Amanda s'est cloqué un suppo dans le fion pour filer le coup de grâce à sa grippe.*

2) Chance.

EXEMPLE. – *Le mec aux bagouses, qui avait un fion insolent, venait de s'embourber le banco !*

FIOTTE.

Individu efféminé. Pédéraste.

EXEMPLE. – *Le patron du Prisu, qui en était comme trente-six, avait tout de suite engagé cette fiotte de Lucien comme « secrétaire particulier » !*

FISSA (faire).

Avec rapidité.

EXEMPLE. – *Bruno le Beau Gosse était obligé de faire fissa quand y calçait Mémène, because son cornard qui était jalmince comme pas deux et qui déboulinait à tout moment sans crier gare.*

FIXER (se).

Se faire une piqûre de drogue.

EXEMPLE. – *Hector le Pourri, quand il était en manque depuis longtemps, arrivait même plus à se fixer tellement y tremblait comme un bol de gélatine sur un marteau piqueur !*

FLACON (prendre du).

Vieillir.

EXEMPLE. – *J'ai dit : « Vot' fille est pas trop moch', mais c'est plus un tendron Il est temps d' la fourguer, on voit bien qu'elle a du flacon. »*

FLACONS (déboucher les).

Oter ses chaussettes.

EXEMPLE. – *Après trente bornes de marche sous le moulana tunisien, ça fouettait sec le soir quand les légionnaires débouchaient les flacons dans la chambrée.*

FLAG.

Flagrant délit.

EXEMPLE. – *François les P'tits Doigts, qui avait jamais eu de fion, était tombé en flag pour avoir chouravé son larfeuille à un matuche en civil qui poussait son chariot au Mammouth de son quartier !*

FLAGADA.

Fatigué.

EXEMPLE. – *« Sois sympa, Nestor, retire ta paluche ; on verra ça demain pour le zizi-pan-pan, ce soir je suis vraiment flagada. »*

FLAGEOLET.

Membre viril.

Avoir le flageolet à la portière : être en érection.

EXEMPLE. – *Achille était incapable de faire trois minutes de gringue à une sœur sans avoir le flageolet à la portière !*

FLAMBARD (faire le).

Se vanter. Se pavaner bouffi d'orgueil.

EXEMPLE. – *Quand sa bobonne a rallégé en lui balançant deux va t'laver en pleine tronche devant ses potes, La Semoule faisait plus le flambard...*

FLAMBE.

Jeu d'argent.

EXEMPLE. – *Toute la comptée de Nénette était carbonisée au flambe par Gino le Rital, qui espérait se refaire de jour en jour.*

FLAMBEAU (avoir du).

Avoir du succès auprès des femmes.

EXEMPLE. – *Malgré son air miro, ses biscottos de coiffeur pour dames, Loïc avait un sacré flambeau auprès des sœurs...*

FLAMBER.

Jouer.

FLAMBEUR.

Joueur.

EXEMPLE. – *Un flambeur comme Eugène, fallait pas lui confier son lardon pour l'emmener aux vêpres, il l'aurait joué en route !*

FLAN (faire au).

A l'esbroufe, au hasard. Mentir. Abuser quelqu'un.

EXEMPLE. – *Albert, qui était sans un à la décarrade du placard, avait braqué au flan avec un pétard de gosse le pompiste qui, la crotte au fion, avait aboulé l'artiche !*

FLAN (en rester comme deux ronds de).

Être stupéfait.

EXEMPLE. – *Quand Titine a vu le micheton sortir son petit pot de sa profonde et s'enduire le chibre avec la confiote de mirabelles, elle en est restée comme deux ronds de flan !*

FLÈCHE (sans un).

Argent.

EXEMPLE. – *Quand j'étais jeunot avec mon copain Bébert et qu'on était sans un flèche tous les dimanches, chacun piquait un franc dans le morlingue de ses vieux et on s'achetait un paquet de pipes d'eucalyptus qui nous faisaient gerber une fois sur deux !*

FLEUR.

Avantage.

EXEMPLE. – *« Alors, t'as pris ton fade comme tu voulais, mon biquet ? – Oh ! oui madame. – Alors, fais-moi une fleur, n'oublie pas mon petit bouquet. »*

FLEUR (être).

Être démuni. Sans argent.

EXEMPLE. – *J'ai attriqué un lardeusse en ocelot pour Ninette qui m'a drôlement remonté les boules quand j'étais fleur.*

FLEUR DE MARIE.

Virginité.

EXEMPLE. – *Quand elle me fit don de sa fleur de Marie*
Ce fut par amour, non par étourderie.

FLINGOT.

Fusil.

EXEMPLE. – *Là où il y'a une petite caille*
Y' a un p'tit flingot.

FLINGUE.

Arme à feu.

EXEMPLE. – *Plus personne voulait monter sur un coup avec Teddy la Tremblote. C'est pas pour rien que les frangines l'avaient surnommé : flingue en pogne et merde au cul !*

FLINGUER.

Blesser ou tuer quelqu'un avec une arme à feu.

EXEMPLE. — *Gino, qui faisait sa distrib de schnouff à tous les camés du quartier, l'avait à la caille de s'être fait flinguer par ce petit crevard fiévreux qui l'avait pris pour un gaspard.*

FLIPPÉ (être).

Avoir le blues. Avoir les idées noires.

EXEMPLE. — *Quand elle était flippée, la môme Léa s'enfermait dans sa turne et voulait plus jacter à personne.*

FLIPPER.

Planer, rêver, exulter, délirer sous l'effet de la drogue.

Se dit aussi à propos de n'importe quelle jouissance extra-sexuelle.

EXEMPLE. — *Rien qu'à gamberger que son vieux à l'hosto allait la casser bientôt faisait flipper Carlos. Cézigo perdait pas de vue les deux cents bardas de l'héritage et la villa de Saint-Trop !*

FLOPÉE.

Grande quantité.

EXEMPLE. — *Il ne se passe pas une heure*
Sans que je lui livre des fleurs
Des flopées de roses pas dégueulasses.

FLOUSER.

Péter.

EXEMPLE. — « *Vous me ferez deux Pater et un Ave, ma fille* », *dit le radis noir en sortant comme un dingue du confessionnal. La pécheresse qui flousait à tout berzingue depuis dix minutes lui en avait filé plein les naseaux.*

FLOUZE.

Argent.

FLUBES (avoir les).

Avoir peur.

EXEMPLE. – *La belle Irma, qui avait les flubes de passer au flan son solitaire de six carats devant les gabelous, se l'était carré dans le fignedé au cas où la matronne de service lui aurait cloqué les merguez dans la chagatte.*

FLURER LE PET.

Chercher des noises.

EXEMPLE. – *A force de flurer le pet, le pochetron avait morflé une praline sur le tarin qui l'avait étendu pour le compte.*

FLÛTES.

Jambes.

EXEMPLE. – *Les perdreaux cavalaient dans le bois après les travelots qui jouaient des flûtes dans tous les sens et qui, pour une fois, avaient pas l'air jouasses d'avoir quelqu'un qui leur colle au fion !*

FOIES (avoir les).

Avoir peur.

EXEMPLE. – *Le moujingue, qui avait pas les foies, avait planté une rallonge dans les endosses du légionnaire qui était en train de violer sa dabe.*

FOIREUX.

Peureux. Quelqu'un sur qui on ne peut compter.

EXEMPLE. – *« Laisse tomber ce foireux, on aurait que des emmerdes avec un guignolo pareil ! »*

FOIRIDON.

La foire. Faire une sortie distrayante.

EXEMPLE. – *La poubelle que Frifri les Manchettes avait engourdie pour faire la foiridon était tombée en rideau devant le quart de la rue Ballu ! Tu parles d'une scoumoune...*

FOLLE.

Homosexuel.

1er EXEMPLE. – *« Voilà, me dit-ell', j'avais épousé un forban*
Aux mœurs équivoqu's, un' foll' perdue dans ses rubans. »

2e EXEMPLE. – *Ell' me présente à son frère*
Un' grand' foll' qui m'dit : « ma chère
Andalou, bijou, caillou
J'ador' les grand's brutes comm' vous. »

FOLLINGUE.

Un peu fou.

EXEMPLE. – *Si t'as une plombe à paumer, tu devrais ligoter un bouquin de l'ayatollah Khomeiny qui est complètement follingue ! Il explique à ses chers fidèles comment et à quelle heure de la journanche on doit miser sa bergère avec les mille et une façons autorisées de se vider les balloches. Tu verras, c'est pas triste ! Enfin... Si on peut dire !*

FONDU(E).

Syn. de follingue. Fou, folle.

EXEMPLE. – *Bien sûr, tout le monde se gourait qu'il lui manquait une case au Totor. Mais de là à licebroquer sur le car avec les C.R.S. à l'intérieur, fallait qu'il soit complètement fondu...*

FORCER LA BARRICADE.

Dépuceler.

EXEMPLE. – *Dolorès avait à peine onze piges quand un beau soir son vieux qui s'était défoncé au Jin-jin lui avait forcé la barricade.*

FORGERON (tablier de).

Poils du pubis montant sur le bas-ventre.

EXEMPLE. – *Un tablier de forgeron comme celui de sa bonniche, l'archidiacre le disait lui-même, dans tout Lourdes y'en avait pas deux comme ça !*

FOUETTER.

1) Sentir mauvais.

EXEMPLE. – *Chacun matait ses partenaires tour à tour derrière ses brèmes en se demandant quel était le foireux qui avait pu balanstiquer une louise pareille... Finalement c'était le calendo de la mère casse-bite qui fouettait à tout va derrière le bar...*

2) Avoir peur.

FOUFOUNETTE.

Sexe de la femme.

EXEMPLE. – *Avant de lui en filer un coup dans les brancards, l'hidalgo encaissait pas qu'Ida se brique la foufounette dans le bidet. « Laisse quimper, il disait, c'est pas une laitue ! »*

FOUILLE ou FOUILLOUSE.

Poche.

C'est dans la fouille : comme si c'était fait. Évident.

EXEMPLE. – *Voyant que la môme mouftait pas pendant la descente au barbu, Pierrot les Doigts d'Or a pensé que c'était dans la fouille.*

FOUILLE-MERDE.

Personnage curieux de choses pas toujours bonnes à dire ou à entendre.

EXEMPLE. — *A trois plombes du mat', le polyvalent s'était fait balanstiquer dans le canal Saint-Martin, ficelé comme un sifflard, par les gorilles du P.D.G. de la multinationale qui avait horreur des fouille-merde !*

FOURCHETTES.

Doigts.

EXEMPLE. — *J'ai vu l' cul d'Ashi Moto.*
Çui qui prend des photos,
Mais j' préfèr' quand mêm' celui d' Lucette.
Ne le frôlez pas de vos fourchettes,
Vous, les taste-fesses amateurs,
Car c'est vraiment le cul de mon cœur.

FOURGUE.

Receleur.

EXEMPLE. — *A coups de tatanes dans la boîte à ragoût, Ramon le Tendre avait occis le fourgue qui voulait le berlurer sur le prix des diams.*

FOURGUER.

Vendre. Céder à bas prix.

1er EXEMPLE. — *Rita la Rouquine avait fourgué son coupé Mercedes pour assister son homme qui allait tirer cinq piges à Fleury-Mérogis.*

2e EXEMPLE. — *C'est l' genr' de broc un peu bidon*
L' typ' qui vous fourgue un ouvre-boît's
Pour le dentier d' Napoléon.

FOURRER.

Introduire. Posséder charnellement quelqu'un.

EXEMPLE. – *Assise sagement sur ses genoux, le dos bien collé à sa poitrine, Pierrette s'était laissé fourrer par Nestor sur le siège arrière de sa guinde tout en biglant* Autant en emporte le vent *au drive-in du Prado.*

FOURRURE (humecter sa).

Femme qui urine.

EXEMPLE. – *Lydia avait bien choisi son moment. Quand le maire lui dit : « Consentez-vous à prendre pour époux, etc. » sous l'œil ahuri de son futur cocu, elle s'était débinée pour aller humecter sa fourrure !*

FOUTRE.

1) Donner. Appliquer.

EXEMPLE. – *Il vient la nuit tirer les pieds de ma mère*
Qui aussitôt fout une baffe à mon père.

2) Mettre. Jeter. Propulser.

EXEMPLE. – *Quand ça va mal*
Je vais m' foutre au canal
Mon chien qui sait qu' j' vais m' rater
Prépare le thé.

FOUTRE (se).

Se moquer.

EXEMPLE. – *...Et de tout le reste je me fous*
Car je suis le plus mauvais d'entre vous.

FRAÎCHE.

Argent liquide.

EXEMPLE. – *Paulo, à court de fraîche et la reni-*

fle au train, avait rallégé chez Lily Bonne Pomme qui portait bien son blaze...

FRAISE.

1) Visage, minois.

EXEMPLE. – *... Si j' t'envoie des fraises de mon fraisier*
C'est pour qu' t'oublies pas la mienne dans tes pensées.

2) Au pluriel : le bout des seins.

EXEMPLE. – *Vos bas sans couture*
Vos deux fraises mûres
Piquées sous le blanc nylon
M'ont foutu l' bourdon.

FRAISE (ramener sa).

1) Rouspéter. Se mettre en évidence.

2) Revenir.

EXEMPLE. – *Sur sa peau des « je t'aime » elle me fait broder*
Mais dès qu' l'autr' ramène sa frais' elle me laiss' tomber.

FRAISES (envoyer aux).

Envoyer promener quelqu'un.

EXEMPLE. – *Le caissier de la banque, qui manipulait les gros talbins à longueur de journée, avait demandé une rallonge au dirlo qui l'avait envoyé aux fraises !*

FRAISES (sucrer les).

Tremblements de sénilité.

EXEMPLE. – *Le vieux Gégène pouvait même plus tenir correctement son feu tellement il sucrait les fraises.*

FRAMBOISE.

Clitoris

EXEMPLE. – *Étiennette avait la framboise qui faisait robe à queue quand elle matait Robert Redford en train de rouler une pelle à une gonzesse.*

FRANCFORTS.

Doigts.

EXEMPLE. – *Quand on était en 5e, chez le vieux Théo, y' avait pas intérêt à se planter en lui récitant la leçon si on voulait pas morfler sa poignée de francforts dans la boîte à sucettes.*

FRANGIN.

Frère.

FRANGINE.

1) Sœur.

EXEMPLE. – *J'ai sursauté. Quelqu'un hurlait*
C'était ta frangin' qui s' lavait
Et comme e' s' lav' qu'un' fois par an
C'était son jour précisément.

2) Femme.

EXEMPLE. – *Je m'étais dit : cette frangine*
Nue au milieu de ma cuisine
F'rait plus d'effet qu'habillée dans une usine.

3) Désigne aussi une fille qui tapine.

EXEMPLE. – *Le chômedu se faisait ressentir dans le quartier. Depuis deux plombes qu'elles tapinaient dans le zef glacial, les frangines avaient pas encore dérouillé...*

FRAPPADINGUE.

Fou, dingue. Ce mec est frappé.

EXEMPLE. – *Quand il lui a demandé d'être*

attaché au fil du bigophone et satané à coups de pompes dans les noix, Lisette s'est bien gourée que le mec était complètement frappadingue !

FRAYER.

Fréquenter un endroit ou quelqu'un. Être de connivence.

EXEMPLE. – *Pour faire tartir son président bien-aimé, le maire de Paris avait frayé avec les socialistes, sans se gourer peut-être qu'il aurait sa peau...*

FRELON DANS LE MODULE (avoir un).

Avoir de belles dispositions amoureuses.

EXEMPLE. – *On s'est ramoné l' vestibule*
Elle a un frelon dans l' module.

FRELOT.

Frère.

EXEMPLE. – *Jacquot le Pacifique, qui était tout le contraire de son frelot l'adjupète de carrière, pouvait pas encadrer l'uniforme qui lui filait des boutons.*

FRÉQUENTER (se).

Se masturber.

EXEMPLE. – *Rien qu'à voir les calots en lettre de faire-part du môme et sa façon de se tirer sur le macaroni à travers la poche de son false, le toubib se gourait bien que cécolle arrêtait pas de se fréquenter.*

FRÈRES KARAMAZOF (les).

Les seins.

EXEMPLE. – *Je vois déjà ses mouillettes et les deux frères Karamazof.*

FRIME.

1) Visage.

EXEMPLE. – *Antoinette, qui était bousculée comme un tanagra, tombait les michetons à tout va, malgré sa frime blécharde et ses crins anémiés.*

2) Figuration. Frimer.

EXEMPLE. – *Pendant qu'on tournait* Le Juge à Cinecittá, *mon copain Zazie Gelin me disait qu'à l'époque des vaches maigres lui et ses potes d'infortune, qui frimaient à la Comédie-Française, se maquillaient à la brique qu'ils raclaient énergiquement avant de s'en cloquer la poussière sur la hure ! La vie d'artiste !*

FRINGUÉ.

Vêtu.

EXEMPLE. – *Elle était fringuée comme un œuf dur sur un comptoir !*

FRINGUER (se).

S'habiller.

EXEMPLE. – *La divine Marilyn, qui faisait la pige à la Vénus de Milo, se fringuait la journanche avec un pull trois tailles en dessous et avec du Cinq dc Chanel quand elle se filait au paddock.*

FRINGUES.

Habits.

EXEMPLE. – *Le gros Louis, qui avait encore pris quinze kilos, avait plus de fringues à se cloquer sur le râble en sortant du trou.*

FRITE.

Visage.

EXEMPLE. – *J'y dis : « Quand j' vois ta frite, ma gosse,*
Y a pas besoin de rajouter du sel. »

FRITE (avoir la).

Avoir de la chance.

EXEMPLE. – *Après une semaine de scoumoune, Émilie, qui semblait avoir la frite, avait mis tout le pacson sur l'as de cœur qui la rebecqueta de trente bâtons d'un coup !*

FRITE AU BAIN-MARIE (avoir la).

Pleurer.

EXEMPLE. – *Je l'entends qui sanglote et je lui d'mande ce qui va mal*
Les calots dans la flotte, la frite au bain-marie
« Je suis dans le coltar, dit-elle
Et c'est la faute à mon mari... »

FROC.

Pantalon.

1er EXEMPLE. – *Avec ses douilles sur les endosses, son froc en tuyau de poêle et ses écrase-merde en croco, Oscar la Fiotte attirait tous les pédoques du café Flore !*

2e EXEMPLE. – *Il n'est pas loin le temps des puces*
Où l'on s'ach'tait des frocs anglais.

FROMTON, FROMTEGOM.

Fromage.

EXEMPLE. – *Quand il renquillait dans son appart après un boulot glandilleux, M. Roger, après avoir posé son remède sur la commode Louis XV, briffait volontiers un bout de fromtegom arrosé d'une betterave de pommard ! Le danger, ça creuse !*

FUMACE.

Furieux.

EXEMPLE. – *Fumace de pas avoir obtenu la*

peine capitale pour l'accusé, l'avocat bêcheur dit à sa mousmée en rentrant chez lui : « C'est pas grave, je me rattraperai sur le prochain ! »

FUMANTES.

Chaussettes. On dit aussi fumeuses.

1er EXEMPLE. – *Depuis trente piges qu'il créchait seulabre dans son gourbi, Michou le Cradingue passait son caoua dans une vieille fumante culottée comme la pipe de Maigret. La Mélita, il avait pas entendu parler !*

2e EXEMPLE. – *Pendant qu' j'ôte mes targettes, mes fumeuses à carreaux, elle, elle est déjà prête ; elle a plus qu' ses pinces à vélo !*

FUMÉE (avaler la).

Avaler le sperme du partenaire.

EXEMPLE. – *Pomper le chalumeau des clilles, ça faisait partie du turbin de Ginette ; Louis le Jalmince le savait que trop. Mais qu'en plus elle avale la fumée, le rendait carrément furax. Elle lui disait : « C'est pourtant bien meilleur pour la gorge que les trois paquets de Gitanes que tu grilles dans la journée ! »*

FUMERONS.

Pieds.

EXEMPLE. – *Le planton du ministère, qui avait imprudemment pris le départ du cross du* Figaro, *avait atterri le soir à l'hosto avec les fumerons comme des clafoutis de cerises !*

FUMIER.

Homme méprisable.

EXEMPLE. – *Quand j'étais mouflet, certains instit' sadiques, pour nous punir, nous cloquaient à genoux les bras en croix avec un dico dans chaque pogne. Tu parles de fumiers !*

FURAX.

Furieux. Nom d'un personnage inventé par le génial Pierre Dac.

EXEMPLE. — *Quand le penalty a été refusé à Saint-Étienne, dix mille spectateurs furax se sont levés en hurlant sur l'air des lampions : « Aux chiottes, l'arbitre ! »*

FURIBARD.

Idem.

EXEMPLE. — *Le président, qui pendant son discours avait morflé des trognons de choux-fleurs sur la poire, était parti furibard !*

FUSIL A TROIS COUPS (faire le).

Utilisation dans les ébats amoureux des trois orifices de la femme : vagin, anus et bouche.

EXEMPLE. — *Mme Lola, qui tenait le bordel le plus cher de Paris, était fière de ne présenter à son honorable clientèle que de superbes fusils à trois coups. Il n'est malheureusement pas certain que « l'année de la femme » ait modifié en quoi que ce soit ces pratiques érotico-mmerciales !*

FUSILLER (se faire).

Perdre au jeu.

EXEMPLE. — *Léo le Tocquard allait consciencieusement relever les compteurs avant de foncer se faire fusiller l'artiche de ces demoiselles aux courtines d'Auteuil !*

FUTAL.

Pantalon.

EXEMPLE. — *Quand René la Chaleur matait une frangine en futal qui lui moulait les noix, il pouvait pas s'empêcher de balancer la louche !*

FUTÉ DE LA BALAYETTE.

Pratiquant de savantes techniques amoureuses.

EXEMPLE. – *On allait voir nos escaladeuses de braguettes*
Marchander le bifteck avec des p'tits gourmands.
Mais comm' c'étaient pas des futés d' la balayette
Ça prenait cinq minutes, elles passaient au suivant.

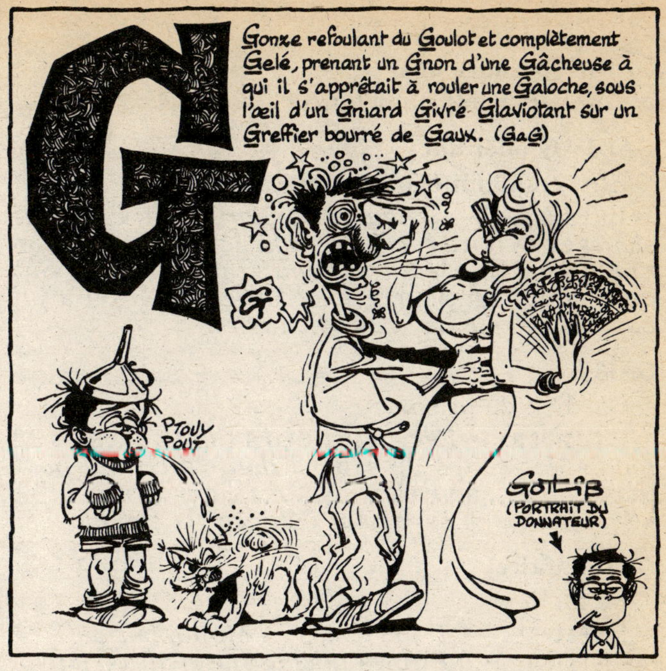

Dessin de Gotlib

GÂCHE (bonne).

Travail facile, tranquille

EXEMPLE. – *Être le cuistot du colonel semblait une bonne gâche au caporal Robert, avant que celui-ci lui roule un patin en plein sous les bacchantes !*

GÂCHEUSE.

Femme maniérée. Jeune homme efféminé.

EXEMPLE. – *« Dis donc, gâcheuse, tu faisais pas tant de magnes quand tu t'embourbais le paternel pour lui attriquer un chèque !... »*

GADIN (prendre un).

Tomber. Faire une chute.

GADIN (y aller du).

Être condamné à la peine capitale.

EXEMPLE. — *Balancer la purée sur ces messieurs et se faire servietter à la décarrade du commissariat, Milo était devenu frappadingue ! Sûr qu'il était bon pour y aller du gadin si on avait pas chanstiqué de gouvernement...*

GAFFE.

Gardien de prison.

EXEMPLE. — *Le gaffe vicelard filait de temps en temps des coups de sabord dans la cellote pour mater les nouveaux gitons qui criaient : « Maman ! » en se faisant défoncer la pastille !*

GAFFE (faire).

Se méfier.

EXEMPLE. — *J' me disais : « Mollo, fais gaff' ! »*
Et mes miches faisaient tif taf.

GAFFER.

Surveiller, observer.

GAFFER (se).

Se méfier.

EXEMPLE. — *On se gaffait de la bignole qui avait les calots partout et la menteuse infatigable !*

GAGNE-PAIN.

Postérieur.

EXEMPLE. — *Quand elle écrivait au tableau : « My tailor is rich », la prof' d'english, qui avait un gagne-pain à la Laura Antonelli, se gourait pas une seconde que la moitié de sa classe de petits vicelards se pognait frénétiquement sous le dictionnaire franco-anglais !*

GAGNEUSE.

Prostituée vaillante.

EXEMPLE. – *Gaby Frisette, en bonne gagneuse qu'elle était, avait à cœur d'acheter en plus sur ses éconocroques les harnais Lapidus qu'affectionnait particulièrement Loulou la Crème, son hareng bien-aimé.*

GAIL.

Cheval.

EXEMPLE. – *« T'as vu la dégaine de ton gail ! Je miserais pas trois thunes dessus ! »*

GALANTINE DANS LA TERRINE (avoir de la).

N'avoir rien dans la cervelle.

EXEMPLE. – *T'as une saut'relle dans la vitrine*
Mais c'est parce que t'es née comme ça
D' la galantine dans la terrine
Ça va bien avec ton p'tit pois.

GALOCHE (rouler une).

Embrasser sur la bouche avec un savant jeu de langue.

EXEMPLE. – *Quand Martial roulait une galoche à Nini la Goulue, elle en restait sans voix, tout essoufflée et les cannes en compote !*

GALOUP.

Incorrection.

EXEMPLE. – *« Tu m'as fait un galoup, tu m'en feras jamais deux ! » dit Ernest en filant à bout portant trois bastos dans les soufflets du mec !*

GALTOUSE.

Gamelle.

1er Exemple. – *Le grand Momo, tout grand qu'il était, tenait sa menteuse devant sa bourgeoise de 1,55 m. N'avait-il pas morflé la galtouse en pleine tronche un jour funeste où il insinuait naïvement que la tortore était « attrapée » !*

2e Exemple. – *Y a des nouilles et une belle côte de porc*
Dans ta petite galtouse de voyage.

GALURE, GALURIN.

Chapeau.

GALURE, GALURIN (porter le).

1) Être soupçonné de délation.

2) Endosser une accusation.

Exemple. – *Tino avait préféré porter le galure, sachant très bien que ses potes lui refileraient son fade à la sortie du placard.*

GAMBERGE.

Réflexion.

Exemple. – *Pour ce qui était de la gamberge, tout le monde savait que Didier le Chou avait pas du mou de veau dans la terrine !*

GAMBERGE (se faire une pendule de).

Réfléchir intensément.

Exemple. – *Sans me faire une pendule de gamberge*
Aussi sec j'ai foncé à Wagram
Où j'ai levé une frangine de vingt berges...

GAMBERGER.

Réfléchir, méditer, concevoir, penser, rêver.

1er EXEMPLE. – *Tout en épongeant les michetons, Francine gambergeait au petit bar dont elle serait bientôt la taulière, à Lyon. Son homme lui avait promis : « On t'appellera « la patronne » ou « Mme Ernest », et le dimanche matin tu pourras même aller te confesser ».*

2e EXEMPLE. – *J'y dis : « j' sais pas comment qu'ta vieille*
A gambergé tes proportions... »

GAMBETTE.

Jambe.

1er EXEMPLE. – *Les gambettes à la môme Arletty, y en a plus d'un qui s'en seraient fait un cache-col !*

2e EXEMPLE. – *Elle a des gambettes comme un fil à couper l'roqu'fort.*

GAMBILLE.

1) Jambe.

2) Danse.

EXEMPLE. – *Les caves les plus bourrés, fringués Smalto et roulant Mercedes, qui venaient s'encanailler, c'est à la gambille du samedi soir que Lucette les levait à coup sûr !*

GAMBILLER.

Danser.

1er EXEMPLE. – *On se demandait comment Léon le Palmé, qui avait la tronche en coin de rue et les miches à ras des pâquerettes, se démerdait pour gambiller toujours avec des prix de Diane !*

2e EXEMPLE. – *J'y ai dit : « Viens gambiller, ma Ginette.*
On va s' payer un' tranche de bonheur. »

GAMELLE (du chat).

Bidet.

EXEMPLE. – *Après avoir déménagé entièrement le château, Léon le balèze dénicha dans un placard le vieux bidet émaillé à fleurs de la marquise : « Vingt dieux, dit-il à son pote, on allait oublier la gamelle du chat ! »*

GAMELLE (ramasser une).

Faire une chute.

GAMELLE (s'en mettre plein la).

Se goinfrer.

GAMELLES (à fond les).

En voiture, foncer.

EXEMPLE. – *A cinq cents mètres du barrage de police, Éric le Barjot dit : « Cramponnez-vous, les mecs, on y va à fond les gamelles ! »*

GAPETTE.

Casquette.

EXEMPLE. – *Ah ! qui ne se fait du cinoche un jour sous sa gapette !...*

GARGAMELLE.

Bouche.

EXEMPLE. – *Au mess des officiers, Ferdinand, le chauffeur du général qui avait becqueté la même tortore que ces messieurs, s'en était cloqué plein la gargamelle.*

GASPARD.

Rat.

EXEMPLE. – *Ce qui inquiétait surtout Loïc dans la planque à Fernand, c'est qu'à première vue y'avait plus de gaspards que de boîtes à sardoches.*

GAU.

Pou.

EXEMPLE. – *La baronne était partie renauder*

chez le dirlo de la communale en voyant son lardon ralléger avec la tétère pleine de gaux !

GAUFRE.

1) Casquette.

EXEMPLE. – *Pépé Marceau, qui avait le respect des morts, enlevait toujours sa gaufre quand il croisait un enterrement.*

2) Visage.

EXEMPLE. – *Avant de te parfumer la gaufre*
Tu f'rais bien mieux de te laver le cou.

GAUFRETTE.

Visage.

EXEMPLE. – *Quand j'ai dit à la môme : « J'ai l' coup d' béguin pour ta gaufrette », ses calots sont devenus brillants et sans un mot elle a ouvert les écluses !*

GAULE.

Membre viril en érection.

EXEMPLE. – *Après vingt berges de marida, Jo le Sensible avait la gaule quand il matait le valseur de sa régulière en train de surveiller son rôti au four !*

GAULER.

Voler.

GAULER (se faire).

Se faire prendre, arrêter.

EXEMPLE. – *Jeannot s'était fait gauler connement dans une vérification de faffes chez la mère croque-nœuds !*

GAZER.

Bien aller, convenir.

EXEMPLE. – *On a pensé*
Qu' sa frangin' sortant d'un' maison
Et mon p'tit frère de prison
Ça pouvait gazer.

GAZON.

Poils. Chevelure.

EXEMPLE. – *J'ai tombé une minette, une p'tite rousse.*
Elle avait plus d'gazon sous l'chapeau.

GELÉ.

Ivre.

EXEMPLE. – *Incapable de tenir sur son canasson, le jockey, qui était gelé à mort, s'était retrouvé à dame, le trognon dans la gadoue.*

GERBE (c'est la).

C'est écœurant. Ça ne vaut rien.

EXEMPLE. – *« Bon, les mecs, restez si ça vous dit, mais moi je me casse. Ce restau c'est vraiment la gerbe ! »*

GERBER.

1) Vomir. S'emploie le plus souvent au figuré.

EXEMPLE. – *J'aurais dû me gourer que ce mec était une balançoire, y m'a toujours fait gerber !*

2) Être condamné.

EXEMPLE. – *Claudius, qui trouvait que l'héritage venait pas assez vite, avait gerbé un max pour avoir cloqué des amanites phalloïdes dans la tortore de sa daronne !*

GERCE.

Femme.

1er EXEMPLE. – *Marco les P'tits Bras faisait peine à voir depuis que sa gerce l'avait valisé.*

2e EXEMPLE. – *Y avait la gerce au mec d'en d'ssous qui v'nait voir si on était saouls !*

GICLER.

Partir. Être renvoyé.

EXEMPLE. – *Après quatre ans de magouillages et de dictature dans la station radio bien connue, les deux ringards qui dirigeaient les variétés avaient enfin giclé !*

GIGAL.

Plombier.

EXEMPLE. – *Le gigal, qui était beau gosse, s'embourbait souvent les bourgeoises esseulées pendant que son arpète faisait le pet sur le palier.*

GIGOLPINCE.

Gigolo. Amant de cœur.

EXEMPLE. – *Le gigolpince de la Mado lui avait proposé le marida. Restait à voir à combien Victor la Lame allait fixer l'amende !*

GIGOT.

Cuisse, fesse.

EXEMPLE. – *Viens donc chez moi, mignonne, je t'apprendrai le jeu des quatre gigots pendus au même clou !*

GIROND.

1) Beau.

2) Homosexuel passif.

EXEMPLE. – *Dans cette île paradisiaque il était plutôt insolite de voir débarquer du Fauker qui venait d'atterrir une vingtaine de vieilles tantou-*

zes bagousées qui tenaient leur girond par la main...

GIRONDE.

Belle, bien faite.

EXEMPLE. – *Tous les hommes étaient d'accord pour dire que Lola était de loin la plus gironde. Mais pour ce qui était de la faire reluire, on comptait plus tous ceux qui s'y étaient cassé la bite !*

GITON.

Homosexuel jeune et dévoué à son homme.

EXEMPLE. – *C'était Laurent la Perpète qui était le plus doué à Fresnes pour dresser les gitons. Pompes cirées, caoua à bonne température et tutoiement interdit qui forçait le respect. Y'a pas, cet homme-là savait se faire aimer, comme disait le directeur !*

GIVRÉ.

Fou.

EXEMPLE. – *Fabien la Gâchette, qui était complètement givré, braquait les commissariats uniquement pour voir les poulardins décocter dans leurs falses.*

GLAND.

1) Imbécile, incapable. Dugland, duglandard.

EXEMPLE. – *Quelquefois je me glace*
J'aim' bien r'mett' les choses en place
Et j'en veux à ces gens
Qui s'exprim'nt comme' des glands...

2) Sexe de l'homme.

EXEMPLE. – *La polka de Gégène se plaignait que le gland de son homme soit pas à la hauteur de ses besoins. « Y remplirait même pas ma dent creuse », qu'elle disait !*

GLANDER.

Perdre son temps. Paresser.

EXEMPLE. – *« Au lieu de glander au plumard jusqu'à midi, tu ferais mieux d'éplucher les petites annonces si tu veux plus pointer au chômedu. – Mais qui t'a dit que je voulais plus pointer au chômedu ? »*

GLANDES (tu m' fous les).

Tu m'énerves.

EXEMPLE. – *« Si t'as que ces trucs tartouzes à nous bonnir sur Louis, arrête tes salades, tu m' fous les glandes. »*

GLANDILLEUX.

Difficile, délicat, dangereux.

EXEMPLE. – *Engourdir les diams de la vioque dans son coffiot à serrure électronique paraissait plutôt glandilleux à Ouvre-Boîtes, qui savait débrider que les anciens systèmes.*

GLAUDE.

Poche.

EXEMPLE. – *Faire les glaudes des boulots dans le métro à six heures du soir, même pour Félix l'Empalmé, c'était pas du mille-feuilles !*

GLAVIOT.

Crachat.

EXEMPLE. – *Marius la Récidive s'était fait enchtiber pour avoir balancé un glaviot sur le kébour du colonel de gendarmerie. Tu parles d'une truffe !*

GLAVIOTER.

Cracher.

EXEMPLE. – *Lucie Pétard, qui morganait tous les jours chez Maxim's, s'envoyait en l'air avec toute la Chambre des députés pendant que son homme glaviotait ses éponges au plateau d'Assy. C'est la vie !...*

GLISSER (la ou **se laisser).**

Mourir.

EXEMPLE. – *Après la fricassée de pruneaux qu'il avait morflée dans le baquet, Johnny Marlboro, qui paumait son raisin dans sa guinde, s'était laissé glisser doucement à 150 à l'heure sur l'autoroute du Sud. Sa dabe l'aurait même pas reconnu à ses godasses !*

GLUANT.

Petit enfant, bébé.

EXEMPLE. – *Neuf mois plus tard comme pour m'achever*
Les p'tits gluants sont arrivés... »

GNACE (un).

Individu quelconque.

EXEMPLE. – *Personne savait d'où sortait ce gnace qui roulait des mécaniques, balançait des pourliches de richard et picolait comme un radiateur de jeep dans le désert africain !*

GNIARD.

Enfant.

EXEMPLE. – *Léone se coltinait jusqu'à cinquante clilles le samedi soir pour pouvoir carmer la pension de ses deux gniards en nourrice à Barbizon.*

GNON.

Coup.

EXEMPLE. – *Qui sème des gnons récoltera toujours des dents.*

GNOUF.

Prison, poste de police.

EXEMPLE. – *A la quarantième pompe dans la gadoue de la caserne, l'adjupète avait déclaré : « Allez, bande de fainéants, le premier qui s'arrête avant la centième est bon pour le gnouf ! »*

GOBE-MOUCHES.

Sexe féminin. Par extension : virginité.

EXEMPLE. – *C'est à cet instant Minouche*
Que t'as perdu ton gobe-mouches...

GOBETTE.

Boisson.

EXEMPLE. – *Yvon le Blaireau, quand il forçait trop sur la gobette, filait des tourlousines terribles à sa Julie quand la comptée lui paraissait mesquine.*

GODASSE.

Chaussure.

EXEMPLE. – *« Ça fait des s'main's, dit-elle, que j'attends qu'on s'embrasse. »*
Ell' m'offrit un d' ces toits ouvrants sur le zénith
Que j' voyais jusqu'au fond la s'mell' de ses godasses.
Et c'est comm' ça qu' j'ai su qu'ell' chaussait du trente-huit.

GODE.

Vient de godemiché : membre viril postiche utilisé par les lesbiennes.

EXEMPLE. – *Quand elle se taillait en tournée, la belle Ingrid, qui était de la maison tire-bouton, emportait toujours son gode dans sa valoche. Une heureuse rencontre... On sait jamais...*

GODER POUR.

Désirer quelqu'un ou quelque chose. Être en érection.

EXEMPLE. – *Au pageot, Mimi Blanquette pouvait plus encaisser Loulou qui godait plus que tous les 36 du mois avec strip-tease à la clef et concerto de pipeau au clair de lune !*

GODET.

Verre à boire.

EXEMPLE. – *A sa sortie des Baumettes, tous les potes étaient allés écluser un godet avec M. Antoine pour fêter son non-lieu. Les affaires allaient pouvoir reprendre...*

GOGUES.

Cabinets. W.-C.

EXEMPLE. – *Fifi les Glandes passait une plombe aux gogues tous les matins à ligoter le baveux pendant que les autres trépignaient derrière la lourde !*

GOINFRER (se).

Faire une belle opération financière.

EXEMPLE. – *Petites fourmis travailleuses et disciplinées, les Japonouilles étaient en train de se goinfrer un max avec leurs motos et leurs chaînes hi-fi sur le marca européen.*

GOMME A EFFACER LE SOURIRE.

Matraque.

EXEMPLE. – *Ces messieurs de la Tour Pointue avaient offert à ce pauvre Gracien un concert de gomme à effacer le sourire qui lui avait fait paumer ses deux rangées de chocottes !*

GOMMÉ (un blanc).

Verre de vin blanc cassé avec du sirop.

EXEMPLE. – *« Un p'tit whisky, m'sieur Émile ?*

– Non, sers-moi plutôt un gommé, j'ai l'estom qui renaude. »

GONDOLER (se).

Se marrer, rire.

EXEMPLE. – *C'était plus fort qu'elles, les frangines arrêtaient pas de se gondoler quand elles mataient Burnes Basses à loilpé. Faut dire qu'il avait vraiment les patates au fond du filet !*

GONFLÉ (être).

Audacieux. Avoir du culot.

EXEMPLE. – *La bonniche du P.D.G., qui était plutôt gonflée, lui avait cloqué en plein salon et devant ses invités une belle paire de mandales en pleine poire. « Et le mouflet que j'ai dans le buffet, qu'elle lui avait dit, on se le garde ou j'en fais des paupiettes ? »*

GONZE, GONZIER.

Homme.

EXEMPLE. – *Devant ce gonze que personne ne connaissait, les converses s'étaient arrêtées tout à coup.*

GONZESSE.

Femme.

EXEMPLE. – *Hubert le Beau Gosse, qui était connaisseur, disait tout le temps : « Les belles gonzesses, c'est comme le camembert, on peut pas les garder longtemps ! » Un sage.*

GORGEON.

Verre à boire.

EXEMPLE. – *Tous les matins au saut du lit, P'tit Marcel éclusait un p'tit gorgeon de muscadet avant de se briquer les tabourets !*

GOSSE.

1) Enfant.

EXEMPLE. – *On reste ensemble à caus' du gosse.*

2) Fille, femme.

EXEMPLE. – *Pris dans ses tendres tentacules*
La belle gosse m'a mis sur les rotules.

GOUALANTE.

Chanson.

EXEMPLE. – *Quand elle poussait la goualante dans le F 4 de son H.L.M., tous les voisins savaient que Marcelline venait de prendre son pied avec son homme.*

GOUALE.

Chantage. Panique.

EXEMPLE. – *Edgar le Cafteur, qui voulait faire du gouale à Mme Liliane because les Yougos qu'elle planquait dans sa cave, s'était retrouvé avec la menteuse en deux morceaux en guise d'avertissement !*

GOUGNAFIER.

Idiot, goujat, incapable, maladroit, mufle, B.O.F.

EXEMPLE. – *Ces chers vieux débris voulaient m' marier avec le fils de gougnafiers qui ont fait leur beurre dans la vanille !*

GOUGNOTTE.

Gouine, lesbienne.

EXEMPLE. – *Les grivetons l'avaient à la caille de voir toutes ces gougnottes se rouler des saucisses devant la porte du « Monocle » en pensant au rassis qu'ils allaient encore se taper en rentrant à la caserne !*

GOULOT (refouler du).

Sentir mauvais de la bouche.

EXEMPLE. – *Personne pouvait jacter plus de trente secondes en face à face avec Cyprien tellement y refoulait du goulot !*

GOURANCE.

1) Doute, soupçon.

2) Méprise, erreur.

EXEMPLE. – *Milo, qui venait de filer un coup de saveur sur les faffes du gazier, nous dit : « Laissez tomber, les mecs, y'a gourance, c'est son frelot qui nous a donnés ! »*

GOURBI.

Lieu d'habitation. Chambre.

EXEMPLE. – *Pour le fade, on avait tous rembour dans le gourbi d'Étienne où on a éclusé une caisse de champ' à la santé du Crédit agricole.*

GOURDIN (avoir le).

Être en érection.

EXEMPLE. – *Armand, quand il guinchait avec une frangine, avait tout de suite le gourdin. La friponne qui avait senti le vent se frottait de plus belle contre le malheureux qui osait plus quitter la piste dans un état pareil !*

GOURER (se).

1) Se tromper, faire erreur.

EXEMPLE. – *C'était la nuit, elle avait faim*
Et elle s'était gourée de chemin...

2) Se douter, soupçonner.

EXEMPLE. – *Ma maman a dit :*
« Alors ça y est, gros dégueulasse,
Je m' gourais bien du coup, pardi
Tu r' commences à voir ta pétasse. »

GOURMANDISE.

Plaisir spécial de bouche à sexe.

EXEMPLE. – *M. Camille, chef de rayon au Printemps, qui se faisait faire de temps en temps une gourmandise en passant par la rue Caumartin, ne rentrait jamais chez lui sans un bouquet de fleurs pour sa femme !*

GOUSSE.

Lesbienne.

EXEMPLE. – *« Oui, mon cher, qu'elle me bonnit, c'est cette espèce de gousse comme tu dis, avec un veston d'homme et des moltegommes de coureur cycliste, avec qui je prends mon pied ! Et un peu mieux qu'avec toi et ton pauvre vermicelle anémié ! » Quel langage !*

GRAILLE.

Nourriture.

EXEMPLE. – *C'est le soir de Noël, quand les bourgeois sont à Courchevel et les poulets à la graille, qu'on est le plus peinard pour délourder les coffiots.*

GRAILLER.

Aller à la graille. Manger.

EXEMPLE. – *Après cette mémorable partie de jambonneaux, Pascal aurait bien voulu grailler avant de remettre le couvert !*

GRAINE (casser la).

Manger.

EXEMPLE. – *Bruno le Morfale, qui bouffait des clopinettes depuis trois piges à la Santé, s'était juré qu'en sortant il irait casser la graine au Fouquet's avec une belle gonzesse.*

GRAINS DE RIZ MÉCANIQUES.

Poux.

EXEMPLE. – *J' voudrais pour ma tête une tondeuse électrique. Je sens qu' j'ai l' chou farci de p'tits grains de riz mécaniques.*

GRAISSER LA PATTE.

Soudoyer.

EXEMPLE. – *Il ne faut jamais juger les gens sur la gamine*
Et pour rien au monde graisser la patte à un manchot.

GRAND-MÈRE (la).

Contrebasse à cordes.

EXEMPLE. – *A la descente de l'avion, la grand-mère de Diégo, qui était restée trois plombes sous le moulana de Cotonou, en avait pris un vieux coup dans le chevalet !*

GRAPPIN (mettre le).

Saisir, arrêter, s'approprier, s'aliéner quelque chose ou quelqu'un.

EXEMPLE. – *Quand toute la maison poulardin nous a mis le grappin sur le dos, les bourgeois et les commerçants du quartier gueulaient « A mort ! » sur notre passage... Les braves gens !...*

GRASSE (se la faire).

Vivre richement.

EXEMPLE. – *C'est au Martinez, à Cannes, que Marco avait choisi de se la faire grasse après son banco réussi à Monte-Carlo.*

GRATIN.

La haute société.

EXEMPLE. – *Depuis qu'elle fréquentait le gratin, elle appréciait plus du tout quand on l'appelait Mimi Saute au Paf, comme au bon vieux temps !*

GRATTE (une).

Guitare.

EXEMPLE. – *Vers les années 60, il était pas rare que je me tartine quatre ou cinq boîtes sur la rive gauche avec ma gratte sous le bras et les chocottes de m'entendre dire : « Tu arrêtes ce soir. »*

GRATTER.

Travailler.

EXEMPLE. – *Si les Polynésiens des îles savaient qu'en Europe des mecs défilent banderole en pogne pendant des heures pour pouvoir aller gratter dans une usine, y s'en feraient péter les boyaux de rire !*

GRAVOS(SE).

Gros ou grosse.

EXEMPLE. – *Avec les chauffeurs de gros culs des Halles, c'était souvent Irma la Gravosse qui dérouillait la première. Comme disait sa copine Cuisses de Mouche, ils avaient un faible pour la gélatine !*

GREFFIER.

1) Chat.

EXEMPLE. – *Quand il montait sur un boulot, si Dédé la Scoumoune rencontrait un greffier noir, il était incapable d'aller plus loin tellement il avait les flubes !*

2) Sexe de la femme.

EXEMPLE. – *Le greffier de Claudine, Léo désespérait pas de pouvoir un jour s'en faire des bacchantes !*

GRELOT.

Téléphone.

EXEMPLE. – *« Te fais pas de mouron, si y' a un os, je te file un coup de grelot ! »*

GRELOTS (avoir les).

Avoir peur.

EXEMPLE. – *Cet enfoiré de perroquet, qui nous*

dit : « Haut les mains ! » en enquillant dans la carrée, nous avait filé les grelots.

GRELUCHE.

Femme. Femme dévergondée. Prostituée.

EXEMPLE. – *Dans cette big partouze, les perdreaux de la mondaine avaient tout de suite redressé la greluche du ministre qu'ils avaient fait décarrer par la lourde de service.*

GRIFFE.

Main.

EXEMPLE. – *« Allez, serre-moi la griffe et on n'en parle plus. »*

GRIFFE (aller à).

Aller à pied.

EXEMPLE. – *Quand j'étais bidasse, ça me faisait pas peur d'aller à griffe de la place Pereire, où j'avais une crèche, jusqu'à Dupleix ! De quoi vous dégraisser les moltegommes !*

GRIFFER.

Dérober, prendre, voler.

EXEMPLE. – *Depuis quelques jours, l'épicemar faisait gaffe, et les moujingues en sortant de l'école l'avaient de plus en plus duraille pour lui griffer ses chocolats.*

GRIFFER (se).

Se masturber.

EXEMPLE. – *Dans ce porno lugubre de la rue Saint-Antoine, une dizaine de vieux salingues se griffaient en silence tout en matant* les Petites Chattes en chaleur !

GRILLER.

1) Faire du tort.

EXEMPLE. – *Capucine, avec sa grande gueule,*

s'était grillée dans toutes les taules d'abattage de la rue Saint-Denis.

2) Devancer.

EXEMPLE. – *Le maccab était déjà dans la boîte sur les endosses de quatre concurrents. Les croque-morts qui renfouillaient leur tire-jus s'étaient fait griller au poteau.*

GRILLER UNE (en).

Fumer.

EXEMPLE. – *Cinq minutes avant qu'il aille se faire décoller le cigare, le débarbot dit à Mimile : « Tu veux pas en griller une dernière ? – J'y tiens pas, qu'il lui répond, paraît que ça file le cancer ! »*

GRIMPANT.

Pantalon.

EXEMPLE. – *Ces foireux de la mondaine avaient cloqué deux sachets de blanche dans les vagues de son grimpant. Il s'était laissé fabriquer comme un bleu, le rouquin !*

GRIMPER UNE FEMME.

Posséder une femme.

EXEMPLE. – *A notre époque ça paraît pas vrai, mais Clovis avait jamais pu grimper Audrey avant le marida !*

GRINGUE (faire du).

Tenter de séduire.

EXEMPLE. – *Le locquedu qui faisait du gringue à Constance avait dû briffer des loubiats. Y balançait de temps en temps une perlouse à plus pouvoir rester dans la pièce !*

GRIPETTE.

Sexe de la femme.

EXEMPLE. – *Il insinua sa menteuse dans la gri-*

pette d'Alice qui palpitait comme un porte-monnaie d'Écossais !

GRISBI.

Argent. Déformation de crispy (argent) en anglais.

EXEMPLE. – *Le regretté Albert Simonin a rendu ce mot célèbre avec son roman puis le film* Touchez pas au grisbi !

GRISOL.

Cher, coûteux.

EXEMPLE. – *Avec sa manie d'aller de Dior chez Saint-Laurent en passant par Boucheron, ça revenait grisol au vieux Tatave d'entretenir cette ponette !*

GRIVE (la).

L'armée.

EXEMPLE. – *Dire que de nos jours y'a encore des connards qui se sentent déshonorés s'ils sont pas reconnus aptes à entrer dans la grive !*

GRIVETON ou **GRIFTON.**

Soldat.

EXEMPLE. – *Quand j'étais griveton à la musique militaire de Dupleix, on remontait les Champs en défilant de George-V à l'Étoile avant de ranimer la loupiote en jouant* La Marseillaise. *Ça lui faisait une belle jambe au soldat inconnu...*

GROLLES.

Chaussures.

EXEMPLE. – *Tu parles d'un voyage organisé ! En décambutant de la mosquée, les Arbis nous avaient piqué nos grolles...*

GROLLES (avoir les).

Avoir peur.

EXEMPLE. – *Pour filer les grolles aux mouflets,*

le prof sadique les faisait enquiller dans la cave noire infestée de gaspards.

GROSSIUM.

Personnage riche, puissant.

EXEMPLE. – *C'est jamais les grossiums de la chnouffe qui se font gauler par la brigade des stups lors de leurs fameux « coups de filet du siècle ».*

GROUILLER ou **SE GROUILLER.**

Se dépêcher.

EXEMPLE. – *Derrière son guichet, la postière aboya : « Qu'est-ce que vous voulez ? V'là une formule, écartez-vous. En majuscules, et grouillez-vous ! »*

GROUMER.

Protester, grogner.

EXEMPLE. – *Le vieux Nicolo préférait aller au stade voir le foot, plutôt que de passer son dimanche devant la téloche avec sa bergère qui arrêtait pas de groumer...*

GUETTE-AU-TROU.

La mère guette-au-trou : sage-femme.

EXEMPLE. – *La mère guette-au-trou, qui en avait class d'attendre, avait décidé d'en écraser jusqu'à ce que ce p'tit gluant veuille bien montrer sa frite...*

GUEULE.

Visage.

GUEULE (casser la).

Battre.

EXEMPLE. – *Il ne faut pas perdre de vue qu'on a souvent*
Besoin d'un plus petit que soi pour lui casser la gueule.

GUGUS.

Fantoche, crétin, clown.

EXEMPLE. – *C'est pour conjurer sa peur, Lily,*
Qu'ell' lève aussi un poing rageur,
Lily,
Au milieu de tous ces gugus
Qui fout'nt le feu aux autobus
Interdits aux gens de couleur.

GUIBOLLES.

Jambes.

EXEMPLE. – *J'avais des p'tits sujets un tantinet marioles*
Des qui nourrissent un homme au moins pendant vingt ans
Pour fair' des trucs comm' ça faut pas d' crampes aux guibolles
Dans c' métier l'escalier c'est c' qu'y a d' plus fatigant.

GUIBOLLES EN SAUCISSES DE STRASBOURG (avoir les).

Avoir les jambes molles.

GUICHET (le petit).

Anus.

EXEMPLE. – *Les frangines qui refilent du petit guichet ont jamais de mal à douiller leurs traites de fin de mois !*

GUIGNOL.

1) Gendarme ou C.R.S. en uniforme.

EXEMPLE. – *A coups de matraque sur le trognon, les guignols croyaient faire cracher le morceau à Tutur. Ces barbares pouvaient pas se gourer qu'il était breton !*

2) Pas sérieux. Fantoche.

EXEMPLE. – *Le Marcel a dit : « Retourne à tes deux guignols. Bons baisers et bon vent. »*

GUIMAUVE.

Guitare. Syn. de guitoune, de râpe, de gratte.

GUINCHE.

Bal.

GUINCHER.

Danser.

EXEMPLE. – *Quand il a décarré du séchoir, P'tit Louis avait qu'une idée dans le citron : aller guincher au « Petit jardin », le seul endroit où il était sûr d'emballer !*

GUINDAL.

Verre à boire.

EXEMPLE. – *Pour se rebecqu'ter le moral*
On a séché quelques guindals.

GUITOUNE.

1) Guitare.

EXEMPLE. – *Complètement écroularès sous la flotte, la toiture du Palais des Sports de Clermont-Ferrand avait escagassé en plus des vélos de Jo et de Jacky la basse à cordes, ma guitoune et le biniou de Gilou qui la trouvait plutôt saumâtre !*

2) Chambre.

EXEMPLE. – *Si tu veux te planquer, Sergio peut te prêter une guitoune sûre dans le 18e où personne viendra te briser les claouis !*

GUS.

Individu.

EXEMPLE. – *Au début de sa carrière de P.D.G., le mec des mecs dit : « Je vais mouler un gus pour jouer à la belote coinchée. »*

H

Dessin de Bretécher

H.

Héro (l').

Héroïne. Stupéfiant.

EXEMPLE. – *Affalé dans la baignoire sabot de son H.L.M., le môme avait pas résisté à une overdose d'héro.*

HABILLÉS (les).

Policiers en uniforme.

EXEMPLE. – *D'une pogne autour du colbac et*

un rigolo dans l'autre, les habillés nous avaient cravatés à la décarrade du restau.

HALEINE À FAIRE PALIR UN CURE-DENT (avoir une).

Haleine fétide.

EXEMPLE. – *Le lend'main sournois'ment*
T'as installé ta moman
Qui a une haleine à faire pâlir un cure-dent.

HARENG.

Proxénète.

1er EXEMPLE. – *Le vieux Basile, où dans sa famille on était hareng de père en fils, pouvait pas encaisser qu'une gonzesse lui manque. Et c'est pas la Mado qui se serait avisée de le doubler !*

2e EXEMPLE. – *Nous étions quatre enfants d'un' famill' très unie*
Ma sœur était putain, mon frère était curé
L'autre était brigadier dans la gendarmerie
Et, moi, j'étais hareng boulevard Edgar-Quinet.

HARNAIS.

Vêtements.

EXEMPLE. – *Tous les matins quand il enfilait ses harnais, Anatole glissait un calibre dans son holster sous l'aisselle gauche. Cette petite précaution lui avait souvent été salutaire...*

HARPONNER.

Arrêter au passage.

EXEMPLE. – *En décambutant du Kinopanorama de Grenelle, on s'était fait harponner par la bande à François qui fêtait le marida de Paulo !*

HAUTE (la).

La haute société.

EXEMPLE. – *Depuis qu'elle était de la haute, Martha la Cascadeuse n'employait plus que des nurses anglaises et des Kleenex pour se torcher le pétrus !*

HERBE (l').

La marijuana ou la marie-jeanne ou la marie.

EXEMPLE. – *Les pisseuses du lycée, pour pas passer pour des connes auprès des jeunots boutonneux, tiraient sur des joints d'herbe en espérant découvrir le nirvâna dans les boums du samedi soir.*

HIVIO (l').

L'hiver.

EXEMPLE. – *L'ennemi number one pour les clodos, c'était l'hivio, because qu'on avait oublié de chauffer sous les ponts de Pantruche.*

HOSTO (l').

L'hôpital.

EXEMPLE. – *Quand il était à l'hosto, pas gêné pour deux ronds, Célestin, pour casser la graine, se faisait amener tous les jours des galtouses de chez Maxim's qu'il partageait gentiment avec ses voisins de plumard.*

HOTU.

Personnage médiocre, méprisable.

EXEMPLE. – *« Je te le redis, Mémène, tant que tu resteras maquée avec ce hotu qui écosse ton carbure aux courtines, t'es pas prête de dételer ! »*

HURE.

Visage, tête.

EXEMPLE. – *Arsène, qui avait la hure grêlée et le fer à souder de traviole, avait toujours eu du flambeau avec les gonzesses.*

I

Indic — *Dessin de Sabatier*

IMPAIR.

Incorrection.

EXEMPLE. – *Sandie, qui avait fait un impair à Hector la Tisane, avait préféré se tailler faire du pyjama chez sa dabe dans la Sarthe plutôt que d'affronter la fricassée de phalanges que lui réservait son homme !*

INCENDIER.

Insulter, injurier, reprocher.

EXEMPLE. – *La mouflette, qui avait renquillé de l'école avec des gaux plein la théière, s'était fait incendier par sa vieille qui en deux coups les gros lui avait filé la boule à zéro.*

INDIC.

Indicateur de police.

EXEMPLE. – *On avait trouvé vingt-cinq centimètres de rapière dans le burlingue de l'indic qui nageait dans le raisiné.*

INDIEN.

Malfrat.

EXEMPLE. – *Bibi de Saint-Ouen, qui s'enfouraillait jamais, mettait pas plus d'une demi-plombe pour délourder les coffiots les plus glandilleux. Les trois tabourets qu'il avait paumés en se chicornant avec les condés, c'est la Sécurité sociale qui les lui avait remboursés. Un sacré indien que ce mec-là !*

INSTALLER (en).

Faire preuve de vanité.

EXEMPLE. – *Depuis que son homme était monté en grade, la rombière de l'inspecteur en installait en organisant des « dîners » pour lesquels la malheureuse paie de son cocu n'allait bientôt plus suffire !*

INTERROGER (le pantalon).

Bander.

EXEMPLE. – *Au bout d'une minute de slow sur la piste, Sonia gambergea qu'elle venait de ferrer le mecton, quand césarin s'était mis à interroger son pantalon...*

Jeton (prendre un) *Dessin de Loup*

JABOT.

Estomac.

Exemple. – *En biglant la tronche de son bonhomme éclatée comme une tomate, sa polka a gerbé tout ce qu'elle avait dans le jabot !*

JACQUES.

1) Membre viril postiche. Syn. de gode.

Exemple. – *Une gougnotte sans son jacques, c'est comme un tambour sans baguettes, Rivoire sans Carré, Roux sans Combaluzier. Enfin quoi, c'est bien triste !*

2) Pince-monseigneur.

EXEMPLE. – *Avant de partir, Ginette lui avait dit : « N'oublie pas ton jacques dans l'appartement comme la dernière fois, tu es tellement distrait ! »*

JACQUOT.

Syn. de jacques : pince-monseigneur.

JACTANCE.

Conversation, parlote.

JACTER.

Parler, bavarder.

1er EXEMPLE. – *C'est quand y z'ont commencé à lui écraser les roubignolles que ce pauvre César s'est mis à jacter !*

2e EXEMPLE. – *Je lui file une toise*
Quand elle jacte de traviole.

JAFFE.

Nourriture.

EXEMPLE. – *Pour ce qui est de la jaffe, adressez-vous à mon pote Alain Chappel, c'est lui qui mitonne la meilleure tortore de France !*

JAJA.

Vin rouge.

EXEMPLE. – *Forcé qu'il était d'esgourder la jactance de ses fidèles trois plombes d'affilée tous les samedis, le radis noir avait planqué un kil de jaja dans son confessionnal, histoire de s'humecter la meule entre deux clilles !*

JALMINCE.

Jaloux, jalouse.

EXEMPLE. – *Jeanine, qui était jalmince comme un trou de serrure, filochait son barbillon après le turbin, persuadée qu'elle était qu'il avait un doublard ! Et ça, elle admettrait jamais !*

JAMBONNEAUX.

Fesses. Une partie de jambonneaux.

EXEMPLE. – *Le commissaire et sa mousmée détestaient pas de temps en temps une partie de jambonneaux au club des partouzards de la rue des Sablons ! Y'avait du beau linge, et puis on y faisait des connaissances !*

JANTE (rouler sur la).

Épuisement à la suite d'un exploit amoureux.

EXEMPLE. – *À son âge, un coup de fusil à trois coups suffisait à Freddy pour rouler sur la jante.*

JAQUETTE (la).

L'homosexualité.

1er EXEMPLE. – *Vu qu'il en avait pas du tout les magnes, personne se serait gouré que le Nanard filait de la jaquette à tout va !*

2e EXEMPLE. – *J'y réponds : « Écrase, mon pote,*
Je suis pas de la jaquette qui flotte... »

JASPINER.

Parler.

EXEMPLE. – *Tony, qui jaspinait le us rital, avait directement pris les ordres de New York pour refroidir le curieux marseillais qui commençait à remuer beaucoup trop d'air.*

JAUNET.

Individu de race jaune.

EXEMPLE. – *Les jaunets ne savent pas faire que la tortore, ce sont aussi de redoutables hommes et femmes d'affaires. D'avoir du chou ne les empêche pas d'être flambeurs et, après s'être sucrés sur une affure, de tout paumer au mah-jong et de se retrouver dans la pestouille.*

JAVA.

1) Correction.

2) Fête. Sortie joyeuse. Faire la java.

EXEMPLE. – *Le président, qui faisait la java le samedi soir dans les boîtes à pédales, obligeait sa mousmée à communier le lendemain matin à Saint-Honoré-d'Eylau, sans doute pour rétablir l'équilibre !*

JERRYCAN.

Émir arabe.

EXEMPLE. – *Avec le marché actuel, La Panthère a vite pigé que si elle voulait retrousser de l'osier, valait mieux turbiner avec les Jerrycans...*

JETER (se faire).

Se faire éconduire brutalement.

EXEMPLE. – *Berthy la Poivrade, qui partait en brioche, se faisait jeter de tous les rades de Pigalle tellement il était tartouze.*

JETER UN (s'en).

Boire un verre.

EXEMPLE. – *Combien de fois cette phrase a été répétée pendant la guerre : « En attendant, on va toujours s'en jeter un que les Boches auront pas ! »*

JETON (recevoir un) (filer un).

Recevoir ou donner un coup.

EXEMPLE. – *Du haut de ses deux cents livres de saindoux, Paulo avait beau schpile de filer un jeton à ce gazier qui était sécot comme un réquisitoire !*

JETON (prendre un).

Mater. Être témoin oculaire ou non d'une scène érotique ou d'une situation égrillarde.

EXEMPLE. – *À soixante-dix carats, le vieux Ton-*

ton, qui trombonaït plus lerche, prenait quand même son jeton par un trou du mur de son jardin où sa petite voisine, à loilpé, se faisait innocemment bronzer le cadran solaire !

JEUNOT.

Jeune.

EXEMPLE. – *Les jeunots d'aujourd'hui ont bien plus de chou que les vieux cons n'en avaient à leur âge.*

JIN-JIN.

Vin rouge. Syn. de : jaja.

JOBARD.

Fou.

EXEMPLE. – *Bartholomé, complètement jobard, avait séché net le commissaire devant les deux poulets qui les avaient à zéro.*

JOICE.

Joyeux.

EXEMPLE. – *Les moujingues s'étaient retrouvés dans le terrain vague pour le fade, tout joices d'avoir dégringolé le larfeuille de l'instit' !*

JOIE (fille de).

Prostituée. Paradoxe de la langue française !

EXEMPLE. – *La fille de joie est triste*
Au coin d' la rue là-bas.
(Chanson chantée par Édith Piaf.)

JOINT.

Drogue. Cigarette de hasch.

EXEMPLE. – *À moitié envapé, Roberto tétait son joint tout en se faisant polir le chalumeau par Louisa qui préférait un autre genre de fumée !*

JOJO (c'est pas).

C'est triste, moche, compromis.

EXEMPLE. – *Une bastos dans le gras du bide, cette putain de chignole qui voulait pas démurger et la sirène des poulagas dans le lointain, la situasse était pas jojo pour Coco la Guêpe !*

JONC.

Or (métal).

EXEMPLE. – *Riton l'Agité avait pas hésité à refroidir le vioque pour lui secouer sa tocante en jonc.*

JONCAILLE.

Tout objet en or.

EXEMPLE. – *Les quinquets du fourgue avaient fait tilt en matant la joncaille.*

JONGLER.

Ne pas toucher son dû. Être lésé, frustré.

EXEMPLE. – *Pour ce qui est de prendre son panard, Margot pouvait jongler comme d'habitude ! Faut dire que le Bébert était pas un tringleur de haute voltige.*

JOUER AU CON.

Faire quelque chose de hasardeux, de risqué, de pas régulier.

EXEMPLE. – *À force de jouer au con avec ces englandés, Mario à présent refilait du rond à tout va !*

JOUFFLU (le).

Le fessier.

EXEMPLE. – *Avec ses calots verts, ses petits nibards en marbre et un joufflu pareil, la môme Arlette connaîtrait jamais le S.M.I.C. !*

JOURNANCHE.

Journée.

EXEMPLE. – *À la fin de la journanche, les lavedus, qui rentrent à la maison écroularès après huit plombes d'usine, ont pas tellement envie d'emmener le « petit au cirque » !*

JOYEUSES.

Testicules.

EXEMPLE. – *D'une « va t' laver » en pleine poire et d'un coup de tatane dans les joyeuses, la môme avait plié le gus qui voulait lui cloquer sa chopotte dans la pogne !*

JULES.

Souteneur, mais n'importe quelle nana aujourd'hui dit couramment : « Je vais retrouver mon Jules ! » sans qu'il soit pour cela son maquereau.

EXEMPLE. – *Quand le soleil redescend*
J'en ai déjà fait plus de cent
À cette heure-là l'envie me brûle
D'aller enfin r'trouver mon Jules.

JULIE.

Femme, compagne, fiancée, épouse.

Faire sa Julie : se montrer pudibonde, réservée, maniérée.

EXEMPLE. – *Pas la peine de faire ta Julie, toute le monde sait que tu te fais aiguiller par Albert !*

JUPÉ (être).

Ivre.

EXEMPLE. – *En décarrant de « La biche aux abois » le garde-chasse était tellement jupé qu'il pouvait plus enfourcher sa bécane !*

JUS.

1) Courant électrique.
2) Eau. Se foutre au jus : se baigner.
3) (Ça vaut le) : Ça vaut le coup, la peine.
4) (Jeter du) : Faire impression, éblouir, faire de l'effet.

5) (Être dans son) : Jargon des brocanteurs et antiquaires ; c'est-à-dire respirer l'authenticité.

6) Café (boisson).

EXEMPLE. — *C'était curieux de voir comment la concepige était d'humeur enjouée le soir avec ses locataires, alors qu'elle les envoyait aux pelotes le matin tant qu'elle avait pas éclusé ses trois tasses de jus.*

Dessin de Siné

KAÏ-KAÏ (le).

La nourriture.

EXEMPLE. – *Quand on était à la grive, on allait briffer au restau entre potes, vue que le kaï-kaï de la caserne était la plupart du temps à gerber.*

KARAMAZOF (les frères).

Les seins.

EXEMPLE. – *Quand il a biché le pétoulet et les frères Karamazof de la frangine, Étienne lui a filé les caroubles de son Opel et un rembour le soir même au Lord-Gourmand chez l'ami Nicolas.*

KÉBOUR.

Képi.

EXEMPLE. – *Accroupie à loilpé sur la carante, Adrienne pissait dans le kébour du pitaine qui se fendait la tirelire...*

KIF.

Pareil.

EXEMPLE. – *Pour Victor qu'on avait trouvé dans une corbeille à l'âge de trois jours sur le parvis de Notre-Dame-de-Lorette, un père ou une mère, c'était du kif, ça existait pas !*

KIL.

Litre de vin.

EXEMPLE. – *Un kil de rouge et un calendo, Adrien en faisait ses dimanches depuis qu'il était à la cloche.*

KILBUS.

Syn. de kil.

EXEMPLE. – *Le gardien qui avait cassé la tête à son troisième kilbus en écrasait mollement sous un Picasso de l'époque bleue.*

Dessin de Lacroix

LABEL DE GARANTIE.

Partie intime d'un individu.

EXEMPLE. – *Je déballe tous mes outils*
Mon label de garantie
On échange nos groupes sanguins
Et c'est le seul cas où j' reviens l' lendemain.

LABIALES.

Lèvres.

EXEMPLE. – *À peine dix broquilles après avoir envoyé Hugo aux pelotes, la gosse bridait ses calots en ouvrant des labiales humides comme une foufounette de communiante qui mate son premier film porno ! Comme dit l'autre, femme varie !*

LÂCHER (les).

Consentir à donner ses sous. Payer.

EXEMPLE. – *Émilien, qui carambolait la vioque pour mieux lui engourdir son carbure, commençait à se faire du mouron. Hormis la graille et les harnais, Mémère voulait pas les lâcher !*

LÂCHER UN FIL.

Uriner.

EXEMPLE. – *Le temps que Baptiston entifle aux gogues pour lâcher un fil, les Armenouches s'étaient radinés dans le boxon en balançant la sauce qui avait mis trois arcans au tapis.*

LACSÉ.

1) Sac à main.

EXEMPLE. – *À la sortie des allocations familiales, Bébert à cheval sur sa Honda se pointait à tout berzingue en arrachant le lacsé aux mères de famille qui gueulaient au charron.*

2) Sac. Un sac, c'est-à-dire un billet de 10 francs.

EXEMPLE. – *À l'église d'Auteuil, le bourgeois qui lâchait pas au moins dix lacsés dans la sébille du radis noir était sûr de plus être très bien vu par le Bon Dieu.*

LADE.

Ici.

LAGA.

Là.

EXEMPLE. – *Pose-le laga, on fera le partage demain avec tous les potes.*

LAISSEZ-PASSER.

Billet de 500 francs.

EXEMPLE. – *Le poulardin, qui faisait mine d'emballer le pilon pour « vagabondage », avait rengracié quand le vieux lui avait sorti de sa profonde un laissez-passer tout neuf.*

LAITUE.

Jeune prostituée.

EXEMPLE. – *L'indic avait rencardé l'inspecteur qu'il allait bientôt partir de Marseille un cageot de laitues pour Abidjan.*

LAMDÉ.

Dame. Usité surtout chez les bouchers.

EXEMPLE. – *Hubert et sa lamdé avaient offert une tournée de mousseux et la médaille du travail aux trois bibards qui, la larme à l'œil, se voyaicnt récompensés pour quarante-cinq ans de loyaux services !*

LAME.

Couteau.

EXEMPLE. – *Dans la pogne du gitan, sa lame était plus redoutable qu'un calibre !*

LAMPER.

Boire.

EXEMPLE. – *Le dimanche quand elle rallégeait de la messe, mémé-confesse lampait tranquillement sa rouille de porto dans l'après-midi en esgourdant France Musique.*

LAMPION.

Œil.

EXEMPLE. – *En rappliquant à la casbah avec un lampion tout bleu qu'il avait récolté au rugby, le mouflet dégusta de son dabe une mandale en pleine poire pour lui apprendre que les coquards, y pouvait en faire aux autres, mais pas les ramener à la maison !*

LANCE.

Pluie. Eau.

EXEMPLE. – *Germain cloquait jamais de lance dans son Ricard. Un croissant à la rigueur !*

LANCEQUINE.

Syn. de lance.

LANCEQUINER.

Pleuvoir. Uriner.

EXEMPLE. – *Histoire d'emmiéler la bignole qui lui disait toujours : « Essuie tes pieds avant de monter », le moujingue lancequinait régulièrement dans ses pots de géranium qui avaient une drôle de dégaine !*

LAPE (bon à).

Bon à rien.

EXEMPLE. – *À force de dire à son lardon qu'il était bon à lape, le vieux s'était retrouvé crouni avec un bol de chocolat de mort-aux-rats dans le buffet !*

LARBIN.

Domestique. Garçon de café.

EXEMPLE. – *Tous les soirs, le larbin était blindé à force de dégringoler en loucedé tous les fonds de boutanche des clilles de la cantoche.*

LARDEUSSE.

Manteau, pardessus.

EXEMPLE. – *À défaut d'avoir pu lui secouer son collier de diams au restau, l'arcan lui avait chouravé son lardeusse pendant qu'elle était aux gogues !*

LARDOIRE.

Couteau.

EXEMPLE. – *Avec le manche de sa brosse à dents bien aiguisé, Mathieu avait filé un coup de lardoire dans le bide du tatoué qui voulait le passer à la casserole !*

LARDON.

Enfant.

EXEMPLE. – *Les jeunettes d'aujourd'hui avaient tout de même un sacré vase ! La grande Frida, elle, avait récolté trois lardons avant de connaître la pilule !*

LARDU.

1) Commissariat.

EXEMPLE. – *Nénesse et René, qui avaient pris une biture carabinée, s'étaient réveillés au lardu sans très bien comprendre ce qui leur était arrivé.*

2) Commissaire ou, au pluriel, policiers.

EXEMPLE. – *Les lardus étaient tombés sur la bande comme la vérole sur le bas-clergé !*

LARFEUILLE.

Portefeuille.

EXEMPLE. – *Tu parles d'un taf ! Le larfeuille du lavedu ne contenait que sa carte orange et les photos de ses moujingues. Quel métier !*

LARGUER.

1) Lâcher.

2) Quitter.

EXEMPLE. – *Oui, mes amis, j'ai largué tout*
Pour l'archipel des Tuamotu.

3) Renvoyer.

EXEMPLE. – *Quand le taulier a appris que le gus avait sa carte au parti, cézigue s'est fait larguer vite fait !*

4) Jeter.

EXEMPLE. – *On a largué nos caleçons*
Nos fanfreluches en nylon.

LARGUER LES AMARRES.

S'en aller.

EXEMPLE. – *En ligotant la lazagne de Mal aux Pieds qui lui annonçait qu'il allait larguer les amarres sans sa pomme, Antonella s'était crachée par la fenêtre du troisième étage !*

LARMICHETTE.

Petite larme. Faible quantité.

EXEMPLE. – *Après tous les gnons sur la frite qu'il avait encaissés à la manif, Loulou avait éclusé une larmichette de cognac pour se rebecqueter un chouia !*

LATTE.

Chaussure.

EXEMPLE. – *À coups de latte dans les noix, le père Jules s'était fait virer de la cérémonie où il avait entonné* L'Internationale *pendant que les autres braillaient* La Marseillaise !

LAUBÉ.

Beau, attirant.

EXEMPLE. – *Au bout de la quarante-cinquième journanche, Fonfonse était pas laubé en sortant du mitard !*

LAUCHEM.

Chaud (jargon des bouchers).

EXEMPLE. – *Pas certain du tout d'avoir neutralisé tous les systèmes de sécurité, Jo était pas lauchem pour débrider la lourde du coffiot !*

LAVEDU.

Syn. de cave. Imbécile. Raoul. Mimile.

EXEMPLE. — *Le lavedu avait gardé que ses fumeuses où Léa se gourait qu'il avait planqué un rouleau de talbins !*

LAVETTE.

Individu lâche et sans dignité.

EXEMPLE. — *« Pour avoiner les frangines, t'as toujours eu beau schpile, espèce de lavette ! »*

LAZAGNE.

Lettre.

EXEMPLE. — *Lilette chialait comme un veau quand elle ligotait les lazagnes de son homme qui écrivait comme dans les feuilletons !*

LAZINGUE.

Syn. de larfeuille. Portefeuille.

EXEMPLE. — *Nénesse piquait toujours un peu de mornifle sur les commissions because son vieux qui avait des oursins dans le lazingue.*

LÈCHE (la).

Flatterie, flagornerie.

LÈCHE-CUL.

Flatteur, obséquieux, flagorneur.

EXEMPLE. — *S'il avait pas été aussi efficace dans son turbin, le boss aurait volontiers lourdé son directeur des ventes qui était un lèche-cul pas possible.*

LECTURE (être en).

Pour une prostituée, être occupée avec un client.

EXEMPLE. — *La sous-maque voyant entifler le miché lui dit avant même qu'il ait ouvert son clapoir : « Mademoiselle Sophia est en lecture, monsieur armand, veuillez patienter quelques minutes ! »*

LERCHE (pas).

Y'en a pas lerche : pas beaucoup.

EXEMPLE. – *Sur trois semaines de vacances en Normandie, on avait pas eu lerche de bourguignon !*

LERCHEM.

Syn. de lerche en jargon de boucher.

LESSIVER.

1) Ruiner, dépouiller quelqu'un.

EXEMPLE. – *En trois coups de bobs, le cave s'était fait lessiver !*

2) Tuer, supprimer.

EXEMPLE. – *C'est en décambutant de chez les lardus que Michou la Donneuse s'était fait lessiver par un arcan en moto qui lui avait balancé la purée à bout portant.*

LEVER.

Séduire.

EXEMPLE. – *Milo le Délicat ne levait que des rombières qui avaient leur blaze dans le* Who's who *!*

LICHÉE.

Gorgée à boire.

EXEMPLE. – *Voyant son pote en train d'écluser le whisky au goulot, Igor lui dit : « Eh ! fiston, file-m'en une petite lichée. »*

LIGOTER.

Lire.

EXEMPLE. – *Manu le Teigneux, le lendemain d'un casse, ligotait tous les baveux pour voir si on parlait de sa pomme.*

LIMACE.

Chemise.

EXEMPLE. – *Joël le Routier pouvait pas encaisser une étrangleuse autour de sa limace.*

LIMANDE.

Prostituée.

EXEMPLE. – *Quand ses vieux se sont viandés dans un accident de bagnole, la môme Lisette avait rien trouvé de mieux que d'aller faire la limande avec les gagneuses de la Madeleine.*

LIMÉ.

Vin additionné de limonade.

EXEMPLE. – *« Garçon, un p'tit blanc limé avant d'attaquer le pastaga ! »*

LIMER.

Aimable va-et-vient de l'amour physique.

EXEMPLE. – *Marie, qui était dingue de son Julot, avait pas à limer bien longtemps avant de s'envoyer au plaftard !*

LIMONADE (être dans la).

1) Dans la misère.
2) Tenir un café.

EXEMPLE. – *Quand Rita avait dételé du bitume et Léon laissé quimper les canassons, avec le peu d'artiche qui leur restait, ils s'étaient sagement reconvertis dans la limonade.*

LIMOUSE.

Syn. de limace. Se dit aussi limouille.

LINGÉ.

Bien habillé.

EXEMPLE. – *Depuis que je roulais sur l'or*
J'étais lingé comme un milord.

LINGUE.

Couteau.

LIQUETTE.

Chemise.

EXEMPLE. – *J'avais mon étrangleuse à pois*
Sur ma liquette en soie.

LISBROQUER.

Uriner.

EXEMPLE. – *Honoré l'Ancien qui perdait complètement ses légumes, lisbroquait dans son futal sans même s'en apercevoir.*

LITRON.

Litre de vin.

EXEMPLE. – *Nico, qui faisait des paris à la con, avait failli caner en s'envoyant une douzaine d'œufs durs et deux litrons de beaujolpince en moins d'un quart de plombe !*

LOILPÉ (à).

À poil. Nu.

EXEMPLE. – *Rien qu'à voir les gobilles des lavedus qui la biglaient, on pouvait pas nier que la môme Leïla était un sacré p'tit lot. À loilpé, elle aurait filé des cauchemars à Miss Univers !*

LOLOCHES.

Seins.

EXEMPLE. – *Rien que pour téter la pointe rose des loloches de Perdita, le blaireau casquait cent bardas tous les mardis. Comme elle connaissait pas le blaze de ce gourmand, elle l'appelait « l'affûteur ».*

LONG COMME UN JOUR SANS PINE (c'est).

Expression usitée chez les prostituées.

EXEMPLE.– *« Punaise ! dit Rosette à Betty en*

arpentant le bitume, le discours du cureton à l'enterrement du député, c'était long comme un jour sans pine. »

LONGE.

Année.

EXEMPLE. – *Après trente longes de séchoir, Lionel, qui avait purgé une perpète, voulait plus retourner dans la vie civile ayant paumé tous ses potes en chemin.*

LOPAILLE.

Lope, lopette, pédéraste soumis.

EXEMPLE. – *Le gros Maurice, qui menait à la châtaigne tout un réseau de lopettes à Saint-Germain, avait déjà son yacht à Saint-Trop en plus de son duplex avenue Paul-Doumer et dix mille hectares de pâturages en Uruguay... Ça douille, la jacquette !*

LOQUEDU.

Sournois, dangereux, dérangé, minable, moche.

EXEMPLE. – *En matant le mironton se pointer vers nozigues avec le falzar troué et la gapette de traviole, Léo avait dit : « Qu'est-ce que c'est que ce loquedu ? » Personne avait reconnobré Tatave qui venait de tirer ses cinq piges de placard.*

LOQUER.

Habiller.

EXEMPLE. – *Loquée à ras l' bonbon, elle arquait les compas.*

LOT.

Femme désirable. Un beau p'tit lot.

EXEMPLE. – *Flavien avait le chic quand il allait au guinche pour dégauchir de beaux p'tit lots !*

LOUBARD.

Jeune voyou d'aujourd'hui.

EXEMPLE. — *Les loubards avaient pas insisté en voyant le clébard du pompiste leur morganer les moltegommes.*

LOUBÉ.

Morceau, bout (langage des bouchers).

EXEMPLE. — *« File-m'en un petit loubé, je te revaudrai ça quand j'aurai tué notre cochon. »*

LOUBIAT.

Haricot.

EXEMPLE. — *La mémée, qui balanstiquait des perlouses sonores sans la moindre gêne, avait sûrement un peu forcé sur les loubiats.*

LOUCEDÉ (en).

En douce (langage des bouchers).

LOUCHE.

Main.

EXEMPLE. — *Après avoir agrafé la Légion d'honneur sur le revers de l'alpague, le général serra l'unique louche de l'ancien combattant cul-de-jatte, c'est le seul membre intact qu'il avait ramené du casse-pipe !*

LOUCHE À L'ÉCONOMAT (balancer la).

Mettre la main aux fesses.

EXEMPLE. — *Victor le Tendeur pouvait pas croiser une Julie bien bousculée sans lui balancer la louche à l'économat !*

LOUCHÉBÈME.

Boucher.

EXEMPLE. — *Ils sont pas encore nés les louchébèmes qui auront de la barbaque aussi laubée que celle de mon pote Jean Bissonet et ses deux lardons, Michou et Bernard, les as du quasi de veau et des côtes premières...*

LOUF.

Fou, en louchébème.

EXEMPLE. – *Fernand les Bouclettes, qui fréquentait depuis quelque temps une espèce de secte des adorateurs du trou du cul, était devenu complètement louf. Y jactait plus que de ça !*

LOUFER.

Péter.

EXEMPLE. – *Personne osait virer le clébard du président qui venait de loufer à trois reprises sous la carante, pendant la partie de belote.*

LOUFIAT.

Garçon de café ou de restaurant.

EXEMPLE. – *Pour le moment, le seul maillon du commissaire, c'était le loufiat qui fourguait la came.*

LOULOU(TTE)

1) Jeune de banlieue, plutôt marginal et provocateur.

EXEMPLE. – *La bande des loulous d'Aubervilliers qui cherchaient du suif à l'épicemar du quartier a vu ralléger les poulets en car, matraque en pogne, qui leur ont fait déguster une tourlousine aux petits oignons !*

2) Minet.

EXEMPLE. – *Y'a des gonzess's*
Qui ont pas d' loulou.

LOUPIOTTE.

1) Petite fille. Féminin de loupiot, plus connu.

EXEMPLE. – *Les calots cernés et tout en nage d'avoir pissé sa côtelette, Léopoldine demanda à l'infirmière : « Qu'est-ce que c'est ? Un loupiot ou une loupiotte ? »*

2) Lampe, ampoule électrique.

EXEMPLE. – *Quand j'étais mouflet et que la sirène d'alerte de l'usine annonçait l'arrivée des zincs rosbifs, y'avait intérêt à éteindre les loupiottes si on voulait pas déguster comme tant d'autres un souvenir des Alliés !*

LOURDE.

Porte.

EXEMPLE. – *Quand Pierrot avait sa plume, montre en main, y mettait pas dix broquilles pour débrider une lourde !*

LOURDER.

Mettre à la porte.

EXEMPLE. – *À la suite d'un tas de magouilles immobilières dénoncées par* Le Canard enchaîné, *le parlementaire s'était fait lourder du ministère pour être muté en Nouvelle-Calédonie où il espérait bien remettre ça !*

LOURDINGUE.

1) Lourd.

EXEMPLE. – *Entre la titine, les valdas et le jonc qui la remplissaient, P'tit René avait dû planquer sa valoche qui était trop lourdingue à trimbaler en cavale.*

2) Individu stupide, borné, lourdaud.

EXEMPLE. – *Gaston le Grêlé, qui était plutôt lourdingue, continuait de brandir son flingue en gueulant : « Les mains en l'air ! » Le petit futé avait pas encore pigé qu'une douzaine de poulets sur les toitures d'en face étaient, eux, prêts à nous mettre en l'air comme des pipes de foire.*

LSD.

Drogue. Moins onéreux que l'héroïne mais qui fait de spectaculaires ravages.

EXEMPLE. – *Les jeunots, qui carburaient au whisky et au LSD, avaient pas bougé de la carrée depuis trois jours quand la brigade des stups les a embarqués de rif à l'hosto.*

LUNE (se faire taper dans la).

Se faire sodomiser.

EXEMPLE. – *L'ami Roland, qui en avait jamais fait un mystère, expliquait qu'avant de se faire taper dans la lune, il se ramonait le troufignard d'un petit bout de savon, car « de sa vie, il avait jamais sali un homme »...*

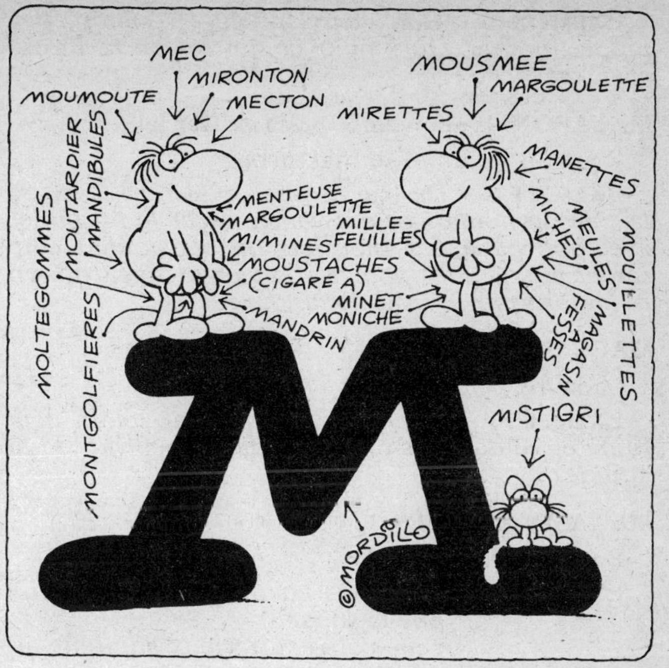

Dessin de Mordillo

MABOUL.

Fou, dérangé.

EXEMPLE. – *Le mec, complètement maboul, pionçait avec son vélo dans le pageot.*

MAC.

EXEMPLE. – *Léa, Rirette et Magali, qui étaient follingues de leur mac, s'étaient cotisées pour lui offrir un moulinet de pêche super-sophistiqué.*

MACACHE.

Non. Rien. Jamais.

EXEMPLE. – *Son vieux lui dit : « Fiston, t'as loupé ton bac, alors pour ce qui est de ta Kawasaki, macache ! »*

MACARONI (s'allonger le ou **se griffer le).**

Pour un homme, se masturber.

EXEMPLE. – *Dès qu'ils apercevaient à la récré la fille du boulanger qui venait livrer le brignolet avec son papa, les mouflets du pensionnat couraient aux gogues pour s'allonger le macaroni en la matant par le trou de la lourde...*

MACCAB.

Cadavre.

EXEMPLE. – *L'enfoiré de maccab était déjà raide et voulait pas enquiller dans le coffiot de la guinde.*

MAGASIN À FESSES.

Postérieur.

EXEMPLE. – *D' temps en temps, y'a un vieux pue-la-sueur*
Qui s'offre un vieux jambon au vieux beurre
Et puis un' nana, un' jolie drôless'
Qui lui vant' son magasin à fess's.

MAGAZE.

Magasin.

EXEMPLE. – *Comme couvrante, Mathurin le Hareng avait attriqué un petit magaze de farces et attrapes qu'il faisait tenir par sa daronne.*

MAGNER (se).

Se dépêcher.

EXEMPLE. – *Le lundi, à la cantoche de l'usine, y'a intérêt à se magner si on veut becqueter un boudin-frites au lieu du jambon-fayots.*

MAGNES (faire des).

Faire des manières.

EXEMPLE. – *Le mec lui balança deux mandales en pleine tronche en lui disant : « Enlève ta petite culotte et arrête de faire des magnes ! »*

MAGOUILLES.

Intrigues. Combines douteuses.

EXEMPLE. – *Je voulais plus me mouiller dans les magouilles de Bibi la Purée qui se terminaient chaque fois en eau de boudin.*

MAHOMET (le).

Le soleil.

EXEMPLE. – *Paumé dans le désert avec sa Kawa en rideau et le Mahomet qui lui riffaudait la calebasse, Fend la Bise gambergeait que hormis dans les moules marinières que lui préparait sa maman, il n'avait jamais vu autant de sable que dans le Paris-Dakar !*

MAILLOCHE (ça y va à la).

Ça barde.

EXEMPLE. – *Les Écossais contre le XV de France étaient déchaînés. Chaque mêlée ressemblait à Dien-Bien-Phu ! Ça y allait à la mailloche !...*

MAIN (passer la).

Se montrer conciliant.

EXEMPLE. – *Comme c'était le seul retard qu'il ait eu dans l'année, le boss avait décidé de passer la main.*

MAIN AU PANIER (mettre la).

Mettre la main aux fesses.

EXEMPLE. – *Depuis que le sous-chef s'était décidé à lui balancer enfin la main au panier,*

Marcelline trouvait plus correct de ne plus mettre de collants !

MAISON.

1) La maison tire-bouton : se dit pour désigner une lesbienne.

EXEMPLE. – *En biglant les coups de sabords de chatte que lui cloquait la zessegon, Linda avait reniflé tout de suite la maison tire-bouton.*

2) La maison poulaga : la police.

EXEMPLE. – *Tels des gaspards qui fuient l'incendie, la maison poulaga démurgeait du lardu après le coup de grelot qui leur avait annoncé une bombe dans le placard ! On était plus en sécurité nulle part !...*

MALDONNE.

Malentendu. Arrivée des ennuis.

EXEMPLE. – *Quand on a biglé les six motards, titine en pogne, autour du fourgon blindé, on a vite pigé qu'y avait maldonne et on a mis les adjas !*

MALFRAT.

Truand.

EXEMPLE. – *De nos jours les malfrats étudient les mécanismes électroniques de sécurité, se tiennent au parfum des cours de la bourse et envoient leurs lardons étudier à San Francisco. On arrête pas le progrès...*

MALLE (faire la).

Partir.

1er EXEMPLE. – *Louisette, qui en avait quine du marida et des fins de mois difficiles, avait fait la malle pour s'entifler avec Freddo la Galoche qui l'avait mise au turbin aussi sec !*

2e EXEMPLE. – *Je cours vit' chez ses patrons*

Et dès qu'y z'ont fait la malle
Elle lâch' la vaisselle sale.

MALLOUZER.

Syn. de faire la malle.

EXEMPLE. – *Pendant que ses vieux faisaient le marca, Monique, qui avait à peine quinze piges, les avait mallouzés pour aller crécher chez une copine qui en écossait rue Montorgueil.*

MANCHE (faire la).

Mendier.

EXEMPLE. – *Certains de mes potes faisaient la manche les soirs d'été place du Tertre en chantant des chansons dont les tauliers des cabarets n'avaient pas voulu.*

MANCHE À COUILLES.

Crétin, maladroit, incapable.

EXEMPLE. – *Ça fait trois fois que tu laisses filer le type ! Comme manche à couilles on fait pas mieux !*

MANDALE.

Gifle.

EXEMPLE. – *La mandale que Léontine avait morflée en plein tarbouif lui avait fait venir des larmes plein les quinquets.*

MANDIBULES.

Mâchoires.

EXEMPLE. – *Riton serrait les mandibules pour pas bonnir à ce pèlegreux ce qu'il pensait de lui.*

MANDIBULES (jouer la polka des).

Manger.

EXEMPLE. – *À leur sortie de l'hosto, Anton et l'Australien s'étaient pointés chez l'ami Claude à la Ferme Saintongeaise où ils avaient joué la polka des mandibules dont ils rêvaient depuis longtemps !*

MANDOLINE.

Matraque.

EXEMPLE. – *D'un coup de mandoline sur la coloquinte, le vigile avait occis le pipelet qu'il avait pris pour un voleur !*

MANDOLINE (se jouer un air de).

Pour une femme, se masturber.

EXEMPLE. – *La communiante, qui s'était joué un air de mandoline avant d'aller à la messe, avait les naseaux pincés et des valoches sous les calots !*

MANDRIN.

Sexe de l'homme.

EXEMPLE. – *Il l'aurait enfin trouvé son « levier », le père Galilée, s'il avait connu le mandrin de Léopold !...*

MANETTES.

Oreilles.

EXEMPLE. – *C'est plutôt chiant de jacter avec Jérémie. Tous les trois mots il vous fait répéter en disant : « Hein ? Hein ? » À croire qu'il a les manettes calaminées !*

MANQUE (être en).

Le manque de drogue.

EXEMPLE. – *À coups de boule contre les murs de sa cellote, le gosse, qui était en manque, allait se faire péter le citron !*

MAOUSS.

Fort. Gros.

EXEMPLE. – *Le petit Lucas, qui avait pas les copeaux, dit au gros tas de viande : « Sors dehors si t'es un homme ! » L'autre, tout maouss qu'il était, s'est détranché comme s'il avait rien esgourdé.*

MAQUER.

Exploiter les charmes ou le travail d'une personne.

EXEMPLE. – *La petite lopette s'était fait maquer par la grosse Rita qui lui fournissait une clientèle de choix.*

MAQUER (se).

Se mettre en ménage.

EXEMPLE. – *Voyant qu'elle pourrait plus tenir longtemps seulabre, Lorette s'était maquée avec Ramon le Gitan dont elle s'était entichée un soir de java.*

MAQUEREAU.

Proxénète. Syn. de mac.

MAQUILLER.

Avoir des occupations plus ou moins licites.

EXEMPLE. – *Les perdreaux s'étaient mis en planque depuis quelques jours pour dégauchir ce que Léon maquillait derrière son magaze de cannes à pêche, car tous les indiens qui défilaient là-dedans avaient des drôles de tronches pour des pêcheurs à la ligne !*

MAQUILLER LES BRÈMES.

Truquer les cartes.

EXEMPLE. – *Retirant en loucedé un rasif de sa fumante, Baptiste me faisait le duce qu'ils avaient maquillé les brèmes.*

MARAVÉDIS (sans un).

Se retrouver démuni, fauché.

EXEMPLE. – *Fifi la Tisane, qui avait cru pouvoir faire marron des flambeurs professionnels à bord de leur yacht, s'était retrouvé à loilpé sur la plage d'Agadir sans un maravédis.*

MARCA.

Le marché.

EXEMPLE. – *Jeannot les Doigts Verts traînait ses lattes dans tous les marcas de banlieue où il engourdissait le lazingue des ménagères imprudentes.*

MARCHER ENTRE PARENTHÈSES.

Avoir les jambes en cerceau.

EXEMPLE. – *Malheureus'ment elle marche entre parenthès's*
Elle peut passer gaiement dans un champ de chardons
Ell' risque pas d' se piquer les moll'tons.

MARCOTIN.

Mois. Syn. de marqué.

MARGI.

Maréchal des logis.

EXEMPLE. – *En nous faisant mater la photo de sa polka bousculée comme une Rolls, le margi chialait comme un veau quand on lui disait qu'il était impossible qu'il soit pas cocu avec une beauté pareille !*

MARGOULETTE.

Bouche, tête.

EXEMPLE. – *Walter le Belge, qui avait mis ses pompes à bascule, cherchait du suif à tous les clilles du rade. Le rififi n'allait pas tarder. « Laissez quimper, les gars, dit Margot, la barmaid, vous voyez bien qu'il en a un petit coup dans la margoulette ! »*

MARGOULIN.

Commerçant d'une honnêteté douteuse.

EXEMPLE. – *Rien qu'à voir les moulins d'occase que le concessionnaire fourguait dans ses chignoles neuves, les clients se la donnaient que césarin était un drôle de margoulin !*

MARIDA.

1) Mariage.

EXEMPLE. – *Après quarante piges de colle, Léonce et Alphonsine, qui avaient voulu faire une bonne farce à leurs potes, les avaient invités à leur marida !*

2) Marié(e).

EXEMPLE. – *Je m'appell' Françouèse*
Tu s'ras mon gars
Je s'rai ben aise
D' êt' marida.

MARIE-COUCHE-TOI-LÀ.

Fille facile.

MARIÉE (une).

Bière avec mousse.

MARIE-GERCÉE.

Fille maniérée.

MARIE-PISSE-TROIS-GOUTTES.

Très jeune fille.

EXEMPLE. – *« Avec trois frangines sur le ruban et la situasse que tu t'es faite, tu vas pas te laisser mener par cette marie-pisse-trois-gouttes ! »*

MARIOLE.

Malin, rusé, astucieux, capable.

EXEMPLE. – *Freddy Bec de Cane, qui s'était cru mariole en dégringolant le solitaire de la baronne, avait fait une drôle de théière en s'apercevant que c'était du toc !*

MARLE.

Syn. de mariole.

EXEMPLE. — *Ils sont pas marles,*
Lucie et Charles,
Ils se sont fait pigeonner
Comm' des nouveau-nés.

MARLOU ou **MARLOUPIN.**

Voyou malin, de haul vol.

EXEMPLE. — *Mimi la Comtesse avait largué son vieux croûton et fourgué sa cabane d'import-export pour s'entifler avec ce marloupin qui était incontestablement le roi de la démerde !*

MARMITER (se faire).

Se faire arrêter.

EXEMPLE. — *C'est à caus' de ce plouc qu'on s'est fait marmiter.*

MARNER.

Travailler. Syn. de bosser.

EXEMPLE. — *Édouard, qui en avait class de marner pour un boss, avait monté un petit négoce de médailles bénies de la Vierge qui marchait du feu de Dieu !*

MARQUÉ.

Mois.

EXEMPLE. — *Au bout de six marqués de placard, Nénesse avait déjà tout gambergé pour se faire la belle en loucedé.*

MARRON (être).

Être victime. Être arrêté, pris, fait.

EXEMPLE. — *C'est une serviette autour du bide dans le sauna de la rue Blanche que le Corsico s'était fait faire marron par les perdreaux !*

MARRON.

1) Coup de poing.

EXEMPLE. — *Plié en deux par le marron qu'il*

avait dégusté en plein buffet, Gaby le Nerveux avait brutalement balancé le genou dans les valseuses du mironton qui gueulait comme un veau !

2) Personne qui exerce un métier non conformément aux règles de la profession.

EXEMPLE. – *Vous auriez vu mon patron*
Et mon avocat marron...

MARTEAU.

Fou.

EXEMPLE. – *Jocelyne voulait plus éponger son marteau du mercredi qui l'obligeait à lever la patte sur les pieds du lit en aboyant, pour pouvoir prendre son panard !*

MASSE (être à la).

Être abruti, dérangé, fou.

EXEMPLE. – *Ça n'est que lorsqu'il s'est pointé le soir des noces avec son rouleau de ficelle pour l'attacher au pageot qu'Irina a pigé que son « mari » était complètement à la masse...*

MASTARD.

Gros, grand, fort, imposant.

EXEMPLE. – *Tout mastard qu'il était, le boss tricotait tous les matins ses cinq bornes au bois de Boulogne, avant d'enquiller au bureau frais comme un gardon.*

MASTÈGUE (la).

La nourriture.

EXEMPLE. – *La mastègue de Juliette était pas recommandée avant d'attaquer une partie de jambes en l'air !*

MASTÉGUER.

Manger.

EXEMPLE. – *Cécelle, qui avait plus de perchoirs*

dans le poulailler, pouvait plus mastéguer que de la purée mousseline et des glaces à la vanille !

MATADOR.

Caïd.

EXEMPLE. – *Le demi-sel, qui se prenait pour un matador, avait morflé un ramponneau en plein tarbouif, qui lui avait fait venir la larmichette de la honte.*

MATAF.

Marin.

EXEMPLE. – *Après quelques semaines de mer, il est pas rare de voir les matafs les plus récals commencer à prendre du rond !*

MATER.

Regarder, surveiller, épier.

1er EXEMPLE. – *Par-dessus son baveux, Gino le Rital matait la poule qui avait remonté sa jupette à ras du berlingot !*

2e EXEMPLE. – *Depuis qu' j'ai maté le directeur*
d' ma banque à poil
Je comprends avec tristesse que
mon argent l'intéresse.

MATEUR.

Voyeur.

EXEMPLE. – *D'un geste de mépris, Mado la Taulière avait lourdé les trois lavedus qui biglaient les mignonnes en petit slip et bas résille sans pour autant consommer. « Allez, caltez, volailles, qu'elle avait dit, ici on aime pas les mateurs ! »*

MATON

Surveillant de prison, gardien.

EXEMPLE. – *Le maton, qui crachait pas sur le carbure, nous fourguait des pipes et de la tortore de chez Fauchon qui nous coûtaient plutôt grisol !*

MATOS (le).

Le matériel en jargon des musiciens, c'est-à-dire la sonorisation, les projecteurs, etc.

EXEMPLE. – *Dans certains pays africains, il est pas rare que le matos soit paumé en route ou arrive le surlendemain du concert, quand il arrive !*

MATUCHE.

Syn. de maton. Également : policier.

EXEMPLE. – *Décambutant de leurs cars grillagés, les matuches s'avançaient vers la manif avec chacun bien en pogne son bouclier et sa bite à Jean-Pierre !*

MAX ou **MAXI.**

Maximum.

EXEMPLE. – *Pour avoir traité l'adjupète d'enviandé, le deuxième pompe avait pris un maxi !*

•

MEC.

Aujourd'hui, désigne n'importe quel homme.

EXEMPLE. – *Les yeux dans les yeux, le mec et sa gonzesse lichaient leur verre de menthe à l'eau sans entendre le juke-box qui hurlait à leurs oreilles.*

MÉCANIQUES (rouler des).

Rouler des épaules. Vouloir en imposer par une attitude prétentieuse.

EXEMPLE. – *Lulu les Gros Bras, qui roulait des mécaniques devant les nénettes, chocottait comme pas deux quand un poulet lui demandait ses papiers.*

MECTON.

Syn. de mec. S'emploie plus familièrement.

EXEMPLE. – *En voyant leur moniteur de nata-*

tion pour la première fois, les nanas du lycée ont dit : « Il est pas mal du tout, ce mecton ! »

MÉDUCHE.

Médaille, décoration.

EXEMPLE. – *Des lavedus qui cavalaient après les méduches lors des dernières guerres, il en est resté beaucoup plus sous terre que dessus !*

MEFA.

Femme en verlan.

EXEMPLE. – *Une mefa au sana et l'autre au ballon, Justin commençait à gamberger s'il allait pas être obligé de taper sa vieille daronne !*

MÉGOTAGE.

Mesquinerie.

EXEMPLE. – *Pas bonnard pour se farcir le mégotage du fourgue, l'arcan avait remballé sa joncaille et avait mis les adjas.*

MÉGOTER.

Vivre chichement, lésiner.

EXEMPLE. – *Le bougnat, qui était pourtant bourré aux as, était tout le temps en train de mégoter pour l'oseille du ménage.*

MÉLASSE.

Misère, ennuis graves.

EXEMPLE. – *En dessoudant le poulet qui voulait le faire aux pattes, Billy la Purée s'était encore foutu dans une sacrée mélasse !*

MENTEUSE.

Langue.

EXEMPLE. – *Elle m'enroule sa menteuse dure comme un crochet de louchébème.*

MERDAILLON.

Petit merdeux. Enfant ou petit minable.

EXEMPLE. — *Depuis une plombe le gus cassait les burnes à Lolotte qui arrivait pas à s'en dépatouiller. Cézigue, vert de rage, sortit sa rapière en entendant la taulière déclarer bien haut : « Qu'est-ce que c'est que ce merdaillon qui devrait être au dodo à cette heure-ci ? »*

MERDE.

Drogue. Haschisch.

EXEMPLE. — *Les jeunots, pour être dans le coup, se croyaient obligés en écoutant les Stones de se défoncer à la merde.*

MERDIER.

Pétrin. Situation difficile.

EXEMPLE. — *Piquer la Kawa du prof pour se tailler en week end à Deauville et s'emplafonner en arrivant la vitrine du charcutier, les mouflets s'étaient filés dans un drôle de merdier !*

MERDIQUE.

Vaseux, louche, rebutant, compromis.

EXEMPLE. — *Cette putain d'alarme qui se déclenche, Pierrot qui se pète une guitare en dévalant l'escalier et la bignole en train de tuber au lardu, la situasse était vraiment merdique !*

MERDOYER.

Vasouiller, hésiter, s'embrouiller.

EXEMPLE. — *Avec cette saloperie de brouillard, y'a plus d'une plombe qu'on merdoyait sur cette départementale sans savoir où on allait atterrir.*

MERGUEZ.

Au pluriel : les doigts.

Au singulier : le sexe masculin.

EXEMPLE. — *Le mouflet effaça une mandale de son vieux qui lui dit : « Arrête de te tripoter la merguez quand tu fais tes devoirs, espèce de petit saligaud ! »*

MERLAN.

Coiffeur.

EXEMPLE. – *Le merlan avait plus lerche de turbin aujourd'hui avec tous ces zigotos qui se laissaient retomber les crayons sur les endosses.*

MERLETTE.

Prostituée qui racole pour une autre.

EXEMPLE. – *Muriel, qui soignait bien sa merlette, lui avait offert un baise-en-ville de chez Vuiton avec valoche assortie pour pas abîmer ses roupanes quand elle partait faire un extra chez les jerrycans.*

METTRE.

Pratiquer le coït. Également : sodomiser.

EXEMPLE. – *Pour lui en mettre un coup dans les baguettes, Milo était toujours partant !*

METTRE (les).

Fuir en courant. Ou, simplement, s'en aller.

EXEMPLE. – *« Bon, les amis, c'est pas que je m'ennuie, mais faut que je les mette. Lily m'attend pour briffer et la soupe va refroidir. Allez, tchao ! »*

METTRE SOUS LE BRAS (se la).

Chez un homme, privation amoureuse.

EXEMPLE. – *Si vous voyez Estelle.*
Dites-lui, mes amis,
Combien je suis fou d'elle
Comment je suis puni
Que ça n'a rien de drôle
De se la mett' sous l' bras
En cherchant du pétrole
Dans le Guatemala.

METTRE SUR LE BOUT (se la).

Pratiquer le coït avec une femme.

EXEMPLE. — *« T'as vu c'te frangine comment qu'elle est bousculée ? T'as maté les badigoinces, et les nibards, et le bavard qu'elle se paye ! Je me la mettrais bien sur l' bout ! »*

MEULE.

Moto.

EXEMPLE. — *Dans les banlieues des grandes villes, tous les narzos n'attendent que le jour où y pourront se payer leur meule.*

MEULES.

Fesses. Postérieur.

EXEMPLE. — *La môme se trimbalait une paire de meules ! Un vrai piège à infarctus !*

MÉZIGUE.

Moi.

EXEMPLE. — *« De la drogue ici ? Vous êtes mal rencardés, messieurs, vous dégauchirez jamais de schnouf chez mézigue ! »*

MICHES.

Fesses.

EXEMPLE. — *La nouvelle secrétaire avait une telle façon d'onduler les miches en entiflant dans le burlingue que le dirlo lui a demandé son bigophone personnel au cas où il aurait besoin d'elle « d'urgence » !*

MICHES À ZÉRO ou **QUI FONT BRAVO (avoir les).**

Avoir peur.

EXEMPLE. — *Mes lardons, que j'avais amenés au cinoche voir* La Nuit des morts vivants, *regardaient leurs pompes pendant les scènes d'épouvante tellement ils avaient les miches à zéro !*

MICHES DE SERIN (avoir des).

Avoir de petites fesses.

EXEMPLE. – *L'amour lui-même plaça sur mon chemin*
Ma fiancée « Miches de Serin » qui avait l'œil gauche tellement câlin.

MICHETON.

Client de prostituée.

EXEMPLE. – *Le samedi soir, le micheton avait à peine le temps de tremper son biscuit que déjà la taulière gueulait comme dans la chanson de l'ami Jacques : « Au suivant ! »*

MICHETONNER.

Payer une prostituée.

EXEMPLE. – *Voilà plus de dix piges que le lavedu michetonnait dans le quartier. Toutes les frangines l'appelaient par son prénom, sauf quand il passait, bien sûr, au bras de sa régulière.*

MICHETTE.

Prostituée pour lesbiennes.

EXEMPLE. – *Rien qu'à mater la gravosse à loilpé, cuisses écartées sur ce papier à fanfreluches, la michette avait le cœur au bord des lèvres.*

MIEL (c'est du).

C'est facile.

EXEMPLE. – *Ça allait pas être du miel pour Mauricette d'annoncer à Fred qu'elle était encore en cloque !*

MILLE-FEUILLES.

Sexe de la femme. Chat.

EXEMPLE. – *Malgré l'obscurité complice du cinoche, avec le jean serré de la nénette, c'était pas fastoche d'arriver jusqu'au mille-feuilles !*

MILLE-FEUILLES (c'est du).

C'est facile.

EXEMPLE. – *Pour Lisette, persuader sa dabe de la laisser sortir jusqu'à minuit, ça serait du mille-feuilles.*

MILLIMÈTRE (faire du).

Être avare, rapiat, pingre ou très économe par la force des choses.

EXEMPLE. – *Quand Papi, qui avait fait du millimètre toute sa vie, a plié son pébroque, on a dégauchi dans sa carrée une pleine boîte à chaussures de louis d'or !*

MIMICLOTER (se).

Se câliner.

EXEMPLE. – *On allait s' mimicloter,*
Marie et moi, au bois.

MIMINES.

Mains.

Avoir les mimines qui font du karting : avoir les mains baladeuses.

EXEMPLE. – *Le jeunot, qui avait les mimines baladeuses, caressait le valseur de la crémière qui avait déjà la gripette comme une pêche melba !*

MINET.

Jeune homme à la mode.

EXEMPLE. – *Les petits minets bien lingés qui roulaient des mécaniques devant les minettes à la patinoire d'Auteuil rentraient souvent chez eux avec coquette sous le bras...*

MINETTE.

1) Fille jeune à la mode.

2) Sexe de la femme.

MINOU.

Sexe de la femme.

EXEMPLE. – *La gosse était d'accord pour passer à la casserole, mais sans montrer son minou...*

MIQUETTE.

Fille, femme, maîtresse.

EXEMPLE. – *J'étais foldingue d'une belle miquette*
Une star des photos de mode
Elle avait tout ce qu'y faut où y faut
Sans le plus petit défaut.

MIQUETTES (avoir les).

Avoir peur.

EXEMPLE. – *C'est à Disneyland que le moujingue avait eu les miquettes pour la première fois en entiflant dans l'antre de Dracula !*

MIRETTES.

Yeux.

En avoir ou en mettre plein les mirettes.

EXEMPLE. – *Elle avait, ma p'tit' Violette,*
De chouett's mirettes,
Un corps de fête
Que j'endimanchais d'un costume de baisers.

MIRO (être).

Avoir une mauvaise vue.

EXEMPLE. – *Hippolyte était tellement miro qu'il savait jamais avec qui il pieutait tant que la gonzesse lui causait pas !*

MIRONTON.

Désigne n'importe quel individu de sexe masculin.

EXEMPLE. – *Le mironton, qui venait de*

retrousser trois cents bardas d'héritage, s'était déjà fait repasser de la moitié de son carbure par un conseiller financier !

MIS EN L'AIR (être).

Être tué.

EXEMPLE. – *C'est en livrant la came que Valentin avait été mis en l'air d'un coup de lingue par le petit camé qui était sans un.*

MISE EN L'AIR.

1) Cambriolage.

EXEMPLE. – *Ces bandes de tantes étaient venues avec un dix tonnes pour sucrer tout ce qu'il avait dans la strasse. Jusqu'aux carrelages et aux radiateurs qu'ils avaient engourdis ! On avait jamais vu une mise en l'air pareille !*

2) Action punitive contre les récalcitrants au chantage.

EXEMPLE. – *C'est plus une mise en l'air que la bande à Doumé avait fait chez Lulu, c'était carrément le rif à la taule ! Voilà ce qu'il arrivait aux petits récals !*

MISER.

Mettre, sodomiser. Injure : « Va te faire miser ! »

EXEMPLE. – *Roger l'Impatient, qui en avait class d'esgourder les conneries de cette lopaille, lui dit : « Écoute, Coco, va te faire miser et lâche-nous les tétines, tu veux ? »*

MISTIGRI.

Sexe de la femme. Chat.

EXEMPLE. – *L'écrivain Paul Léautaud, qui avait les mistigris à la bonne, recueillait tous les paumés du jardin du Luxembourg sans compter ceux de Fontenay-aux-Roses. Ça lui faisait de sacrées galtouses à préparer !*

MITAINES (enlève tes).

Se dit au joueur qui distribue les cartes maladroitement ou au musicien qui ne met pas les doigts sur les bonnes touches.

EXEMPLE. – *« Je sais pas ce que t'as aujourd'hui, Gilou, mais t'arrêtes pas de mettre les pattes à côté. Enlève tes mitaines ! »*

(Je précise que Gilou est mon accordéoniste, mon ami et... le roi du soufflet à punaises !)

MITAN.

1) Milieu.

EXEMPLE. – *Dans le mitan du lit (bis)*
La rivière est profonde...
(Chanson : *Aux marches du palais*)

2) Société de marginaux ignorant les lois.

Les malfrats de nos jours pratiquent volontiers le kidnapping d'enfant en plus du trafic de drogue, de la prostitution qu'ils suscitent et dont ils vivent. Voilà les principales activités de nos valeureux héros qui, hélas ! ici comme en Amérique, en Italie et ailleurs (Maffia oblige !) représentent un État dans l'État. C'est ça le mitan d'aujourd'hui.

MITARD.

Cachot.

1er EXEMPLE. – *Trois séjours au mitard avaient complètement cisaillé le mental de ce pauvre Sylvain.*

2e EXEMPLE. – *J'ai signé sur mon chèqu'*
« Le chevalier Bayard »
Mais ces band's de pauv' mecs
M'ont bouclé au mitard !

MITER.

Pleurer.

EXEMPLE. – *Pour un oui pour un non, la polka du bourreau mitait en ligotant les feuilletons tristes qu'elle suivait dans* Confidences *!*

MOITES (les avoir).

Avoir peur.

EXEMPLE. – *Après ses discours, le grand Charlot, qui les avait pas moites, descendait en plein trèpe pour serrer les louches au grand désarroi de ses gorilles.*

MOLTEGOMMES.

Mollets.

EXEMPLE. – *Le mironton qui a eu le fion de pouvoir bigler Fausto Coppi dans l'étape contre la montre a pu constater qu'il avait pas du lait caillé dans les moltegommes !*

MOLLO.

Doucement.

EXEMPLE. – « *Vas-y mollo, c'est un tango.* »

MÔME.

1) Enfant.

EXEMPLE. – *La grande Élise savait pas quoi maquiller de ce môme qui les avait mis de l'orphelinat et qui était recherché par toute la maison poulardin.*

2) Femme jeune.

1er EXEMPLE. – *À dix-huit balais à peine, la môme, qui était bousculée comme une Rolls, en faisait baver à tous les matous du quartier !*

2e EXEMPLE. – *T'as un' chut' de reins, la môme,*
C'est mieux qu' les chut's du Niagara.

MONDAINE (la).

Brigade mondaine de police.

EXEMPLE. – *Bibi le Sage, qui avait le chèque facile, avait jamais eu de coltar avec la mondaine dans sa boîte à pédales.*

MONICHE.

Sexe de la femme.

EXEMPLE. – *Comme disait la sous-maque à ces demoiselles qui débarquaient sans expérience : « S'agit pas d'avoir une moniche, mes colombes, encore faut-il savoir s'en servir ! »*

MONNAIE (commencer à rendre la).

Vieillir.

EXEMPLE. – *Clotaire, qui commençait à rendre la monnaie, espérait toujours pouvoir monter un dernier coup qui lui éviterait de se retrouver seulabre dans une crèche pour vioques.*

MONTÉ (être bien).

Pour un homme, avoir un sexe particulièrement développé.

EXEMPLE. – *Les nénettes ignorant pas à quel point Michel était bien monté, cézigue avait pas obligatoirement beau chpile pour s'en mettre une su' l' bout !*

MONTER.

1) Une femme : réussir à l'entraîner dans une chambre.

EXEMPLE. – *Le petit rouquemoute, qui frottait Yolande à la paille de fer, avait réussi à la monter au bout d'une plombe de gringue des plus lauchèmes...*

2) Un coup, une affaire, un casse, un braquage.

EXEMPLE. – *Les big boss étaient formels : y'avait que cézigue qui avait pu monter un coup pareil !*

3) (Du Sud au Nord) : d'une ville à l'autre.

EXEMPLE. – *Quand je suis monté à Paris, j'avais beaucoup d'illuses et pas lerche de carbure dans les vagues !*

MONTGOLFIÈRES.
Testicules.

EXEMPLE. – *Julio se demandait avec angoisse si la foule avait eu raison de le huer quand il quitta le Parc des Princes en se tenant les montgolfières ! Public ingrat !*

MORBAC.
Morpion. Petite bête indésirable et tenace qui se complaît surtout dans le système pileux d'un individu.

EXEMPLE. – *« Ma parole, s'écria la comtesse qui n'en croyait pas sa chagatte, mais ce merdaillon m'a filé des morbacs ! »*

MORCIF.
Morceau. Désigne souvent une jolie fille.

EXEMPLE. – *« Ben, mon pote, vise un peu le morcif ! Si elle insistait, j'y laisserais bien faire mes cuivres... »*

MORDEZ, MORDS.
1) Regardez, regarde.

EXEMPLE. – *« Mordez un peu, les mecs, la nénette, la petite paire de noix qu'elle se charrie ! J'irais bien faire mon marca avec son panier-surprise. »*

2) Peut signifier également : écouter. Envisager.

EXEMPLE. – *« Voilà, les amis, mordez la situasse, inutile de cacher la merde au chat, on est dans un sacré coltar... Et c'est pas le pape qui va nous en sortir. »*

MORFALE.
Goinfre.

Se morfaler : se goinfrer.

EXEMPLE. – *« Inutile de vous morfaler, les gars, y'en aura pour tout le monde », disait le chef de la tribu en mastéguant une côtelette d'éléphant...*

MORFILER.

Manger, consommer.

EXEMPLE. – *Hervé, furibard, avait balancé un coup de latte dans les noix du greffier qui venait de lui morfiler son entrecôte pendant qu'il bigophonait à sa polka.*

MORFLER.

1) Être condamné, puni.

EXEMPLE. – *Quand j'ai buté ma femme*
Qui ratait tous ses plats
J'ai morflé dix ans d' cabane
C'est délicat ah ah ah ah !

2) Recevoir un mauvais coup.

EXEMPLE. – *Depuis qu'il avait morflé dans une manif à la Bastoche un coup de matraque sur la coloquinte, Didier était beaucoup moins contestataire !*

MORGANER.

Manger.

EXEMPLE. – *Arrêter les pipes, c'était bien beau, mais, depuis, César arrêtait plus de morganer du matin au soir. À croire qu'il avait le ver solitaire.*

MORLINGUE.

Porte-monnaie. Portefeuille.

EXEMPLE. – *Mimile, qui avait des oursins dans le morlingue, ne faisait semblant d'argougner le sien qu'après qu'un pote ait raqué la douloureuse !*

MORNIFLE.

1) Monnaie.

EXEMPLE. – *« Tu douilles ? J'ai pas de mornifle. »*

2) Gifle.

EXEMPLE. – *La mouflette, qui avait pas fait ses devoirs, avait dégusté de son daron une paire de mornifles qui lui avait fait monter les larmes aux yeux.*

MOU (bourrer le).

Tromper, influencer quelqu'un.

EXEMPLE. – *Après le scandale de son suicide manqué, la gosse, qui s'était laissé bourrer le mou par ses vieux, était rentrée dans les ordres.*

MOUCHARD.

Trou dans la porte des cellules par lequel le maton surveille les détenus.

EXEMPLE. – *Vingt fois par jour, le maton vissait son calot au mouchard tellement il avait les flubes que Bob la Récidive tente à nouveau la belle !*

MOUCHE.

Mouchard.

MOUCHES (enculer les).

Ne signifie pas : sodomiser un mouchard mais tergiverser, pinailler, analyser minutieusement.

EXEMPLE. – *Martial le Prévoyant avait pris un casse-dalle pour venir jacter de l'affure. Monter une mise en l'air avec Berty, qui était un tel enculeur de mouches, risquait de durer jusqu'au petit matin !*

MOUDRE (en).

Se livrer à la prostitution.

EXEMPLE. – *Seule au monde depuis que son mari l'avait cassée, Héléna avait décidé d'aller en moudre avec sa copine Lisbeth, qui depuis belle lurette roulait en Mercedes.*

MOUFLET, MOUFLETTE.

Enfant, garçon, fille.

EXEMPLE. – *Les cadennes aux poignets dans le panier à salade qui l'emmenait à la Santé, Firmin gambergeait : « Et dire que quand j'était mouflet, je voulais être commissaire de police !... »*

MOUFTER.

Parler, revendiquer, protester.
Ne pas moufter : se taire.

1er EXEMPLE. – *Pendant que Phil tenait ces messieurs-dames en respect, Fernand dans son bitos recueillait les diams, la joncaille et l'artiche des lavedus qui mouftaient pas !*

2e EXEMPLE. – *Depuis qu' tonton est là on fume de la marijuana. On fout des coups d' pétard partout, nos parents mouftent pas.*

MOUILLER.

Avoir peur.

MOUILLER (se).

Prendre des risques. Investir. Se compromettre.

EXEMPLE. – *Marius, qui avait fourgué sa tire et tout ce qu'il avait pour douiller les machines, s'était mouillé à mort dans l'affaire des faux talbins !*

MOUILLETTES.

Fesses.

EXEMPLE. – *Un timbre-poste sur le fri-fri et un lacet de grolle entre les mouillettes, les frangines, cette année à la plage, auront plus beaucoup de marques blanches sur le cadran solaire à la rentrée de septembre...*

MOUILLETTES (avoir les).

Avoir peur, hésiter.

EXEMPLE. – *N'aie donc pas les mouillettes*
Vas-y, tonton, fais une photo !

MOUISE.

Misère.

EXEMPLE. – *Y' a d'abord le cul rond*
Le cul qui s' fait pas d'mouron
Très à l'aise dans la mouise
Autant qu' chez la marquise.

MOUJINGUE.

Syn. de mouflet : enfant.

MOUKÈRE.

Femme, maîtresse.

EXEMPLE. – *Au banquet des anciens combattants, chacun avait amené sa moukère. Les récits héroïques de tous ces gustaves n'avaient évidemment pas permis à ces dames d'en placer une...*

MOULANA (le).

Soleil.

EXEMPLE. – *Profitant du moulana exceptionnel de ce mois de mai, Pierrot avait attriqué trois paquets d'hameçons de dix-huit et cinq balles de bloch's à « L'épuisette vigilante » avant d'aller attaquer les gardons !*

MOULE-MOI !

Oublie-moi ! Laisse-moi tranquille !

MOULER UN BRONZE.

Déféquer.

EXEMPLE. – *Le dirlo de l'école, qui était une vraie boîte à vice, filait tous les matins, à huit heures deux, un coup de turlu au proviseur qui, à cette heure précise, entiflait dans les gogues pour mouler un bronze !*

MOUMOUTE.

Perruque.

EXEMPLE. – *En guise de plaisanterie, le moujingue avait foutu le rif à la moumoute de sa daronne qui l'avait aussi sec cloqué en pension.*

MOURON.

Poil du pubis.

EXEMPLE. – *A seize piges, le môme qui était aussi puceau que son livret de caisse d'épargne, ouvrait tout grands ses vasistas en reluquant le tablier de forgeron de la radasse à loilpé. « Approche-toi, mon minet, n'aie pas peur, lui dit l'essoreuse, tout ça c'est du mouron pour ton serin...*

MOURON (se faire du).

Se faire du souci.

EXEMPLE. – *« J' vous écris une petite bafouille pour pas qu' vous vous fassiez d' mouron... »*

MOUSMÉE.

Femme.

EXEMPLE. – *Ce qui est le plus glandilleux à faire avaler dans la religion catholique, c'est que les radis noirs sont censés passer une vie entière sans avoir le droit de s'embourber une mousmée !*

MOUSTACHES (cigare à).

Membre viril.

EXEMPLE. – *J'avais un pote musico qui s'amusait beaucoup dans les bals huppés. Sur le coup de trois plombes du mat', il avait l'habitude curieuse de laisser quimper ses baguettes pour jouer de la batterie avec son cigare à moustaches !*

MOUTARDIER.

Postérieur.

EXEMPLE. – *À ce qu'on disait du beau Willy,*

les chagattes lui bottaient moins que le moutardier des minets !

MUFFLÉE (prendre une bonne).

Se saouler.

EXEMPLE. – *Pour fêter sa mitre d'archi-pointu, il avait fait venir des belles gonzesses. En compagnie de ses potes qui braillaient le Confiteor, il avait chopé une mufflée mémorable dans la vie austère d'un ministre de Dieu !*

MUSETTE (en avoir un coup dans la).

Être saoul.

EXEMPLE. – *Au milieu des clilles à moitié schlass qui se fendaient la poire de le voir à quatre pattes, la daronne de Jeannot essayait de le soulever comme elle pouvait. « Viens, mon grand, qu'elle lui disait, je crois que t'en as un petit coup dans la musette ! »*

MUSICO.

Musicien.

EXEMPLE. – *À l'âge de douze ans j'avais monté un petit orchestre de quatre musicos et on jouait les samedis et dimanches dans les baloches de cambrousse. C'est avec ces premiers picaillons que j'ai douillé moi-même ma mobylette à fourche télescopique !*

MUSIQUE.

1) (Connaître la) : avoir une certaine expérience, savoir s'y prendre.

EXEMPLE. – *Le fourgue avait bien essayé de berlurer l'ancien sur l'authenticité des émeraudes. Sans trop insister toutefois, car il se gourait bien que le vieux connaissait la musique !*

2) Chantage.

EXEMPLE. – *C'est Tony qui filmait par la petite lucarne au-dessus de l'armoire à glace quand Lolotte avait enseigné au lavedu (marié, bien sûr !) le « tourniquet japonais » et la « roulette monégasque » ; le bon connard, qui en général raffolait pas de ce genre de cinoche, avait plus qu'à casquer. Sinon, en avant la musique !*

MYRTILLE (se faire polir la).

Se faire faire une caresse buccale sur le sexe masculin.

EXEMPLE. – *Elle m'a dit : non,*
T'es trop moche
Tu pues l'ail, t'es qu'un' cloche
Va t' faire polir la myrtille !

Nanas *Dessin de Napo*

NAGER (savoir).

Être malin, débrouillard.

EXEMPLE. – *François le Corse, qui en connaissait un bout sur la question, disait à ses petits-enfants : « N'oubliez jamais que la première qualité d'un hareng, c'est d'abord de savoir nager ! »*

NANA.

Femme, maîtresse.

1er EXEMPLE. – *Les nanas d'aujourd'hui, qui ont pas froid aux châsses, se grattent pas pour défiler en exhibant des pancartes qui laissent aucune place à l'équivoque : « Des enfants quand on veut, où on veut, si on veut ! »*

2e EXEMPLE. – *J'ai filé au bistrot à Jules*
Un p'tit coup d' ronfleur à ma nana.

NANAR.

Marchandise démodée, dévaluée, difficilement vendable.

EXEMPLE. – *Lilette, qui avait tout un lot de nanars à fourguer, avait écrit sur la vitrine de son magaze : « Les soldes seront irrémédiablement terminés ce soir à 19 heures. »*

NARZO.

Zonard en verlan. Loulou de banlieue.

EXEMPLE. – *Les narzos s'étaient pointés au bal des pompiers bien décidés à semer la merde.*

NASEAUX.

Nez, narines.

EXEMPLE. – *Emilio, qui voulait prendre les patins de son pote, avait morflé d'emblée un coup de boule dans les naseaux.*

NASQUÉ.

Ivre.

EXEMPLE. – *Otto, qui avait pas mal biberonné toute sa putain de vie, était nasqué tout de suite dès le premier bourbon.*

NATURE.

Naïf, naturel, facile à gruger.

EXEMPLE. – *Il avait levé la môme qui, nature, croyant au grand amour, lui avait filé toutes ses éconocroques en même temps que son berlingot !*

NATURLICHE.

D'accord, bien sûr, naturellement.

EXEMPLE. – *À Natacha, qui avait déjà esgourdé l'histoire du casse à la radio, Sandro avait dit : « Tu peux me planquer cette valoche pendant quelque temps ? Ça craint le soleil ! – Naturliche, mon gars, tu sais bien qu'y'a jamais de problèmes ! »*

NAZE.

1) Nez.

2) En mauvais état, abîmé, usé, pourri.

EXEMPLE. – *Les trois mille gaziers, qui entravaient que dalle à la jactance du député, commençaient à faire du schproum : « Espèce de truffe, lui lança un métallo, tu vois pas que ton micro est naze !... »*

NAZEBROQUE.

Syn. de naze.

NEGIFRAN.

Frangine en verlan : femme.

EXEMPLE. – *La negifran, qui était choucarde, faisait signe à Tony du coin de ses mirettes pour lui expliquer que ce serait pas de la nougatine de larguer son cocu !*

NÉGRESSE.

Friteuse de restaurant.

EXEMPLE. – *Le chef, qui était un vrai cradingue, avait laissé tomber sa bouffarde dans la négresse ! « C'est pas grave, qu'il dit à la taulière qui renaudait, ça me la nettoiera ! »*

NEIGE.

Cocaïne.

EXEMPLE. – *Sans même quitter l'estrade, les rockers tournant le dos au public se cloquaient tranquillement une pincée de neige dans le fer à souder !*

NÉNÉ.

Sein.

EXEMPLE. – *La môme Birkin, qui a une frite et un pétrousquin sacrément laubés, ressemblerait plutôt côté nénés à deux cerises posées sur des blinis !*

NÉNETTE.

Femme.

EXEMPLE. – *Julien le Tubard, qui était jalmince comme c'est pas croyable, sortait jamais sa nénette, tellement il avait les chocottes de se la faire envelopper par un « chaud de la pointe » !*

NÉNUPHAR.

Sexe de la femme.

EXEMPLE. – *Rien qu'à gaffer les coups de saveur de braise qu'elle lui balançait et le bout de chiffon rouge gourmand qu'elle promenait entre ses babouines, Pedro le Tombeur se gourait que la rouquine qui vendait ses violettes avait urgemment besoin d'une tige pour son nénuphar...*

NIB.

Rien.

Bon à nib : bon à rien.

EXEMPLE. – *Pour débrider le coffiot, Pépé, ourdé à zéro, était plus bon à nib !*

NIBARDS.

Seins.

EXEMPLE. – *Je sens ses p'tits nibards qui m' font des trous dans l' pull-over !*

NICHON.

Sein. Syn. de balcon, doudounes, nénés, nibards, roberts, rotoplots, amortisseurs, etc.

NIQUER.

Posséder une femme ou... un homme prétendu tel.

EXEMPLE. – *Pour venger son homme qui avait encore six marcotins de placard à se farcir, Rita s'était fait niquer par tous les matons de la centrouse à qui elle avait refilé la chtouille !*

NŒUD.

Gland, crétin, abruti. Espèce de tête de nœud !

EXEMPLE. – *Le margi désespérait de faire comprendre un jour à ces têtes de nœuds que la discipline est la force principale des armées !*

NOÏE ou **NOILLE.**

Nuit.

EXEMPLE. – *En pleine noille, Freddo, qui avait réveillé Agathe pour une partie de jambonneaux, s'était fait méchamment envoyer aux pelotes !*

NOIR.

Opium.

NOIR (travail au).

Non déclaré.

EXEMPLE. – *Le plombard, qui trouvait plus avantageux de gratter au noir, avait fourgué sa 4 L pour attriquer une Peugeot 504.*

NOIR (un p'tit).

Un café.

EXEMPLE. – *« Deux mominettes, un blanc-cass', une mariée et un p'tit noir ! » gueula le loufiat au barman.*

NOIR (être).

Ivre.

EXEMPLE. – *Je suis rentré complèt'ment noir*
J'ai mis l' clébard dans la baignoir'.

NOIRCICAUD.

Homme noir.

EXEMPLE. – *Au « Black-dancing », des mousmées respectables radinaient en loucedé pour se farcir les noircicauds qui avaient un gourdin comac !*

NOIX.

Fesses.

1er EXEMPLE. – *Sa p'tit' paire de noix gonfle un p'tit poil sa minijup'*

2e EXEMPLE. – *Y avait déjà le grand Benoît*
Qui s'était fait mordre les noix
Par un salopard d'Écossais
Qui voulait monter à l'essai.

NOUGAT.

Pied.

1er EXEMPLE. – *Après trente bornes de leur marche à la con, les grivetons avaient les nougats en marmelade !*

2e EXEMPLE. – *J' te promets en échange de plus crever les pneus*
D' plus m'laver les nougats dans l'truc du pot-au-feu.

NOUGATINE (c'est ou **c'est pas de la).**

Facile. Sans problème.

EXEMPLE. – *Après avoir brossé la bonniche, ç'avait été de la nougatine pour Albert de lui engourdir la carouble de l'appartement des bourgeois !*

Œil (avoir l') *Dessin de Napo*

OCCASE.

Occasion.

1) Circonstance favorable.

EXEMPLE. – *Riton le Craspect, qui avait morflé trois marcotins de cabane pour proxénétisme et insulte à agent de la force publique, avait profité de l'occase pour prendre une douche !*

2) Tout objet acheté en dessous de sa valeur.

EXEMPLE. – *Trois cents bardas, les œuvres complètes de Balzac reliées pleine peau, le prof' avait sauté sur l'occase !*

ŒIL (avoir à l').

Surveiller quelqu'un.

ŒIL (faire ça ou **avoir ça à l').**

Gratuitement.

EXEMPLE. – *Quand Sinatra s'est pointé pour en pousser une au Palais des Congrès, on pouvait toujours se brosser pour avoir une place à l'œil !*

ŒIL DE BRONZE.

Anus.

EXEMPLE. – *Jadis, pendant la guerre d'Algérie, certains de nos valeureux paras, sans doute pour qu'on ne doute pas de leur virilité légendaire, enfonçaient des bouteilles de Coca dans l'œil de bronze des pauvres mousmées. C'est ça, les héros !*

ŒUF (l'avoir dans l').

1) Être sodomisé.

2) Être grugé, dupé.

EXEMPLE. – *Gino et Fred, qui avaient maquillé les brèmes, l'ont eu dans l'œuf quand les autres, au début de la partie, leur ont demandé de choisir parmi trois jeux neufs sous cellophane.*

ŒUFS (aux).

Qui est bon, sympa ou pas difficile à faire. Agréable.

1er EXEMPLE. – *Avant le marida, Marcelline était vraiment aux œufs avec Paulo : nuits calmes, tortore aux petits oignons et pas jalmince pour deux thunes. C'est après que ça a chanstiqué !*

2e EXEMPLE. – *J'ai rencontré un' nénette aux œufs*
Qui v'nait d' se tirer d' chez ses vieux.

ŒUFS AU PLAT.

Petits seins.

EXEMPLE. – *Ses p'tits œufs au plat sous son ch'misier me préoccup'nt.*

OIGNE. OIGNON.

1) Anus. Cul.

L'avoir dans l'oigne ou dans l'oignon : se faire duper ou évincer.

EXEMPLE. – *A force de faire des magnes, la fille du notaire l'avait eu dans l'oignon ! A trente-cinq piges, elle avait encore son berlingue que personne semblait pressé de lui chouraver !*

2) Chance.

EXEMPLE. – *Pour avoir de l'oignon, Momo avait de l'oignon ! A quelques jours de passer sur la bascule à Charlot, il avait été gracié par un nouveau président de la République qui avait amnistié les trois condamnés à mort.*

OIGNONS (aux).

Très bien. A l'aise. Comblé.

EXEMPLE. – *Ici on est aux p'tits oignons*
J'ai que huit ans mais je m' débrouille.

OIGNONS (c'est pas tes).

Cela ne te concerne pas.

EXEMPLE. – *Sous les c'risiers, c' que nous faisons*
Ça n'est pas vos oignons.

OLIVES.

Testicules.

EXEMPLE. – *Le jour de sa Légion d'honneur, le pauvre colonel, qui avait une cystite carabinée, s'était barré en plein discours du ministre pour aller changer l'eau de ses olives !*

OS.

Complication imprévue.

Exemple. – *Les malfrats se gouraient pas qu'en entiflant dans le grand salon y trouveraient le proprio crouni sur sa moquette. Cet os-là, ils l'avaient pas prévu !*

OSEILLE.

Argent.

Exemple. – *Comme dans les feuilletons de la téloche, Barbiquet avait hérité d'un oncle d'Amérique un paquet phénoménal d'oseille qui lui remontait vachement les boules ...*

OSIER.

Syn. d'oseille qui lui remontait vachement les boules.

Exemple. – *Hector le Matheux avait investi tout son osier dans une entreprise de pompes funèbres. Comme il disait, c'est une branche où y'a jamais de chômedu !*

OURDÉ.

Ivre.

Exemple. – *Le regretté Bourvil interprétait sur scène le sketch désopilant d'un mec ourdé à zéro qui faisait un cours sur la tempérance. C'était vraiment aux œufs !*

OURSINS DANS LE LARFEUILLE (avoir des).

Être avare.

Exemple. – *Le grand-père, qui avait des oursins dans le lazingue, les lâchait plus facilement quand il allait au bois de Boulogne se faire téter le chalumeau par les amazones !*

OUTIL.

Couteau.

EXEMPLE. – *Le gitan, outil en pogne, était prêt à se farcir le premier qui avancerait.*

OUTILLÉ (être bien).

Être sexuellement bien pourvu.

EXEMPLE. – *La Joconde, qui aimait les gus particulièrement bien outillés, allait traîner ses miches dans les bals antillais où elle savait qu'elle serait pas déçue.*

OUTILLER.

Donner un coup de couteau.

Dessin de Soulas

PACSON ou **PACSIF.**

Paquet.

EXEMPLE. – *Tous les lundis, Matéo récoltait l'osier des copains qui jouaient ensemble au loto sans jamais gagner un pélot. « Vous faites pas de mouron, les gars, qu'il leur disait, je sens que c'est ce coup-ci qu'on va s'embourber le pacson ! »*

PADDOCK.

Lit.

EXEMPLE. – *La gonzesse qui se faisait grimper par Lolo Crins Blancs était sûre de mettre les chaussettes à la fenêtre. En dehors de son baratin, au paddock, césarin valait pas un coup de cidre !*

PADOQUER (se).

Se coucher.

EXEMPLE. – *Gino, qui traînait de rade en rade depuis que sa polka turbinait chez les émirs, était jamais partant pour aller se padoquer.*

PAF.

Membre viril.

EXEMPLE. – *Quand il avait le petit pain, Totor sortait volontiers son paf pour le faire mesurer aux frangines avec son mètre à ruban !*

PAF (être).

Être ivre.

EXEMPLE. – *Manu la Science, un jour qu'il était paf, avait traité un poulaga d'« enculé mondain » ! Le président du tribunal lui dit :*

« Reconnaissez-vous avoir traité la victime de... ?

– D'enculé mondain, m'sieur le président !

– Heu... C'est cela. Connaissiez-vous la victime auparavant ?

– Certes non, m'sieur le président, sans cela je ne l'aurais pas traité de « mondain » ! »

PAGE ou **PAGEOT.**

Lit.

EXEMPLE. – *En arrivant premier au Parc des Princes, Eddy Merckx avait qu'une idée en tête : se cloquer au pageot et en écraser pendant trois jours.*

PAGER (se).

Se coucher.

EXEMPLE. – *Après une journanche de turbin*

debout sur ses cannes, Nénette, à peine pagée, ronflait comme un moulin de Rolls !

PAGNOTER (se).

Se coucher. Syn. de pager.

PAILLASSE (la).

Le ventre, ou encore le corps.

EXEMPLE. – *Quand on a ouvert le coffiot, on a vite vu que c'était pas pour des nèfles qu'on s'était crevé la paillasse !*

PAILLASSON.

1) Individu sans dignité, sans amour-propre, qui se laisse traîner dans la boue sans réagir.

2) Femme facile.

EXEMPLE. – *Billy le Canadien s'était entiflé avec un paillasson qui lui avait filé des charançons dans les joyeuses !*

PAIN.

1) Coup.

EXEMPLE. – *Olga, qui en avait class de prendre des pains de son routier jalmince, avait mis les adjas avec son merlan qui était un mec aux œufs.*

2) Fausse note de musique.

EXEMPLE. – *A la fanfouille de mon bled où je jouais du sax quand j'étais mouflet, tous les mercredis soir pour la répète, c'était la distribution des petits pains.*

PAIN (avoir le petit).

Être en état d'érection.

EXEMPLE. – *Tous les matins au réveil, Antonio avait le petit pain que sa nana, gourmande, consommait tout chaud sans attendre le café au lait !*

PAIRE ! (c'te bonne).

Évidence.

EXEMPLE. – *« Tu es des nôtres pour la java de samedi soir ? – C'te bonne paire, y manquerait plus que ça ! »*

PAIRE (se faire la).

Partir. S'en aller.

EXEMPLE. – *Ma femm' m'a dit : « J' vais*
m' fair' la paire. »
J' sais pas laquelle exactement
Car c'est l' printemps.

PÂLE (se faire porter).

Malade.

EXEMPLE. – *Marie-Jacynthe, qui voulait pas se farcir toute une soirée le bal des Petits Lits Blancs au milieu d'une bande de loquedus emperlouzés, avait décidé de se faire porter pâle, préférant aller traîner son cul à la patinoire.*

PALETOT.

Veston, pardessus.

EXEMPLE. – *Quand ell' pleurait trop*
Sortait d'ses yeux de porcelaine
Une pluie de petites graines
Qu'ell' lui semait sur le de mon paletot.

PALETOT (prendre ça sur le).

Le prendre sur soi. L'endosser. L'assumer. En être la victime.

EXEMPLE. – *Après l'affure des faux tableaux, le Polak, qui était le seul à avoir un casier, a tout pris sur le paletot.*

PALMÉES (les avoir).

Être paresseux, cossard.

EXEMPLE. — *Greta, qui les avait plutôt palmées, s'était toujours démerdée à l'atelier pour faire faire son turbin le plus chiant par Lulu Bonne Pomme qui se le tartinait.*

PALPITANT.

Cœur.

EXEMPLE. — *A son premier rembour, le môme avait le palpitant qui cognait dur tellement il avait le tracsir de louper son premier patin !*

PALPITANT QUI BAT LA GÉNÉRALE (avoir le).

Avoir le cœur qui bat très fort.

PALUCHE.

Main.

EXEMPLE. — *Le grossium avait cloqué un talbin de dix raides dans la paluche du loufiat qui lui dit : « Veuillez me suivre, monsieur, ces demoiselles seront ravies de vous îaccueillir ! »*

PALUCHER (se).

1) Se masturber.

EXEMPLE. — *Pendant que ses vioques étaient partis en java, le lardon seulabre se paluchait devant la téloche tout en matant* Angélique, marquise des Anges *!*

2) S'illusionner.

EXEMPLE. — *« Non, mais tu te paluches, mon pote ! » avait dit la nénette au lavedu qui croyait que la gosse était montée pour ses beaux yeux.*

PANADE.

Misère, ennuis sérieux.

EXEMPLE. — *Les C.R.S. et les clébards aux miches, l'hélico au-dessus de la théière et pas un arbre à l'horizon, Kurt et Riton étaient dans une sacrée panade !*

PANAIS.

Membre viril.

PANARD.

Pied.

Prendre son panard : jouir.

EXEMPLE. – *Quand Lily la Chanteuse prenait son panard, elle hurlait comme si on lui avait calotté son osier !*

PANIER ou **PANIER A BEURRE.**

Postérieur féminin.

1er EXEMPLE. – *Pépin la Paluche, qui avait la manie de balancer la louche au panier des dames, morflait de temps en temps sans moufter une paire de mandales en pleine poire qui l'empêchait pas de remettre ça le lendemain !*

2e EXEMPLE. – *Ell' a un p'tit panier à beurr' qui f'rait pâlir mon épic'mar...*

PAPA (à la).

Faire l'amour à la papa : sans piment, tranquillement.

EXEMPLE. – *Mado, qui trouvait monotone de se faire brosser à la papa par son vieux crabe, allait de plus en plus ailleurs chercher son avoine auprès de petits gourmands qui la sabraient à la cosaque !*

PAPELARD.

Papier.

EXEMPLE. – *J'croyais prend' mon cliché en appuyant su' l' zigouigoui*
Mais, manqu' de bol, j'avais pas lu l' pap'lard où c'est écrit
Cet appareil n' peut fonctionner que hors de son étui.

PAPILLONS D'AMOUR.

Poux du pubis.

EXEMPLE. – *Y'a dix ans qu' je rêve de les r'filer un jour*
Mes jolis petits papillons d'amour
A la femme du juge qui m'a condamné.

PÂQUERETTE.

Sexe de la femme.

EXEMPLE. – *Avant de grimper une souris, Léon l'Artiste passait un bon quart de plombe à lui brouter la pâquerette !*

PARAPLUIE.

Alibi.

EXEMPLE. – *Quand les roussins m'ont pris*
Comm' je n'avais pas d' parapluie
Y m'invitèrent à prendr' le thé
Au bar d'la Santé.

PARDINGUE.

Pardessus, manteau.

EXEMPLE. – *Les Maliens qui se pointaient à Pantruche pour balayer les caniveaux glaglataient à mort tant qu'ils avaient pas le carbure pour se douiller un pardingue.*

PARE-BRISE.

Lunettes.

EXEMPLE. – *J' dis : « Enlèv' d'abord tes pare-brise,*
Ghislaine, je vais te fair' la bise. »

PARE-CHOCS.

Beaux seins.

EXEMPLE. – *Laubée comme elle était, quand Julie entiflait quelque part, la jactance s'arrêtait aussi sec. La môme se payait un joufflu et des pare-chocs à vous rendre un Chazot père de famille !*

PARENTHÈSES (pisser entre).

Uriner quand on a contracté une chaude-pisse.

EXEMPLE. – *Depuis la chaude-pisse qu'il avait chopée à sa première perme, le bidasse, qui pissait entre parenthèses, osait pas aller voir le major malgré les conseils de ses potes.*

PARFUM (mettre au).

Mettre au courant, avertir, renseigner.

EXEMPLE. – *Pour l'affaire de Broglie, les baveux ont écrit que certains pontes du gouvernement et de la police étaient au parfum que césarin allait se faire dessouder. C'est possible des machins pareils ?*

PARPAING.

Coup de poing.

EXEMPLE. – *D'une dégelée de parpaings sur la hure, le hareng tisanait Rolande qui avait tenté de les mettre en loucedé.*

PARTANT (être).

Être volontaire pour participer à une action quelconque.

EXEMPLE. – *Boris le Ruskoff était toujours partant pour dégringoler une betterave de gnôle.*

PARTOUZARDS.

Amateurs de partouzes.

PARTOUZE.

Réunion où les couples échangent leurs partenaires de lit.

EXEMPLE. – *Désiré adorait aller dans les par-*

touzes, non seulement pour se faire souffler dans le pipeau, mais encore pour bigler la tronche de tous ces loquedus qui étaient pour la plupart P.D.G., ministres, avocats et même quelquefois flicards de la mondaine !

PASSER À TABAC.

Frapper quelqu'un avec brutalité pour le punir ou afin de le faire avouer.

EXEMPLE. – *Les bourres s'étaient relayés à quatre pour passer Nicky à tabac. Cézergue, qui avait la margoulette comme un steak haché, n'a desserré les crochets que pour leur dire : « Mort aux vaches ! »*

PASTAGA.

1) Pastis.

EXEMPLE. – *Le boss avait une fiasque de pastaga dans la vague de son culbutant qu'il tétait de temps en temps au goulot entre deux rembours dans son burlingue.*

2) Ennui, emmerdement.

EXEMPLE. – *En caftant devant toute la classe, le môme s'était foutu dans un drôle de pastaga ! Sûrement qu'il allait y avoir du rébecca à la récré !*

PASTILLE (la).

L'anus.

EXEMPLE. – *Depuis que son homme lui avait fortement suggéré de refiler de la pastille à ses clilles, Georgette avait doublé ses comptées à la fin de la journanche !*

PASTILLE EN L'AIR (avoir la).

Avoir la bougeotte.

EXEMPLE. – *Incapable de rester assis une*

minute sur son pieu, avant le rembour qu'il avait filé à la frangine trois heures plus tard, Tulio avait la pastille en l'air !

PASTIQUETTE.

Petite passe.

EXEMPLE. – *Léonard le Contremaître faisait de temps en temps une pastiquette en sortant du turbin. Les frangines, qui savaient qu'il était pressé because Bobonne qui l'attendait, lui faisaient en passant une petite gâterie sur le chauve à col roulé !*

PATATE.

Individu maladroit, incapable.

EXEMPLE. – *« Quand t'auras fini de prendre mes nougats pour ton paillasson, espèce de patate ! »*

PATATE (en avoir gros sur la).

Avoir de la peine, de la déception, des regrets.

EXEMPLE. – *Marco en avait gros sur la patate d'avoir été traité d'enviandé par le patron devant les potes sans pouvoir moufter !*

PATATES AU FOND DU FILET (avoir les).

Avoir les testicules tristounets et vides d'avoir trop servi.

EXEMPLE. – *En décambutant au petit matin de chez Mélie la Gloutonne, Bibi la Frite, qui avait limé toute la noille comme un forcené, avait les patates au fond du filet !*

PÂTÉ (boîte à).

Anus.

EXEMPLE. – *À sa façon de jacter, de tortiller son panier à crottes et d'arrondir tout le temps ses paluches en cou de cygne, on se gourait tout de suite qu'il refilait de la boîte à pâté !*

PATIN (rouler un).

Embrasser une femme.

EXEMPLE. — *Alexa, qui était la reine des magnes, finissait toujours par se laisser rouler un patin, mais pour ce qui était d'une descente au fri-fri, macache !*

PATINS (chercher des).

Chercher querelle.

EXEMPLE. — *Quand il était ourdé, Stanislas cherchait des patins à tout le monde. Mais on passait la pogne, sachant bien que c'était pas le mauvais cheval.*

PATINS (prendre les).

Prendre la défense de quelqu'un.

EXEMPLE. — *En plein tribunal correctionnel, Linda avait pris les patins de Gertrude qui, selon l'acte d'accusation, était farguée jusqu'aux yeux.*

PATINS (traîne-).

Individu instable, sans travail précis et peu « recommandable ».

EXEMPLE. — *Pascal, qui était un éternel traîne-patins, avait qu'une trouille bleue, c'était qu'un de ses potes lui dégotte un boulot !*

PATTES.

1) Mains. Bas les pattes !

Se faire faire aux pattes : être pris.

Lui graisser la patte : soudoyer, acheter quelqu'un.

2) Pied.

Traîner la patte : boiter.

EXEMPLE. — *Anselme, qui traînait la patte depuis son gadin en Honda, pouvait plus faire la courette avec les condés au train, comme il l'avait si souvent fait !*

PATTES (retomber sur ses).

Sortir indemne d'une situation difficile.

EXEMPLE. — *Malgré le fisc, la douane sur le râble, et cinquante bardas de croum sur son chalet, Benoît le Marle était quand même retombé sur ses pattes.*

PATURON.

Pied.

EXEMPLE. — *En plein mois de janvier, les frangines pouvaient plus arquer sur le bitume tellement elles avaient froid aux paturons...*

PAUMÉ.

Perdu. Quelqu'un de déphasé dans la société actuelle.

EXEMPLE. — *Après quinze longes de placard, Célestin s'était retrouvé sur le Sébasto sans une thune en fouille, sans sa polka, qui les avait mis depuis longtemps, et sans ses potes dispersés au gré du vent, complètement paumé !*

PAUMER.

Perdre.

EXEMPLE. — *Le chanteur de charme, qui paumait ses crayons, s'était fait cloquer des implants sur la calebasse pour pas décevoir ces dames qui mouillaient leur petit slip en l'esgourdant à la téloche !*

PAVÉ.

Baiser.

EXEMPLE. — *On se roul' des pavés féroces*
En s' caressant les vermicell's.

PAVUTE.

Pute, putain, prostituée.

EXEMPLE. — *Les deux pavutes de Gérard Langue de Velours se tiraient la bourre pour lui offrir les harnais les plus laubés sur leurs éconocroques. Les petites masos !...*

PEAU.

Risquer sa peau : risquer sa vie.

Avoir la peau trop courte : être fainéant.

EXEMPLE. — *Jo, qui avait la peau trop courte, ramassait même pas les clopes sur le bitume quand il avait envie de bombarder et qu'il était sans un !*

PÉBROQUE.

1) Parapluie.

EXEMPLE. — *D'un grand coup de pébroque sur la coloquinte, la vioque avait estourbi le représentant d'*Encyclopédie universelle *croyant que c'était un malfaiteur.*

2) (Plier son) : Mourir.

EXEMPLE — *Après que la mamie eut gentiment plié son pébroque, le notaire ahuri ligota le testament devant toute la famille qui avait fait une lèche éhontée à la vioque, sentant venir sa fin : « Vous êtes tous des petits cons et une bande de faux culs. Vous aurez pas un flèche. Et je me marre bien en léguant tout mon carbure et mes biens à la recherche médicale. Bons baisers de Belzébuth ! »*

PÉDALE.

Homosexuel.

EXEMPLE. — *Dans tout le bled, y'avait plus que les parents des enfants de chœur qui ignoraient que le curé était de la pédale !*

PÉDALES (perdre les).

Perdre le contrôle de ses actes. S'affoler.

EXEMPLE. — *En voyant le barrage de poulagas*

sur l'autoroute, Nino avait perdu les pédales ; il avait braqué à mort sur le champ de maïs avant de se retrouver à l'hosto avec la tronche comme un soufflé aux fraises !

PÉDÉ.

Pédéraste.

EXEMPLE. – *Ces salauds m'ont gardé*
Sur ce petit navire
Bourré de vieux pédés...

PEDIGREE.

Casier judiciaire.

EXEMPLE. – *À côté du pedigree de Mimile, la Bible avait l'air d'un menu du buffet de la gare !*

PÉDOQUE.

Pédéraste, homosexuel.

EXEMPLE. – *Les mémées sont pas laubées avec leurs problèmes de fion, mais les pédoques, c'est cent fois pire !*

PÉGAL.

Mont-de-piété.

EXEMPLE. – *Quand il avait plus d'artiche pour douiller sa dose, Fifi le Rocker apportait sa guimauve au pégal.*

PEIGNÉE.

Correction, raclée.

EXEMPLE. – *Le mouflet avait morflé une peignée maison par son vieux pour avoir rapporté au commissariat une larfeuille bourré de grands formats !*

PEINARD.

Tranquille.

EXEMPLE. – *Bellino, qui soi-disant valait pas un coup de cidre, s'était farci la ligne d'arrivée, peinard, avec trois longueurs d'avance sur les favoris !*

PELLE (rouler ou **cloquer une).**

Embrasser sur la bouche.

EXEMPLE. – *Sans mett' mon clignotant, j'y cloqu' un' pell' de camionneur.*

PELLOCHE.

Pellicule de film.

EXEMPLE. – *C'était presque la fin de la quatorzième prise sous la flotte quand l'assistant a annoncé qu' y' avait plus de pelloche ! La star a filé un coup de tatane dans les balloches du metteur en scène qui avait pas besoin de ça pour affirmer sa virilité !*

PÉLOT (sans un).

Sou.

EXEMPLE. – *Après avoir traîné ses miches sur tous les yachts des grossiums de la Jet Society, Vicky les Diams s'était retrouvée à trente-cinq carats sans un pélot, à tailler des pipes au bois de Boulogne !*

PELOTE (faire sa).

Fortune.

EXEMPLE. – *Éric le Rouquemoute avait fait sa pelote en fourguant des capotes anglaises à fleurs à tous les membres du clergé qui avaient sans lui bien du mal à s'approvisionner discrètement !*

PELURE.

1) Pardessus, manteau.

EXEMPLE. – *Pour pas paumer son temps, Rita la Sauteuse était toujours à loilpé sous sa pelure en vison quand elle allait à la partouze du baron.*

2) Individu peu loyal ou manquant d'envergure.

EXEMPLE. – *Les mecs étaient d'accord : personne voulait casser la banque avec cette pelure de Roger au volant de la chignole.*

PÉNICHES.

Chaussures.

EXEMPLE. – *Après une douzaine de* J and B *qu'il venait d'écluser, Nénesse, qui tenait plus la distance, avait du mal à rester debout sur ses péniches à bascule.*

PERCHOIRS DANS LE POULAILLER (ne plus avoir de).

Être dépourvu de dents.

EXEMPLE. – *Je m' vois deux barrièr's de corail et plus d' perchoirs dans l' poulailler.*

PERDRE SES CLEFS ou **SES LÉGUMES.**

Avoir une diarrhée incontrôlée.

1er EXEMPLE. – *Arsène, qui avait briffé trop de melon glacé, a même pas eu le temps de renquiller dans sa carrée. Cézigue perdait ses clefs dans l'escalier ! Un vrai désastre !*

2e EXEMPLE. – *Une demi-plombe à peine après avoir mis les adjas de la maison de redressement, le moujingue perdait ses légumes en esgourdant aboyer les clébards de la gendarmerie.*

PERDREAU.

Policier.

EXEMPLE. – *Loqué en petite sœur des pauvres, Laurent le Râblé était passé sans s'arrêter devant sa turne au nez des perdreaux en planque qui l'avaient pas retapissé !*

PÈRE FOUETTARD (le).

Les fesses.

EXEMPLE. – *Le père fouettard de Lilette, y rêvaient tous de l'emmancher comme un balai neuf !*

PERNIFLARD.

Pernod. Apéritif.

EXEMPLE. – *Contrairement à la publicité, Lulu la Sucette mettait un volume d'eau pour cinq volumes de perniflard dans son verre. L'équilibre lui paraissait nettement plus logique.*

PERPÈTE.

Perpétuité.

EXEMPLE. – *Malgré toutes ses relations, Francky le Boss aurait du fion s'il s'en tirait avec une perpète, après avoir dessoudé son contrôleur des impôts dans un moment d'égarement.*

PERQUISE.

Perquisition.

EXEMPLE. – *Pendant la perquise, Josyane les P'tits Doigts s'était cloqué en loucedé le diam dans la chagatte en priant la Sainte Vierge que l'un de ces messieurs s'en ressente pas pour une partie de zizi-pan-pan !*

PERROQUET (étouffer un).

Boire un pastis-menthe.

EXEMPLE. – *Les quatre bibards qui avaient étouffé chacun leur douzaine de perroquets en tapant le carton avaient du mal à reconnobrer le carreau du pique. Tutur dit en posant ses brèmes : « Eh ! le taulier, amène-nous un magnum de champ' ! Moi, le pastaga, ça me démolit le jabot ! »*

PERRUQUE EN PEAU DE FESSE (avoir une).

Calvitie.

EXEMPLE. – *... L'était mal baraqué pour tomber les gonzesses*
La trombine de traviole, une perruque en peau de fesse.

PERSIL (aller au).

Faire le trottoir.

EXEMPLE. – *Pour ell' je n' voulais pas d' soucis*
Elle n'irait jamais au persil.

PET.

Danger.

EXEMPLE. – *Didi le Facteur, spécialisé dans le braquage des postes en province, trouvait que c'était les endroits où y avait encore le moins de pet.*

PET (faire le).

Guet.

EXEMPLE. – *Tonin le Toulonnais, qui était censé faire le pet au fond du jardin, ronflait comme un sonneur quand les poulagas ont encerclé la strasse en gueulant dans leur mégaphone : « Jetez vos armes et sortez les mains sur la tête, vous êtes faits ! »*

PET (flurer le).

Chercher des noises.

EXEMPLE. – *Paulo la Teigne flurait le pet à tous ses potes dès qu'il paumait son artiche au pok.*

PET (porter le).

Porter plainte, dénoncer.

EXEMPLE. – *Ce foireux de sous-chef avait porté le pet auprès du boss qui avait saqué la môme pour dix broquilles de retard.*

PÉTARD.

1) Cul.

EXEMPLE. – *Au pétard de Marilyn, Marcello y gambergeait le soir au coin du feu en se faisant ripoliner le candélabre !*

2) Revolver.

EXEMPLE. – *Nous, ça nous a foutu l'cafard*
On a tiré des coups d' pétard.

3) Joint de haschish.

EXEMPLE. – *C'était une belle Ferrari pas pour ma poire*
Comme t'en vois seulement quand t'allumes un pétard... »

PÉTARD (se mettre en).

Se mettre en colère.

EXEMPLE. – *Quand le taulier se foutait en pétard, Louisette la Goulue, qui lui mettait tout de suite le flageolet à la portière, avait une façon bien à elle de lui brouter la tige qui le faisait ronronner comme un chat persan !*

PÉTARDIER(E).

Coléreux(euse).

EXEMPLE. – *Félix le Pacifique était obligé d'avoiner de temps en temps sa polka qui était pétardière comme pas deux !*

PÉTASSE.

Femme retors, vicieuse, dépravée, chicanière, pimbêche.

EXEMPLE. – *À la soirée du Crazy Horse tous les potes avaient les chocottes que le boss amène sa pétasse.*

PÉTÉ (être).

Être ivre.

EXEMPLE. – *Le moujingue osait pas raconter dans sa rédac sur la veillée de Noël que ce beau soir-là, toute sa famille était complètement pétée !*

PÉTÉE (foutre ou **en foutre une).**

Éjaculer. S'envoyer une femme.

EXEMPLE. – *Freddo le P'tit Bout, qui rêvait*

depuis toujours d'en filer une pétée à la grande Adrienne, a attendu le jour où elle était complètement poivre pour lui proposer la botte !

PÉTER (la).

Avoir faim.

EXEMPLE. – *Après avoir ficelé et bâilloné l'épicemar et sa bergère, Riri dit à Lucien qui comptait les talbins : « L'oseille, c'est pas tout, mon pote, je me ferais bien un foie gras et un coup de champ'. Je commence à la péter ! »*

PETIT.

Anus.

Refiler du petit : se faire sodomiser.

EXEMPLE. – *Marcelline, qui refilait du petit à tout va, se goinfrait des journanches de trois cents bardas tellement sa petite spécialité était appréciée par la clientèle ministérielle !*

PETIT CHOSE ET LES DEUX ORPHELINES (le).

Attributs masculins.

EXEMPLE. – *On va p't-êt' enfin savoir*
Quel est ce monstre sacré qui a donc tant de pouvoir
Et sans hésiter ell' nous dessine
Le p'tit chose et les deux orphelines.

PÉTOIRE.

Arme à feu.

EXEMPLE. – *En plein tribunal, Léon avait sorti une pétoire qu'il colla dans les reins de l'avocate. Il dit entre ses dents : « Laissez-moi gicler ou je lui troue la boyasse et vous après ! »*

PÉTOULET.

Cul.

EXEMPLE. – *Avec son gentil pétoulet, Rosy pouvait pas mettre de jupe blanche, because les marques de paluches que son bonhomme, jalmince, appréciait mal le soir quand elle rallégeait du bureau !*

PÉTROUSQUIN.

Cul.

EXEMPLE. – *Y a que l' grand-père qui se poilait tout l' temps. Il planquait des pétards sous l' pétrousquin de la mère-grand.*

PÉTRUS.

Cul.

EXEMPLE. – *Paraît qu'on a tous le typhus*
On a l'pétrus tout boutonneux...

PÈZE.

Argent.

EXEMPLE. – *Elle m'a dit : « Non,*
T'es trop moche
T'as pas d' pèze
T'es qu'une cloche. »

PHARMACO.

Pharmacien.

PIANO.

1) Table sur laquelle on relève les empreintes digitales.

2) Grands fourneaux de restaurants.

EXEMPLE. – *Mon frelot, qui est chef cuistot en Amérique et qui nous reviendra bien vite je l'espère, n'oublie jamais de me dire quand je vais le surprendre dans un restaurant nouveau : « Viens voir les pianos », avec une lueur de fierté dans les calots.*

PIANO À BRETELLES.

Accordéon.

EXEMPLE. – *Il tirait de son piano à bretelles*
Un d' ces p'tits airs qui vous fil' le bourdon.
(Chanson inédite)

PIAULE.

Chambre.

EXEMPLE. – *À six heures, en sortant de l'usine*
Dans ma piaule j'ai posé ma gamelle.

PICAILLONS.

Argent.

EXEMPLE. – *Nos grands-pères, qui avaient confié leurs picaillons à « l'Emprunt Russe » qui leur promettait des intérêts à chier partout, l'avaient eu salement à la caille quand on leur avait remboursé que fifre.*

PICHTOGORME.

Vin ordinaire.

EXEMPLE. – *Le fossoyeur qui crachait pas sur le pichtogorme, avait planqué des betteraves de rouquin dans les grands caveaux marbrés des riches où elles se tenaient mieux au frais !*

PICOLER.

Boire.

EXEMPLE. – *À force de picoler, Igor, qui débagoulait tant et plus, avait balancé sans s'en rendre compte tous ses potes aux perdreaux qui en croyaient pas leurs esgourdes !*

PICRATE, PICTON.

Vin.

EXEMPLE. – *Du moment qu'ils éclusaient tous les jours leurs six rouilles de picton, la Jeanne et le Louis étaient les voisins les plus souriants du quartier quand j'étais mouflet au Café du Pont.*

PIED (c'est le).

C'est bien, c'est formidable, exceptionnel, jouissif.

PIED (prendre son).

Jouir.

EXEMPLE. – *Deux escargots sur l'herbe tendre*
Qui copulaient depuis septembre
Vienn'nt de prendre leur pied brutal'ment.

PIEDS EN BOUQUET DE VIOLETTES (avoir les).

Éprouver une intense jouissance amoureuse.

EXEMPLE. – *Quand j'ai connu mon Agathe*
Ma jolie petit' tomate,
J'avais l' cœur par-dessus tête
Et les pieds en bouquet d' violett's.

PIÈGE.

Bookmaker.

EXEMPLE. – *Certains se la donnaient de Germain le Bordelais qui faisait le piège dans les rades à Clichy mais aussi la balançoire pour la maison poulaga !*

PIÈGE À MÉMÉES.

Attributs masculins.

Se faire court-circuiter le piège à mémées : avoir contracté une maladie vénérienne.

EXEMPLE. – *Ell' m'expliqu' alors qu' son p'tit fiancé est pitoyable*
Depuis qu'il s'est fait court-circuiter l' piège à mémées.
Il a plutôt l'air d'un' virgul' dans Les Misérables
Que d'un trait d'union dans L'Amant de Lady Chatterley.

PIÈGE À POUX, À MACARONI.

Barbe.

EXEMPLE. — *Ce qui foutait les flubes à la mouflette quand son grand-père s'approchait pour l'embrasser, c'était son piège à macaroni qui était énorme, tout noir et surtout encore plein de graisse et de jaune d'œuf !*

PIÉGER (se faire).

Se faire duper, avoir, escroquer.

EXEMPLE. — *Tous les membres du congrès d'ecclésiastiques s'étaient fait piéger dans ce « massage thaïlandais » où, après leur avoir lavé la biroute, les « prêtresses du sexe » leur avaient étranglé Popaul en moins de trois minutes, pine et montre en main !*

PIEU.

Lit.

EXEMPLE. — *Les amis invitaient plus Gaston et Magali à dormir chez eux ; quand ces deux-là faisaient une partie de jambonneaux, le pieu le plus costaud avait expiré bien avant le petit matin !*

PIEUTER (se).

Se coucher.

EXEMPLE. — *Les vieux, qui en avaient class de toujours entendre les mêmes conneries électorales à la téloche, étaient allés se pieuter.*

PIF (le).

Le nez.

1er EXEMPLE. — *Jacky l'Oranais, qui entravait que dalle à la boxe, avait le pif comme une patate écrasée à force de frimer dans les foires en tant que boxeur amateur.*

2e EXEMPLE. — *Il a d' la graiss' plein les tifs*
Des gros points noirs sur le pif.

PIFFER (ne pas).

Ne pas sentir, ne pas aimer quelqu'un.

1er EXEMPLE. – *Le petit Mac Enroe le teigneux, un géant du tennis, a avoué à un journaliste qu'il lui était indispensable lors d'un match de ne pas pouvoir piffer son adversaire s'il voulait gagner.*

2e EXEMPLE. – *Et ma p'tite mère dérouille mon frère*
Qui piffe autant ma sœur
Que les pieds du facteur.

PIFOMÈTRE.

Nez.

Au pifomètre : à vue de nez, approximativement.

PIGE.

Année. S'emploie plus généralement au pluriel.

1er EXEMPLE. – *Rigoustin en pogne, Pierrot, après vingt piges de placard, s'était pointé chez le juge qui l'y avait envoyé.*

2e EXEMPLE. – *J' suis gai comm' un mec de cent pig's*
Qui vient d' signer une rente viagère.

PIGE (faire la).

Faire mieux.

EXEMPLE. – *Histoire d'en installer un peu et pour faire la pige à l'ancienne équipe, les trapézistes Tatave et Marcelle, à dix mètres du sol sous le chapiteau, avaient fait enlever le filet.*

PIGEON.

Dupe.

PIGEONNER.

Abuser, duper, escroquer.

EXEMPLE. – *De sa cambuse en pleine cambrousse, le vieux Charlie, qui s'était déjà fait pigeonner, décarrait plus qu'avec son calibre en fouille, ne serait-ce que pour attriquer son brignolet au boulanger ambulant.*

PIGER.

Comprendre. Syn. d'entraver.

EXEMPLE. – *Elle a très vite pigé*
Qu' c'est horizontalement
Que ses mignons souliers
Dureraient l' plus longtemps.

PIGNOLE (se taper une).

Se masturber.

EXEMPLE. – *La mariée était si choucarde que le ratichon s'embourbait la menteuse en débagoulant pendant que les enfants de chœur se tapaient une pignole derrière la sacristie !*

PILON.

Clochard.

EXEMPLE. – *Bien installé face au moulana sur la grille du métro « Austerlitz », le pilon morganait à belles dents un poulet rôti qu'il avait engourdi à la devanture de la « Rôtisserie Montmartroise » !...*

PINCE.

Main.

PINCE (aller à).

Aller à pied.

PINCE (être chaud de la).

Être porté sur la « chose ».

EXEMPLE. – *Elle m'a dit : « Eh ben, mince,*
T'as l'air drôlement chaud d' la pince ! »

PINCEAUX.

Pieds.

EXEMPLE. – *Isa balança une mandale au pékin*

d'en face qui depuis un moment lui titillait les pinceaux sous la carante !

PINCE-FESSES.

Bal.

EXEMPLE. — *Hier, tout d' suite après la messe,*
J' suis allé dans un pince-fesses.

PINE.

Membre viril.

EXEMPLE. — *Après une plombe de baratin à la môme, un roulage de galoche maison et une main tombée, Théo était quand même rentré chez lui avec la pine sous le bras !*

PION.

Ivre.

EXEMPLE. — *Le moniteur d'auto-école, qui était pion du matin au soir, passait son temps à engueuler ses clilles parce qu'ils démarraient pas au feu rouge !*

PIPE.

1) Cigarette.

EXEMPLE. — *Fernand le Routier, qui glaviotait et toussait comme un vieux renard, avait vu son toubib qui lui avait conseillé d'arrêter de bombarder ses quatre paquets de pipes par jour avant d'avoir les éponges trop nazes.*

2) Gâterie buccale sur le membre viril.

EXEMPLE. — *À treize ans, la môme Suzette a été vite surnommée « Sucette » dans le quartier, because tous les vieux salingues à qui elle taillait des pipes en sortant de l'école pour une poignée de carambars et une pièce de dix balles...*

PIPE (casser sa).

Mourir.

EXEMPLE. — *Quand Gueule d'Amour a cassé sa*

pipe, toutes les negifrans de Montmartre avaient la frite au bain-marie en amenant l'osier pour douiller sa couronne.

PIQUER.
Voler, dérober.

EXEMPLE. – *Dudule avait dégusté une tisane par son vieux qui l'avait chopé en train de piquer du carbure dans la cagnotte des éconocroques !*

PIQUER (se faire).
Se faire prendre.

EXEMPLE. – *C'est juste au moment où elle était en train d'empalmer l'osier dans la vague du pionnard qu'Henriette s'était fait piquer par les condés !*

PIQUER LA RUCHE (se).
Se saouler.

EXEMPLE. – *Le débarbot d'Étienne, qui s'était manifestement piqué la ruche avant sa plaidoirie, s'emmêlait sérieusement le chiffon rouge ! Sûr que le pauvre Tiénou allait déguster un max.*

PIQUER LE DIX.
Pour un prisonnier, arpenter sa cellule.

EXEMPLE. – *Arthur l'Énervé, qui devenait dingue dans sa cellote à attendre la fin de l'instruction, piquait le dix jusqu'à tomber d'épuisement sur son pageot !*

PIQUEUR DE TRONC.
Voleur d'aumônes dans les troncs d'église.

EXEMPLE. – *Bébert la Patte Folle était devenu piqueur de tronc le jour où il avait eu l'idée de planquer une baleine de pébroque dans la jambe de son futal. Un petit pot de glu en fouille et le tour était joué.*

PISCAILLE.
Piscine.

EXEMPLE. – *Jérôme le Prudent, au lieu de mor-*

filer avec les minettes tout le carbure qu'il avait retroussé dans ses courses de formule 1, avait attriqué un château XVe *siècle, avec haras, canassons, piscaille, larbins et tout le toutim !*

PISSE-FROID.

Individu glacial, guindé et plein de préjugés.

EXEMPLE. – *Certains piss'-froid vous expliqu'ront qui z'aim'nt pas les voyages organisés.*

PISSENLIT BULGARE.

Position amoureuse que l'auteur lui-même est bien incapable de décrire en quelques mots.

EXEMPLE. – *Elle m'a fait l' pissenlit bulgar'*
Et la brouette de Zanzibar.

PISSEUSE.

Fillette, adolescente, jeune fille.

EXEMPLE. – *C'était par une scintillante nuit de givre*
Le long du pensionnat d' jeunes filles « Les Lys Blancs »
Qu'une jeune pisseuse me dit laissant tomber ses livres :
« Salut, je devine qu' vous êt's mon correspondant... »

PISTACHER LA CRAVATE (se).

Se saouler.

EXEMPLE. – *C'était uniquement parce qu'il osait pas refuser que Gégène le Timbré éclusait des godets tout au long de sa tournée et finissait par se pistacher la cravate.*

PLACARD.

Prison.

EXEMPLE. – *Après la sentence, le débarbot se félicitait : « On s'en sort bien ! » Alphonse, qui avait pas l'air du même avis, lui dit : « Ouais, vous, vous en sortez, mais moi j'y rentre ! Et dix piges de placard, ça se fait pas en danseuse !... »*

PLACARDE.

Place, situation.

EXEMPLE. – *Jo, qui allait toujours à griffe à son turbin pour faire des éconocroques, avait eu le bol de dégotter une placarde en bas de chez elle. Elle y tenait le vestiaire d'une boîte de gougnottes qui renaudaient pas sur les pourliches !*

PLACARDER.

Placer.

EXEMPLE. – *Étiennette, qui avait fait élever sa mouflette dans une institution religieuse, avait placardé la gosse à seize piges dans une boîte d'import-export. Le taulier, qui avait la charmante habitude de se faire astiquer le chipolata par ses secrétaires, s'en léchait les babouines à l'avance, le coquin !...*

PLAFOND, PLAFONNARD.

Crâne.

EXEMPLE. – *Après que la corde qui devait le pendre eut pété, après avoir raté son suicide au gaz, après avoir été incapable de s'ouvrir correctement les veines, Michou la Scoumoune s'était filé une valda dans le plafonnard, ce qui avait résolu le problème !*

PLAFTARD.

Plafond.

EXEMPLE. – *Après la bagarre, on ne retrouvait plus*
Que de la tripaille
Jusqu'au plaftard...

PLAN (diminutif de planque).

Petit tube d'acier ou d'aluminium contenant des billets de banque et une lime de métal que le détenu dissimule dans l'anus, en prévision d'une évasion.

EXEMPLE. – *Le Yougo dit à Nénesse qui allait partager sa cellule : « Gaffe-toi si t'as un plan ; ces fumiers font des barbottes à l'improviste... »*

PLAN (faire un).

Faire une indélicatesse, ou quelque chose d'incongru, ou une farce. Abuser ou tromper quelqu'un.

EXEMPLE. – *Alfred, le représentant de commerce qui avait embarqué dans sa chignole une mousmée aux œufs sur le bord de la route, s'arrêta dix kilomètres plus loin en rase campagne. Descendant de sa caisse, il en fait le tour, lève le capot et dit à la Julie : « Je crois qu'on est en panne. – Oh ! Tu me fais un plan, ou quoi ? »*

PLANER.

Perdre le sens des réalités sous l'effet de la drogue.

EXEMPLE. – *Sans savoir ce qu'elle faisait après sa piquouse, Berty est passée à table. Elle s'est mise à planer entre les radis-beurre et les courgettes farcies, devant ses vieux éberlués qui entravaient que dalle à la situasse.*

PLANQUE.

Cachette.

EXEMPLE. – *Chez le vieux Gaby, y' avait une cheminée pivotante qui faisait bibliothèque de l'autre côté, comme dans les vieux films de cape et d'épée. En cas de descente de ces messieurs, c'était la planque idéale !*

PLANQUE (se mettre en).

Attendre quelqu'un en se cachant.

EXEMPLE. – *Même après son divorce, Dédé, qui était le roi des jalminces, se mettait en plan-*

que en face de chez Annie pour mater si elle s'embourbait des gus.

PLANQUER.

Cacher, dissimuler.

EXEMPLE. – *En moins de temps qu'il n'en faut à un communiant pour avaler le sapeur, Frida avait planqué le solitaire dans sa boîte à pâté !*

PLANQUER (se).

Se cacher.

EXEMPLE. – *Le chat a plongé sous l' plumard*
Moi, j' me suis planqué dans l' frigo.

PLANTER (se).

Se tromper, se fourvoyer, échouer, subir un insuccès.

EXEMPLE. – *En voulant fourguer une carte du parti à Joël l'Anar, les camarades s'étaient salement plantés !*

PLAQUER.

Abandonner.

EXEMPLE. – *Le beau charcutier d'en face*
Plaquant son grand magasin
Et son épouse un peu grasse
Se crut l'élu du destin.

PLEIN AUX AS.

Riche.

EXEMPLE. – *Chez Florasol je suis livreur*
Et je lui offre des fleurs
De la part de mecs pleins aux as.

PLEIN COMME UN BOUDIN

Ivre.

PLEURER LE COLOSSE (faire).

Uriner.

EXEMPLE. – *Le Sicilien, qui pesait 40 kg tout mouillé et qui avait des côtelettes jusqu'à la raie du fion, faisait poiler ses potes au troquet quand il posait ses brèmes en disant : « Bougez pas, les gars, je vais faire pleurer le colosse ! »*

PLOMBARD.

Plombier.

EXEMPLE. – *Certains mystiques illuminent leur vie en attendant le Messie. Un bon Français moyen, religieux ou pas, passe de toute façon la sienne à attendre le plombard.*

PLOMBE.

Heure.

EXEMPLE. – *En sortant du boulot j' trouv' ma fiancée couchée chez moi*
Sur un mat'las tout neuf avec un typ' que j' connais pas
« D'où viens-tu ? me dit-ell'. Y'a plus de deux plomb's que j' suis là
À essayer c' mat'las, savoir si on l'achèt' ou pas ! »

PLOMBER.

Faire cadeau à son partenaire d'une maladie vénérienne.

EXEMPLE. – *Après le repas de famille, le beau Louis, qui avait toujours le tison allumé, s'était fait plomber à bout portant comme un garenne un jour d'ouverture par la copine de la communiante qui devait bien aller sur ses quatorze ans et demi !*

PLONGER.

1) Être emprisonné.

2) Prendre des risques.

EXEMPLE. – *Encroumé jusqu'aux yeux, Gino, qui l'avait à la caille d'avoir tout le temps un gus au train, avait plongé avec les Corsicos dans le racket des boîtes de la Côte. Et ce turbin-là, il savait bien que c'était pas du mille-feuilles !*

PLOUC.

Paysan. Personnage lourdaud.

EXEMPLE. – *Dans cette boîte de la rue Blanche, Martha bossait plus que le samedi soir avec les ploucs pleins aux as qui se pointaient de leur cambrousse tout jouasses de se faire vider les balloches en même temps que le lazingue !*

PLUMARD ou **PLUME.**

Lit.

EXEMPLE. – *Ninette, qui avait pratiqué les plages, les arrières de bagnoles, l'herbe tendre et les porches d'immeubles, prétendait que pour s'envoyer en l'air y' avait encore rien de mieux qu'un bon plumard !*

PLUME.

Pince-monseigneur.

EXEMPLE. – *Comme au temps de l'ancienne école, Lucien le Prudent ne travaillait qu'à la plume et ne se chargeait jamais pour monter sur un boulot.*

PLUME (tailler une).

Gâterie buccale sur le membre viril.

EXEMPLE. – *C'est Mme Raymonde, notre crémière, qui m'a taillé ma première plume... Et moi qui croyais qu'elle me faisait enlever mon short pour me recoudre un bouton !*

PLUMES.

Cheveux.

EXEMPLE. – *Cette bonne pomme de Georgio, qui perdait ses plumes, douillait cinquante tickets par semaine pour régénérer sa belle chevelure chez un merlan qui avait pas un poil sur le caillou.*

PLUMES (voler dans les).

Se fâcher, réagir violemment.

EXEMPLE. – *Alexa s'était juré que le prochain coup qu'Albert se radinerait avec du rouge à lèvres plein la bite, elle lui volerait dans les plumes !*

POCHETRON.

Saoulard.

EXEMPLE. – *On l'avait surnommé « La Poivrade » tellement il était jupé du matin au soir. Et ça faisait assez tartir le commandant de gendarmerie d'avoir un pochetron pareil dans sa brigade !*

POCHETRONNÉ.

Qui boit. Qui se pochetronne.

POGNE.

Main.

1er EXEMPLE. – *Micheline, qui arrivait pas à soutirer dix sacs à Freddo qui avait tout croqué aux courtines, lui bonnit : « Non seulement Monsieur a un poil dans la pogne, mais en plus il a des oursins dans les profondes ! »*

2e EXEMPLE. – *« Tiens, régal'-toi sans vergogne. »*
Elle me pose au creux des pognes
Des gros seins tristes et mélos
Comme des sacoches de vélo.

POGNE (passer la).

Abandonner, pardonner.

EXEMPLE. – *Malgré qu'il ait glandouillé au lycée toute l'année, ses vieux avaient décidé encore une fois de passer la pogne.*

POGNE (se faire ou **se taper une).**

Se masturber.

EXEMPLE. – *C'était plus fort que lui, quand le petit Nanard biglait la prof' de musique, les nibards sans soutien sous le chemisier transparent, fallait qu'y se tape une pogne derrière son solfège !*

POIDS (faux-).

Fille qui n'a pas sa majorité et peut susciter une condamnation pour détournement de mineure.

EXEMPLE. – *Gino et Ange faisaient dans le trafic de faux-poids de huit à douze piges ramassées en Italie du Sud pour stimuler les vieux partouzards blasés en mal de sensations nouvelles.*

POIGNET (la veuve).

La masturbation.

EXEMPLE. – *En centrouse, les plus costauds, qui voulaient ni en croquer, ni refiler du chouette, étaient bien forcés de finir par la veuve poignet !*

POILANT.

Comique, rigolo.

EXEMPLE. – *Des gens poilants comm' ma maman*
On en rencontr' aussi souvent
Qu'un Écossais donneur de sang.

POINTE (être de la).

Homme porté sur les femmes.

EXEMPLE. — *Maxou, qui est plutôt de la pointe, avait cru devenir dingue à bigler toutes ces frangines loquées à ras le bonbon à l'époque des mini-jupes !*

POINTER (se).

Arriver, venir, apparaître.

EXEMPLE. — *Tu peux être sûr que quand tu vois se pointer Alexis le Graisseux, c'est toujours à l'heure de la graille !*

POINTURE (c'est une sacrée).

Personnage hors du commun, important, imposant, exceptionnel.

EXEMPLE. — *Ça a dû salement jaspiner sous la coupole avant que les 39 loquedus laissent entifler une gonzesse pour quarantième. Faut dire que cette Marguerite Yourcenar, c'est une sacrée pointure !*

POIRE.

Visage.

1er EXEMPLE. — *Marinette, qui avait toujours pas digéré le doublard d'Étienne, avait attendu la gosse à la décarrade du tapis pour lui cloquer un flacon de vitriol en pleine poire !*

2e EXEMPLE. — *Il faut toujours garder une soif pour sa poire.*

POIREAU.

Membre viril.

EXEMPLE. — *En sortant de l'église, dans la chignole qui les ramenait à la maison, la mariée impatiente d'une paluche experte commençait d'astiquer le poireau de son époux qui avait beaucoup de mal à passer les vitesses !*

POIREAUTER.

Attendre, faire le poireau.

EXEMPLE. – *Je poireautais près d'elle au mêm' confessionnal.*

POIRER (se faire).

Se faire prendre.

EXEMPLE. – *Cyprien le Malicieux s'était fait poirer sur le tas juste au moment où il venait de délourder le coffiot bourré de lingots.*

POISCAILLE.

Poisson.

EXEMPLE. – *Pour l'ouverture de la pêche, nos gros requins de la politique, qui choisissent souvent ce jour-là pour se faire élire, ont les flubes que, le moulana aidant, les amateurs de poiscaille préfèrent aller taquiner le gardon.*

POISSE.

Déveine.

EXEMPLE. – *Depuis deux piges qu'elle s'était barrée, sa mousmée qui rallège ! Et lui qui pointait au chômedu se retrouve au boulot en deux coups les gros. Tu parles d'une poisse pour ce pauvre Aristide !*

POISSER (se faire).

Se faire prendre. Syn. de poirer.

POITRINE DE VÉLO.

Poitrine creuse et étroite.

EXEMPLE. – *Quand le public a vu ce Mimile radiner sur le ring avec sa poitrine de vélo, la salle entière se tenait la boyasse de rire.*

POIVRADE.

Ivresse.

EXEMPLE. – *Le vieux Maurice, qui pouvait plus mastéguer quoi que ce soit, marchait plus qu'à la poivrade, au grand désespoir de ses potes qui l'avaient toujours connu fort et laubé comme une bite toute neuve !*

POIVRÉ.

Ivre.

EXEMPLE. – *Quand il était poivré, Anselme le Clodo, qui vendait des* France-Soir, *tenait des discours hautement philosophiques qui épataient souvent les bourgeois de « La Tour Montlhéry », le restau sympa de mes potes Jacques et Denise.*

POLAR.

Roman policier.

EXEMPLE. – *Pendant son cours d'histoire, le prof était furax de voir ce cancre de Didier se fendre la poire en ligotant un polar de San Antonio.*

POLARD.

Membre viril.

EXEMPLE. – *Quand le satyre du train exhiba son polard, du haut de ses douze piges, la môme Alice lui dit : « Si c'est tout ce que vous avez pour mon quatre heures, j'aime autant ma bille dc chocolat ! »*

POLIR LE CHINOIS (se).

Se masturber.

POLKA.

Femme.

EXEMPLE. – *Quand elle épongeait un gus qui lui bottait, Nénette, la polka d'Étienne, prenait son fade à tous les coups, ce qui lui avait valu une tisane mémorable de son homme qui appréciait pas ce genre de turbin !*

POMME.

Figure, tête.

POMME (bonne).
Dupe, crédule, naïf, niais.

Individu trop gentil qui a tendance à se laisser exploiter.

EXEMPLE. – *À la fin de l'histoire le mouflet dit à sa mamy : « Ce qui prouv'bien que le p'tit Poucet était un'vraie pomme, c'est qu'il a même pas pensé à faire du stop ! »*

POMME (espèce de) (pauvre).
Apostrophe affectueuse.

EXEMPLE. – *Espèce de pomme, laisse quimper. Tu vois pas qu'elle te mène en bateau*

POMME (ma).
Moi.

EXEMPLE. – *« Ça y est, mon pote, j'ai un rembour avec elle. Je crois qu'elle en pince pour ma pomme ! »*

POMPE.
Chaussure.

EXEMPLE. – *Pendant la guerre des Six Jours, les Arbis, qui avaient les Israéliens au train, avaient balancé leurs pompes dans le sable chaud pour tracer plus vite !*

POMPE (coup de).
Fatigue.

EXEMPLE. – *Après le quarantième clille, le samedi soir, Mado sentait le coup de pompe, because le baratin de tous ces « peine-à-jouir » qu'elle pouvait plus encaisser !*

PONETTE.
Jeune femme, aujourd'hui du milieu ou non.

EXEMPLE. – *Depuis qu'il avait paumé ses douilles, toutes les ponettes cavalaient après Bob le Fiévreux. À croire qu'elles étaient devenues dingues de sa perruque en peau d' fesse !*

PONT-L'ÉVÊQUE DANS LE FAUX COL (avoir un).

Haleine fétide.

EXEMPLE. – *Sa mère aussi c'est quéqu'chose*
Elle a vraiment quand ell' cause
Un pont-l'évêque dans l' faux col
Pour flinguer les mouches au vol.

PONT-LEVIS

Langue.

Abaisser le pont-levis : apprêter sa langue à subir (ou donner) un baiser profond.

EXEMPLE. – *Sa langue rose me redonne goût à la vie*
Entre ses dents quand elle abaisse le pont-levis.

POPAUL.

Membre viril.

Étrangler Popaul : se masturber.

EXEMPLE. – *Ginette avait tellement les moules de récolter un petit salé dans la cale qu'à chaque fois qu'elle se pageait avec Nénesse, elle lui étranglait Popaul illico avant de causer du prix de la laitue !*

PORCIF.

Portion.

EXEMPLE. – *Flavien échangeait souvent un paquet de pipes pour une porcif de loubiats tellement il adorait ça !*

PORTE-FLINGUE.

Garde du corps.

EXEMPLE. – *Malgré la tripotée de porte-flingues qui l'encadraient, le pépé Reagan avait tout de même bloqué une bastos dans le burlingue !*

PORTE-PIPE.

Bouche.

EXEMPLE. – *Quand la môme Graziella lui a cloqué sa menteuse dans le porte-pipe, le jeunot, pour qui c'était sa première galoche, a failli partir dans les vaps !*

PORTUGAISES.

Oreilles.

EXEMPLE. – *« Gueule pas si fort, connasse, disait Riton à la marquise qui prenait son fade, j'ai pas les portugaises ensablées ! »*

POT.

1) Anus.

Se faire casser le pot : se faire sodomiser.

EXEMPLE. – *La première noille passée dans sa cellote, Bleuet, le petit nouveau, s'était fait casser le pot par César le Boucher qui aimait la viande fraîche !*

2) Chance.

EXEMPLE. – *Ce soir pour t'oublier, ma poule,*
J'ai éclusé quelques p'tits blancs
Manqu' de pot, maint'nant j' te vois double
Une seule suffisait largement.

POTE ou **POTEAU.**

Ami.

EXEMPLE. – *« Faites-y confiance, c'est mon pote ! » disait Pierrot en présentant Jo l'Anguille à l'équipe de casseurs.*

POUCETTES (les).

Menottes.

EXEMPLE. – *Les malfrats avaient filé un sparadrap sur les charmeuses du poulet qu'ils avaient accroché au radiateur avec ses propres poucettes.*

POUIC (que).
Rien.

EXEMPLE. – *Tout en enfournant l'osier dans des grands sacs en plastique, les arcans jactaient entre eux en verlan, devant les clilles et les employés de la Générale terrorisés qui entravaient que pouic...*

POULAGA.
1) (Maison) : Commissariat.

EXEMPLE. – *Fifi le Coriace, qui dégustait depuis hier une tourlousine toutes les deux plombes à la maison poulaga, avait toujours pas craché le morcif !*

2) Policier.

EXEMPLE. – *Les poulagas d' Seine-et-Oise*
M'ont cueilli comm' un' framboise.

POULARDIN.
Policier. Syn. de poulaga.

EXEMPLE. – *Les poulardins nous filaient l' train.*

POULE (la).
La police.

EXEMPLE. – *Le taulier, en loucedé, avait dû filer un coup de grelot à la poule qui nous était tombée sur les endosses.*

POULET.
Policier.

EXEMPLE. – *Bibi le Fourgue avait dit à Armand le Grêlé : « C'est pas pour te faire de peine, mec, mais tes deux aminches, y sentent le poulet à plein naze ! »*

POUPÉE.
Femme soignée, fardée.

EXEMPLE. – *Sept, huit poupées m'ont serré*
dans leurs bras

Comm' si c'était la dernière fois...

POURLICHE.

Pourboire.

EXEMPLE. – *C'était le plus célèbre des auteurs de best-seller qui osait filer cinquante centimes de pourliche dans la paluche de mon pote Antoine, le gentil portier corsico de la « Tête de l'Art », quand il lui avançait sa Rolls devant la lourde. « C'est pas vrai ! me disait-il en contemplant écœuré cette misère au creux de la pogne, chez nous on se baisserait même pas pour ramasser ça ! »*

POUSSE-AU-CRIME.

Vin médiocre ou forte gnôle.

EXEMPLE. – *Cette pauvre Lisette carburait plus qu'au pousse-au-crime depuis que son Mimile avait plié son pébroque.*

POUSSER.

Exagérer, extrapoler, abuser.

EXEMPLE. – *Devant ses vieux, le maire et les guignols du bourg, la petite bouseuse en cloque soutenait mordicus qu'elle s'était fait sauter par un Martien ! Comme disait le garde champêtre qui avait l'air un peu plus éveillé que les autres : « Faut pas pousser ! »*

PRALINE.

1) Clitoris.

EXEMPLE. – *Les bonnes sœurs du couvent de Sainte-Béatrice savaient plus que faire de Rirette, la mouflette du commissaire ! Tout bien pesé, elles considéraient comme glandilleux de lui expliquer que la gosse avait la praline en délire !*

2) Coup de poing.

EXEMPLE. – *Le général avait bloqué une parline en plein fer à souder qui lui avait filé du raisin plein sa Légion d'honneur.*

3) Balle d'arme à feu.

EXEMPLE. – *Gaston le Dingue, qui avait essuyé deux pralines dans le baquet, continuait d'avancer sur les bourres le doigt enfoncé sur la détente de sa sulfateuse.*

PRÉTENTIARD(E).

Prétentieux (euse).

EXEMPLE. – *Perrette, une bell' bouseuse qui charriait son lolo,*
Bien cloqué sur son carberlot
Prétentiarde comme pas deux
Voulait s' pointer au blcd
Loquée à ras l' bonbon elle arquait les compas.

PRÉVETTE.

Prévention.

EXEMPLE. – *Pour Paco, qui avait gerbé deux piges de ballon, il restait plus qu'un mois à tirer, because les vingt-trois marquets de prévette qu'il s'était déjà embourbés...*

PRIX À RÉCLAMER.

Fille laide ou disgracieuse.

EXEMPLE. – *Avec son tarbouif de traviole, ses douilles graisseux et ses labiales en lame de rasoir, la merluche faisait un sacré prix à réclamer !*

PRIX DE DIANE.

Jolie fille.

EXEMPLE. – *Milou le Tondu, qui était jalmince maladif, quittait pas des châssws la môme Lola qui était un vrai prix de Diane et qui aurait eu qu'à lever un cil pour faire péter les braguettes de tous les mâles du guinche !*

PROFONDE.

Poche.

EXEMPLE. — *Louisette, qui avait fait les profondes du cave pendant qu'il en écrasait, n'avait dégauchi qu'un chapelet et une boîte de capotes à fleurs.*

PROJO.

Projecteur.

EXEMPLE. — *Les projos en rideaux et la sono nasebroque, le chanteur de charme avait beau tirer sur son corgnolon, la salle esgourdait que pouic.*

PROPRIO.

Propriétaire.

EXEMPLE. — *Pour remercier le proprio*
Le soir je jouais du saxo.

PROSTATE EN BANDOULIÈRE (avoir sa).

Individu sexuellement pitoyable.

EXEMPLE. — *Comme il avait sa prostate en bandoulière*
Chez Rosette et Nina il allait plus beaucoup.

PROZE.

Postérieur, cul.

EXEMPLE. — *A force de tortiller du proze en dansant, dans le noir, Lolita sentit tout à coup que le mec venait de mettre le flageolet à la portière !*

PRUNE.

Coup de poing.

EXEMPLE. — *Le poulet, qui avait morflé une prune entre les deux yeux, était tombé raide pour le compte.*

PRUNEAU.

Balle, projectile.

EXEMPLE. – *L'émir, qui avait bloqué une fricassée de pruneaux dans le gras du bide, aurait plus souvent l'occasion de faire la danse du ventre !*

PRUNES DE MONSIEUR (les).

Les couilles.

EXEMPLE. – *Après la cohue du métro à six heures du soir, Nanette qui était déjà fumace d'avoir été écrasée comme une pédale de frein, fit un rébecca terrible quand elle bigla sur le devant de sa roupane blanche, une grande tache de liqueur de prunes de monsieur...*

PRUNES (pour des).

Pour rien.

EXEMPLE. – *J'étais vraiment innocent*
Et j'ai payé pour des prunes.

PUCIER.

Lit.

EXEMPLE. – *Lilette et Albert le Tendeur avaient mis tellement le paquet à leur partie de jambonneaux, qu'ils avaient complètement déglingué le pucier !*

PUNAISE.

Petite peste. Femme bourgeoise d'esprit étroit. Bigote.

EXEMPLE. – *Elle a le nombril en corolle*
Céleste comme une auréole
Pas comme les punaises du quartier
Qui l'ont en forme de bénitier.

PURÉE (balancer la).

1) Éjaculer.

EXEMPLE. – *Le drame de Roberto avec les nanas, c'est qu'il avait balancé la purée avant que la mignonne ait eu le temps d'enlever son petit futal de soie blanche !*

2) Tirer avec une arme à feu.

EXEMPLE. – *Les poulardins avaient tellement les chocottes qu'ils ont balancé la purée avant de crier : « Haut les mains ! »*

PUTE.

Malin. Obséquieux. Flagorneur. Calculateur. Prostituée.

EXEMPLE. – *Enfants d' la lune ou fils de pute*
Il avaient tous le cœur béant.

PYJAMA (faire du).

Se mettre au vert.

Dessin de Barbe

QUART.

Commissariat de police.

EXEMPLE. – *Le baron bichait à l'avance de pouvoir raconter à ses amis du Jockey-club qu'il avait passé une nuit entière au quart parmi les clodos.*

QUEBRI.

Brique en verlan : million.

EXEMPLE. – *Tony et Angelo avaient paumé d'emblée une quebri, histoire de donner confiance aux pigeons qu'ils s'apprêtaient à plumer.*

QUENELLES.

Jambes.

EXEMPLE. – *J' rentrais chez moi en m' cramponnant. J' pouvais plus t'nir sur mes quenelles.*

QUENOUILLES.

Jambes. Syn. de quenelles.

EXEMPLE. – *T'as les gambett's si bien fuselées*
Que même les quenouilles à Marlène
À côté c'est qu' du barbelé !

QUÉQUETTE.

Membre viril.

EXEMPLE. – *Gérald avait sorti sa quéquette devant le toubib qui lâcha un long sifflement en matant le désastre !*

QUÈS (du).

Pareil.

EXEMPLE. – *Que le mec soit brun ou rouquin, pour Gigi c'était du quès quand elle était sous presse. Elle écartait les flûtes et comptait les mouches au plafond en attendant que ça se passe !*

QUEUE (avoir le bouton qui fait robe à).

Avoir le clitoris en érection.

EXEMPLE. – *C'était toujours quand elle était au paddock avec Paulo et qu'elle avait le bouton qui faisait robe à queue que Lucette se demandait si elle avait fermé le gaz !*

QUEUTARD.

Homme porté sur le sexe.

EXEMPLE. – *Le président, qui était un remarquable queutard, se débarrassait de ses porte-flingues pour aller se vider les balloches chez des starlettes de son choix, toutes flattées de pouvoir lui mâchouiller le bigarreau.*

QUIMPER.

Tomber.

EXEMPLE. – *« Laisse quimper ! dit la nénette à Loulou qui lui avait balancé la louche au réchaud. Tu vois bien que j'ai mes coquelicots ! »*

QUINE (en avoir).

Assez.

EXEMPLE. – *À force de lui souffler dans le pipeau, Jasmine en avait quine de ce mec qui en avait rien à secouer de sa foufounette.*

QUINQUETS.

Yeux.

1er EXEMPLE. – *Ouand il a vu la minette en cloquc dc trois mois lui annoncer l'événement avec de la flotte plein les quinquets, François le Tendre, bonne pomme, lui a proposé le marida.*

2e EXEMPLE. – *Moi, pour la mienn',*
Y' a rien à j'ter
Y'a des bleuets
Dans ses quinquets.

R

Ratière | *Dessin de Bridenne*

RAB.

Rabiot.

EXEMPLE. – *La jaffe de la mère Germaine était tellement aux petits oignons que tous les clilles du restau lui réclamaient du rab.*

RABAT ou **RABATTEUR.**

Celui qui rabat des clients.

EXEMPLE. – *Le rabat du « panier percé » le plus fortiche du quartier vous dégottait toujours les écrémeuses les plus laubées du coinceteau !*

RABATTRE.

Revenir.

EXEMPLE. – *On avait rabattu dans la strasse le lendemain pour aérer la joncaille qu'on avait planquousée dans la chasse des gogues.*

RÂBLE.

Épaules. Corps.

EXEMPLE. – *Malgré sa moumoute et son piège à macaroni, P'tit Léo s'était fait sauter sur le râble par deux perdreaux en planque à la décarrade de chez sa mousmée.*

RACCOURCIR.

Guillotiner.

EXEMPLE. – *Si le nouveau président était pas élu, les quatre gus de Fresnes qui avaient gerbé la peine capitale étaient bons pour se faire raccourcir !*

RACLETTE (coup de).

Rafle.

EXEMPLE. – *La veille de réception d'un chef d'État, les frangines se gaffaient des coups de raclette des condés qui craignaient de compromettre la morale de notre beau pays bien-pensant !*

RACLETTE (la).

La police.

EXEMPLE. – *Devant le déploiement inhabituel de ces messieurs de la raclette dans la rue Saint-Denis, Lina se dit qu'il y avait de la merde après la rampe ! Elle entifla en coup de vent dans un magaze de jouets pour acheter un Goldorak à son petit neveu, le temps que passe l'orage...*

RADADA (aller au).

Faire l'amour.

Aimer le radada : aimer faire l'amour.

EXEMPLE. – *Paulette en avait ras le chignon de ce mec qui lui étouffait son carbure, lui filait des tourlousines et voulait jamais aller au radada !*

RADE.

Comptoir d'un bar. Café. Bar.

EXEMPLE. – *Par-dessus le rade, Lucas le Venin avait chopé le loufiat par le colbac : « Je t'ai demandé un whisky, pas de la pisse d'âne, t'as pigé ou tu veux que je t'explique ? »*

RADEUSE.

Prostituée.

EXEMPLE. – *Peu à peu, les radeuses du bois avaient dû abandonner certains secteurs aux travelots qui leur faisaient une contrecarre déloyale.*

RADIOGRAPHIER.

Regarder, détailler.

EXEMPLE. – *L'aut' jour à la banque en retirant un peu d'osier,*
J' radiographiais un p'tit' bich'
Qui avait des ch'veux jusqu'aux mich's.

RADIS.

1) Sou, argent. Plus un radis.

EXEMPLE. – *En sortant du cabaret « Le Joli Popotin », le péquenot, qui avait pas mal éclusé en se faisant chatouiller les contrepoids, s'était retrouvé sans un radis pour douiller le bahut qui le ramenait à l'hôtel !*

2) Doigts de pieds.

EXEMPLE. – *Fumace, Lolotte avait balancé un méchant coup de coude dans le burlingue du gros mastard qui lui écrasait les radis.*

RADIS NOIR.

Curé en soutane.

1er EXEMPLE. – *Le jeune radis noir qui avait surpris, bien malgré lui, sa servante gironde en train de se doucher, avait rougi comme une dame patronesse devant une bite de cheval en rut.*

2e EXEMPLE. – *Comme elle est très pieuse on a*
couru vers l'abbaye.
Et le radis noir de sa paroiss'
nous a bénis.

RAFFUT.

Bruit, tapage.

RAFIOT.

Bateau.

EXEMPLE. – *Jusqu'en septembre.*
Sur ce maudit rafiot
J'étais la femm' de chambre
Du lieutenant d' vaisseau.

RAGOUGNASSE.

Mauvaise nourriture.

EXEMPLE. – *Jacques Borel ou pas, la ragougnasse qu'on vous refile dans les restaus d'autoroutes vous ferait gerber un clébard !*

RAGOÛT (boîte à).

Estomac, ventre.

EXEMPLE. – *Après une formidable pêche dans la boîte à ragoût qui plia le mec en deux, Jeannot le releva brutalement d'un swing au menton qui lui fit cracher les chailles sur le carrelage !*

RAIDE (être).

Sans le sou. Démuni.

EXEMPLE. – *Au moment de carmer la douloureuse, Nico, qui fouillait désespérément ses pro-*

fondes, s'aperçut qu'il était raide comme un passe-lacet !

RAIE (gueule de).

Injure.

RAIE (miser la).

Sodomiser.

EXEMPLE. – *Mimi répliqua au loquedu qui marchandait la passe : « Comment, c'est trop cher ? Tu veux peut-être payer à tempérament ? Va te faire miser la raie, eh ! lopette. »*

RAISIN ou **RAISINÉ.**

Sang.

EXEMPLE. – *Quand la poule a entiflé dans la carrée, le gus avait une rapière entre les endosses et nageait dans le raisiné.*

RALLÉGER.

Venir, revenir.

EXEMPLE. – *Quand Francky a rallégé avec la chignole il était grand temps, on les avait dans les reins.*

RALLONGE.

1) Couteau. Syn. de rapière.

EXEMPLE. – *La rallonge de Pedro à un millimètre du colbac, le juge avait murmuré en transpirant à grosses gouttes : « Donnez-lui ce qu'il demande et laissez-le partir ! »*

2) Augmentation, rajout, argent.

EXEMPLE. – *Il était pas duraille de piger qu'avec de la rallonge, la concepige était prête à casser le morceau !*

RAMASSE-MIETTES.

Cils.

EXEMPLE. – *Quand Sylvie la Mouflette faisait des trilles avec ses ramasse-miettes, son vieux, désarmé, était bien incapable de lui filer l'avoine promise.*

RAMBINER.

Se réconcilier, faire la paix.

EXEMPLE. – *Cloclo avait rambiné le coup avec Poupette qui était venue lui becqueter dans la pogne après son carambolage avec Gino le Rital.*

RAMDAM (faire du).

Chahut, vacarme, protestations.

EXEMPLE. – *Barberine, qui avait pris un bain et mis son plus beau galure pour la circonstance, s'était pointée chez le contrôleur des impôts pour y faire un ramdam du tonnerre de Dieu. Il était hors de question pour son modeste commerce de casquer vingt-cinq quebris de rappel, merde alors !*

RAME.

Fatigue, paresse.

EXEMPLE. – *Après avoir mastégué son calendo et éclusé sa betterave de rouquin, le pêcheur d'ablettes, qui avait la rame, avait laissé quimper le poiscaille pour piquer un petit roupillon.*

RAMER.

Peiner. Avoir du mal à accomplir quelque chose.

EXEMPLE. – *Devant une salle aux trois quarts vide, les acteurs ramaient devant le public glacial qui avait pas réagi pendant tout le premier acte !*

RAMIER.

Fainéant.

EXEMPLE. – *Charlot le Loir était tellement ramier qu'il ronflait au bout de vingt secondes quand il limait avec une gonzesse !*

RAMOLLO (se cogner un).

Se masturber.

EXEMPLE. — *Baptiste, qui était d'une timidité maladive, préférait se taper des ramollos que de faire du gringue aux nanas.*

RAMONA (chanter).

Réprimander, engueuler.

EXEMPLE. — *Quand ses potes ramèneraient Freddo complètement gelé à sa bergère, elle allait leur chanter ramona, c'était couru d'avance.*

RAMONER.

Posséder une femme.

EXEMPLE. — *A loilpé sur le pucier, la minette se laissait ramoner tout en ligotant un polar d'Auguste Le breton qui avait l'air de la faire goder davantage que le mironton !*

RAMPE (lâcher la).

Mourir.

EXEMPLE. — *Quand la famille a pigé que le vioque allait lâcher la rampe, tous ces rapaces esgourdaient si dans son délire il leur dirait enfin où était planqué le magot.*

RAMPE (y' a de la merde après la).

Il y a un ennui, un impondérable, une complication, du louche.

EXEMPLE. — *Quand Augustin avait parlé d'attriquer le tapis du gros Karl, Benoît, qui l'aimait bien, lui avait dit : « C'est pas une affure pour tézigue, laisse quimper, y' a de la merde après la rampe ! »*

RAMPONNEAU.

Coup de poing.

EXEMPLE. — *D'un terrible ramponneau sur la calebasse, M. Louis avait occis le télégraphiste qu'il avait pris pour un matuche.*

RANGER DES VOITURES (se).

Se retirer de la vie active.

EXEMPLE. – *« Faudrait t' ranger des voitures »*
Que j' me suis dit un jour.
J'ai buté sur une sauterelle
Un vrai bouquet d'amour.

RÂPE.

Guitare.

EXEMPLE. – *La mort dans l'âme, Dany avait fourgué sa caisse des années 50 pour attriquer sa râpe électrique dont il crevait d'envie.*

RÂPÉ (c'est).

C'est terminé. C'est raté. C'est fini.

EXEMPLE. – *Y' en a eu un pacson de pauvres mecs refroidis avant que les Amerloques entravent que pour eux au Viet-nam c'était râpé.*

RAPIÈRE.

Couteau.

EXEMPLE. – *Quand Pepito sortait sa rapière pour étaler du beurre sur son bricheton, personne aurait osé lui bonnir qu'il avait la braguette ouverte !*

RAPPLIQUER.

Venir, revenir.

EXEMPLE. – *Elvire a blémi comme une merde de laitier en voyant rappliquer Angelo qui l'avait mise à l'amende !*

RAQUER.

Payer.

EXEMPLE. – *Émilie, qui était ceinture noire de judo, avait jamais de problèmes pour faire cracher un gus qui voulait pas raquer.*

RATATINER.

Vaincre, tuer, dépouiller.

EXEMPLE. – *Est-ce pour se venger d'avoir été ratatinés à Poitiers par Charles Martel que les Arbis nous en font tant baver aujourd'hui avec leur pétrole ?*

RATEAU.

Peigne.

EXEMPLE. – *Comme il lui restait plus que trois plumes sur la calebasse, Aristide avait troqué son beau râteau en écaille contre une rouille de Minervois 12° 5 !*

RATIBOISER.

Prendre, rafler, détrousser.

EXEMPLE. – *J'avais à peine treize piges quand je me suis fait ratiboiser l'argent de la fête au bonneteau dans mon bled, sur la promenade du château. J'avais de la flotte plein les calots mais j'en avais moufté à personne.*

RATIBOISER LA COLLINE.

Couper les cheveux.

EXEMPLE. – *En voyant la théière de son moujingue pleine de gaux, sa vieille lui avait ratiboisé la colline.*

RATICHE.

Dent.

EXEMPLE. – *Après dix piges de centrouse à becqueter plus de cailloux que de pois cassés, Fifi le Charcutier avait plus une ratiche dans le clapoir.*

RATICHON.

Curé.

EXEMPLE. – *Quand le ratichon s'est pointé dans la cellote à cinq plombes du mat', Alex lui dit : « Te fatigue pas, mon gars, si y' avait un Bon*

Dieu, il permettrait sûrement pas qu'on amène un mec se faire décoller le cigare à une heure pareille ! »

RATIÈRE.

Prison.

EXEMPLE. – *C'est à Caracas, paradis des tricards, que Robert le Cuistot (qui devait un pacson de briquettes au fisc français) avait remonté une affure du feu de Dieu, au lieu d'aller moisir dans une ratière à la Santé ! Sacré Robert ! J'écluserais bien volontiers d'autres Daïquiri avec técolle !*

RATISSER.

Voler, dépouiller.

EXEMPLE. – *Chico, qui était de la tringle, se faisait ratisser tout son carbure par une chiée de ponettes qui passaient la journanche à camper chez Dior et chez Victoire.*

RATON.

Arabe.

EXEMPLE. – *Dès que Mme Emma a su que M. Kémir était un Raton, elle s'est mise à le tutoyer.*

RAVALER SA FAÇADE.

Se maquiller.

EXEMPLE. – *Avant de passer à la téloche, Mme le ministre de la Condition féminine passait deux bonnes plombes à se ravaler la façade.*

RÉBECCA (faire du).

Faire du scandale.

EXEMPLE. – *Quand son pourliche était pas à la hauteur, Rosa, la vestiaire, faisait un sacré rébecca au client.*

REBECTER ou **REBECQUETER.**

Consoler, réconforter.

EXEMPLE. – *C'était pas la Légion d'honneur posthume qu'on accordait à Étienne qui allait rebecter sa veuve et ses moujingues !*

REBECTER (se).

Se refaire, se rétablir, retrouver sa forme ou l'aisance.

EXEMPLE. – *Philibert avait du mal à se rebecter le mental après ses trois longes de placard.*

REBIFFE.

Vengeance.

EXEMPLE. – *Après l'accident de Bastien le Corsico, ses frelots ne pensaient plus qu'à la rebiffe.*

RÉCAL.

Récalcitrant.

EXEMPLE. – *Avec M. Alfred, l'instit', même les élèves les plus récals avaient les flubes de se retrouver à la cave avec des gaspards plus maousses que des garennes.*

RÉCHAUD.

Postérieur.

EXEMPLE. – *Fin psychologue, Albert avait très tôt remarqué que les gonzesses détestaient pas qu'on leur parle d'amour avant de leur balancer la louche au réchaud.*

RÉCLUSE.

Réclusion.

EXEMPLE. – *Avec son glorieux passé et un meurtre sur les arêtes, Constantin était bonnard pour la récluse à perpète !*

RECTA.

Aussitôt. Sans bavure. Sûr. Régulier.

EXEMPLE. – *Dès que Patrick guinchait avec*

une sœur, laubée ou pas, il lui proposait la botte ! C'était recta !

RECTIFIER.

Tuer.

EXEMPLE. – *Avant qu'il ait terminé sa phrase : « Que personne ne bouge ! » le poulet s'était fait rectifier d'un coup de pic à glace entre les endosses.*

REDRESSER.

Reconnaître.

EXEMPLE. – *Les condés, qui avaient redressé Boniface, le filaient en loucedé espérant bien qu'il les amènerait jusqu'à la planque de ses potes.*

REDRESSEUR DE TORTS.

Soutien-gorge.

EXEMPLE. – *Les autruch's qui dégrafaient leurs redresseurs de torts et qui aimaient pas la jeunesse, à mon avis elles avaient tort !*

REFAIRE (se).

Syn. de se rebecter.

REFILE (aller au).

1) Payer une dette.

2) Vomir.

EXEMPLE. – *Après le gueuleton des anciens, Augustine en renquillant dans sa crèche avait couru au refile pendant que son homme faisait pétiller l'Alka-Seltzer.*

REFILER.

Donner, rendre, se débarrasser de quelque chose.

EXEMPLE. – *Queutard comme il est pas permis, Abel était incapable de retrouver la mousmée qui lui avait refilé la chtouille.*

REFROIDIR.

Tuer. Syn. de rectifier.

RÉGUL.

Régulier.

EXEMPLE. – *Après les trois piges de ballon d'Isidore, Edwige, qui avait été régul, avait eu droit pour sa petite retraite au bar-tabac à la cambrousse dont elle avait rêvé toute sa vie.*

RÉGULIÈRE.

Épouse ou maîtresse en titre.

EXEMPLE. – *Tous les vendredis, M. Boris, le roi de la came, allait à l'Opéra avec sa régulière avant de souper chez Lipp avec quelque ministre, comme de bons bourgeois irréprochables.*

REINS (les avoir dans les).

Être traqué par la police.

EXEMPLE. – *Sans cesse aux aguets, sans appétit et les châsses en portefeuille, Basile vivait plus depuis qu'il les avait dans les reins.*

RELANCER.

Rappeler quelqu'un à ses engagements. Insister lourdement et souvent pour convaincre quelqu'un.

EXEMPLE. – *Dans tous les guinches ou les rades du quartier, Aldo arrêtait pas de relancer Émilienne qui en avait class d'un morbac pareil !*

RELOQUER (se).

Se rhabiller.

EXEMPLE. – *Après avoir douillé ses dix raides, le gonze se reloquait, tristounet, pendant que le suivant entrait dans la carrée en défaisant ses bretelles.*

RELUIRE.

Jouir.

EXEMPLE. — *« Tu te rends compte ! renaudait Élodie à sa copine Carine, à la fin d'une journée de turbin, ce tordu m'a fait reluire ! J'avais bien besoin de ça ! »*

REMBALLER SES OUTILS.

Se reculotter.

EXEMPLE. — *Ce pauvre Gégène, qui pendant plus de trois plombes avait « décrassé les oreilles à Médor » après s'être consciencieusement fait polir le bigarreau, arrivait plus à remballer ses outils pour quitter ce lieu de perdition !*

REMBINER.

Arriver, revenir.

EXEMPLE. — *« Tu crois que c'est l'heure de rembiner ? » disait Arlette à son homme qui en avait rien à secouer.*

REMBOUR.

Rendez-vous.

EXEMPLE. — *Le jour de son premier rembour, la minette en revenait pas que le p'tit Francis ait pas voulu lui envelopper son berlingot !*

REMÈDE.

Revolver.

EXEMPLE. — *Méfiante comme une rosière, la vioque ouvrait jamais sa lourde au facteur ou à l'employé du gaz sans avoir son remède en pogne.*

REMOUCHER.

Reconnaître. Syn. de reconnobrer.

EXEMPLE. — *Convoqué chez les bourres, le culterreux avait remouché tout de suite le gitan qui lui avait engourdi ses dindons.*

RENARD (queue de).

Vomissement.

EXEMPLE. — *Hector le Blindé, qui avait trop*

becqueté et surtout trop biberonné, balançait des queues de renard à tout va dans les gogues de la comtesse.

RENAUD (se mettre ou **être en).**

Se mettre en colère, protester, bougonner.

EXEMPLE. – *De voir simplement ses lardons passer à table à midi une foutait le colonel en renaud !*

RENAUDER.

Bougonner.

EXEMPLE. – *Liliane arrêtait pas de renauder après son bonhomme qui ronflait comme un sonneur toute la nuit et l'empêchait de roupiller.*

RENCARDER (se).

Se renseigner.

EXEMPLE. – *La bonniche nous avait rencardés sur ses tauliers qui, tous les vendredis soir, partaient en Rolls à Deauville se faire plumer au casino. Comme ils rembinaient que le dimanche soir, ça nous laissait tout le temps pour envelopper leurs Utrillo et leurs tapis d'Orient.*

RENCART.

Rendez-vous.

EXEMPLE. – *J'avais tellement les flubes à mon premier rencart amoureux, que j'ai mis les adjas avant que la frangine se pointe !*

RENDEZ-MOI ou **RENDEZ.**

Escroquerie. Chez un commerçant, on se fait rendre la monnaie sur un billet qu'on récupère après avoir détourné son attention.

EXEMPLE. – *Freddo le Belge, qui marchait au rendez depuis plus de vingt piges, était incapable de faire du gringue à une gonzesse tellement il était timide.*

RENDRE LA MONNAIE (commencer à).

Avoir atteint l'âge canonique. Vieillir.

EXEMPLE. — *La gonzesse était tellement gaie, choucarde et si soigneuse de ses abattis, qu'on se gourait pas une seconde qu'elle commençait à rendre la monnaie.*

RENGRACIER.

Passer l'éponge. Reconnaître ses torts. Renoncer à une vengeance.

EXEMPLE. — *René le Jalmince, qui avait pas voulu rengracier, avait balancé deux bastos dans la poire de sa mousmée qui l'avait doublé.*

RENIFLE (la).

La police.

EXEMPLE. — *La renifle avait rallégé en loucedé dans l'arrière-salle du tapis où Dédé les Doigts Fins avait réuni ses potes autour des plans de la Société générale.*

RENQUILLER.

Revenir.

EXEMPLE. — *Avant de renquiller, Théo avait tubé à Gina qui lui avait fait le duce dans le code habituel que les poulets l'attendaient dans la carrée.*

RENSEIGNEMENTS (aller aux).

Caresser le fessier d'une dame afin de connaître les réactions de celle-ci.

EXEMPLE. — *Après lui avoir roulé une pelle infernale et avant même d'aller aux renseignements, Freddy la Gomina savait que la gonzesse avait le bouton qui faisait robe à queue.*

REPASSER.

1) Escroquer.

EXEMPLE. — *Fumace de s'être fait repasser au*

pok' par ces trois jeunots, le cave les avait balancés aux perdreaux qui les ont embastillés pour « détention de stupéfiants ».

2) Tuer.

EXEMPLE. – *Pour deux cents balles d'éconocroques planqués dans une pile de draps, Papy le Bref avait repassé la vioque qui s'était mise à gueuler au charron !*

REPEINDRE SES GRILLES AU MINIUM.

Avoir ses règles.

REPOUSSER DU GOULOT.

Sentir mauvais de la bouche.

EXEMPLE. – *On avait beau aimer le Bon Dieu, c'était duraille de se confesser à ce radis noir qui repoussait du goulot.*

RESPIRER (se le ou **se la).**

Supporter.

EXEMPLE. – *Prétentiard comme le Génois, y en avait pas deux ! Il vous rebattait sans arrêt les manettes avec ses coups de sabre dans les noix fraîches. Il se prenait vraiment pour une machine à coudre ! On pouvait plus se le respirer !*

RESSAUT (foutre quelqu'un à).

Mettre en colère.

EXEMPLE. – *D'apprendre que Georgina l'avait balancé avait tellement foutu Justin à ressaut qu'il l'avait satanée comme un malade.*

RÉTAMÉ.

Ivre mort.

EXEMPLE. – *Le speaker de radio, rétamé à zéro, incapable d'annoncer correctement la chute du gouvernement, avait dit : « Chers auditeurs, les carottes sont cuites »... avant de se faire lourder.*

RÉTAMER.

Tuer.

EXEMPLE. – *Debout dans sa chignole en train de saluer la foule, le président s'était fait rétamer par un tireur d'élite qui lui avait cloqué deux valdas dans les côtelettes !*

RETAPE (faire la).

Se prostituer.

EXEMPLE. – *A quinze berges à peine, Nadine faisait la retape à la sortie de l'usine où bossait son vieux, à qui elle refilait la comptée en rentrant à la maison.*

RETAPISSER.

Reconnaître.

EXEMPLE. – *Malgré son masque sur la frite, Loulou, qui après le casse de la B.N.C.I s'était rasé le chou, avait été retapissé tout de suite par les employés.*

RETROUSSER (en).

Gagner de l'argent.

EXEMPLE. – *Dans l'affure du sucre avec Cuba, le ministre qui couvrait l'opération retroussait une dizaine de briquettes par voyage. Ce qui assurait largement les frais d'entretien de sa villa à Saint-Trop' et les ensembles Saint-Laurent de ses greluches.*

RÉVISER SA GÉO.

Éjaculer.

EXEMPLE. – *Au guinche du samedi soir, le drame de ce pauvre Alphonse, c'est qu'au premier frottement de nibards d'une frangine il avait déjà révisé sa géo.*

RIBOUIS.

Chaussures.

Exemple. – *Ceux qui connaissent les îles Tuamotu savent que là-bas ce ne sont pas les marchands de ribouis qui font fortune !*

RIBOULDINGUE (faire la).

Faire la fête, la noce, la java.

Exemple. – *Fifi la Pinte, qui avait fait la ribouldingue toute la nuit pour enterrer sa vie de garçon, était encore gelé à mort quand le maire lui a posé la question fatidique. « Je vous répondrai, il lui dit, mais avant je boirais bien un petit godet !... »*

RIDÈRE.

Costume.

Exemple. – *Dans son ridère impeccable, Paulo, qui avait laissé son flingue au râtelier, faisait maintenant du porte-à-porte en vendant des machines à laver.*

RIF.

Feu.

Exemple. – *Les Corsicos féroces avaient foutu le rif à la taule du Maltais qui refusait de casquer !*

RIF (de).

D'autorité, de force.

Exemple. – *La Gestapo, de rif, avait défoncé la lourde de Jacob qui, prévenu la veille, avait mis les adjas avec la famille pour tenter de franchir les Pyrénées.*

RIFFAUDER.

Cuire, brûler.

Exemple. – *Certains dans notre glorieuse Gestapo, de même, n'hésitaient pas à riffauder le bout des nibards des résistantes lorsqu'elles tardaient trop à s'affaler !*

RIFIFI.

Scandale, dispute violente, rixe.

Popularisé par Auguste Le breton, non seulement père du mot « rififi », mais d'une flopée de vocables hauts en couleur tellement plus savoureux que la plupart de ceux que définissent nos immortels chéris !

EXEMPLE. – *« Écrase, dit Pierrot à son pote qui commençait à faire du rififi, quand on sort du placard et qu'on veut rebecqueter la situasse, vaut mieux éviter de faire du schproum ! Tu piges ? »*

RIGOLADE (c'est de la).

C'est facile.

EXEMPLE. – *Pour le grand Connors, ç'avait été de la rigolade de se farcir l'Équatorien en trois sets à Roland-Garros !*

RIGOLO.

Revolver.

EXEMPLE. – *Les condés l'ont eu fastoche de l'enchrister*
Quand il a buté le p'tit Jo
De trois coups de son rigolo.

RIGOUSTIN.

Revolver.

EXEMPLE. – *Léon s'était fait remettre la caisse par le droguiste en lui promenant sous les charmeuses le canon de son méchant rigoustin.*

RINCER LA CLOISON (se).

Déguster bruyamment une boisson en la faisant circuler d'une joue à l'autre.

EXEMPLE. – *Il s'agit d'un boui-boui bien crado*
Où les mecs par-dessus l' calendo

Se rincent la cloison au Khrouchtchev maison
Un Bercy pas piqué des hann'tons.

RINGARD. RINGARDOS.

Incapable, raté. Individu falot, minable.

EXEMPLE. – *Mes neveux en pétard*
Hurlaient :
« Tonton, t'es un ringard. »

RIP (jouer).

Partir, s'évader.

EXEMPLE. – *A la montée du nazisme, vers l'année 38, de nombreux cinéastes, de Renoir à Fritz Lang, avaient joué rip chez les Amerloques en sentant venir la cagade.*

RIPATONS.

Pieds.

RIPER.

Partir.

EXEMPLE. – *Derrière la cloison, on esgourdait le voisin en train de bigophoner au lardu, il était temps de riper.*

RITAL.

Italien.

J'ai poussé au milieu des Ritals et des Espingos dans mon Sud-Ouest natal. J'aime les Latins, j'aime leur pays. Mon meilleur pote, mon « frère », est d'origine italienne : c'est Rémy Corazza, avec qui j'ai sué le burnous plus d'une fois au Conservatoire. Son père, maçon, hormis le parler plus « correct », ressemblait comme deux gouttes d'eau à celui de Cavanna qui, de la plume qu'on lui connaît, a tracé un portrait coloré, tendre et attachant du sien précisément dans son bouquin *Les Ritals.*

EXEMPLE. – *Je revois encore Dominique, le beau tonton de Rémy, le samedi soir, enfiler sa limace blanche et serrer son étrangleuse de ses gros doigts de maçon, avant de se tailler au guinche avec deux ou trois copains ritals, brillantinés comme des pistons de Cadillac !*

ROBERT.

Sein.

EXEMPLE. – *Pour arriver à briffer, les bons dessinateurs tels que Gotlib, Cabu, Loup et même Cavanna (oui, lui aussi !) ont tous été forcés un jour, pour voir leur boulot accepté dans les pages dites « humoristiques » du journal* Ici-Pourri *ou d'autre simili, de se farcir des dessins de gonzesse bien roulée qui avait les roberts en l'air en entiflant chez le dirlo à qui elle bonnissait : « Alors, c'est sûr qu'elle est refusée mon augmentation ? »*

ROGNE.

Colère.

EXEMPLE. – *Je piqu' des rognes violentes*
Quand un triste maigriot
Qui vient loucher sur mon ventre
Me d'mand' si c'est pour bientôt.

ROGNONS.

Testicules.

EXEMPLE. – *Coinçarès comme il l'était dans ce putain de métro, Clémentin aurait donné cher pour savoir si c'était la paluche d'une ponette ou celle d'un pédoque qui lui chatouillait les rognons !*

ROND.

1) Sou.

2) Anus.

EXEMPLE. – *La gerce de l'adjupète, qui donnait du rond à tout berzingue, était généralement plus appréciée que son mari par les grivetons !*

ROND (être).

Saoul.

EXEMPLE. — *Les surveillants sont pas méchants*
Y ronflent les trois quarts du temps
Vu qu'y sont ronds comme des queues de pelles.

RONDELLE.

Anus.

EXEMPLE. — *Les deux malfrats avaient coincé Pedro dans la carrée pendant que le troisième s'apprêtait à lui casser la rondelle.*

RONDIBÉ.

Anus.

RONDINS (les).

Les seins.

EXEMPLE. — *Pour téter les rondins de Claudine, on connaissait le tarif : c'était minimum une robe de Saint-Laurent.*

RONFLETTE.

Sommeil.

EXEMPLE. — *Pas nerveux pour deux thunes, Connors avait piqué une ronflette avant d'affronter Borg en finale.*

RONFLEUR.

Téléphone.

EXEMPLE. — *Le vieux crouni sur le tapis, sa vieille en train de chialer et le ronfleur qui arrêtait pas de sonner, il était temps de les mettre !*

RONGEUR.

Compteur de taxi.

EXEMPLE. – *Le rongeur qui tournait et pas un fifrelin en fouille, Nestor gambergeait comment se tailler de ce bahut sans être obligé de filer un pain sur le cassis du brave pépé qui l'appelait « Monsieur ».*

ROSBIF.

Anglais.

EXEMPLE. – *J'ai dîné à London*
Les Rosbifs me pardonn'nt
Mais c'était dégueulasse.
De becqu'ter cett' mélasse.

ROSE (faire une feuille de).

Caresse buccale très particulière.

EXEMPLE. – *Le colonel de paras aimait bien se faire faire une feuille de rose tout en se laissant chatouiller les contrepoids par les prisonnières viet's.*

ROTEUSE.

Bouteille de champagne.

EXEMPLE. – *Le professeur Choron, une roteuse en pogne et les miches à l'air, accueillait les clilles du restau « Dodin-Bouffant » sous l'œil ahuri des dîneurs et celui totalement résigné de Dany et Maurice, les tauliers sympas qui avaient droit, au moins trois fois par semaine, à ce surprenant spectacle !*

RÔTI (s'endormir sur le).

Traîner, lambiner. Manquer d'ardeur dans l'amour.

EXEMPLE. – *A mon pote Marcel, beurré comme un p'tit Lu et qui essayait malgré tout de brosser une nouvelle nana, celle-ci l'avait viré du paddock en lui disant : « Alors, grand-père, on s'endort sur le rôti ? »*

ROTOPLOTS.

Seins.

EXEMPLE. – *Marcelline, qui était une farceuse de première bourre, partait parfois dans sa chignole faire un tour, les rotoplots à l'air. La tronche des mecs qui la dépassaient ou qui la biglaient aux feux rouges, je vous raconte pas !*

ROUBIGNOLLES.

Testicules.

EXEMPLE. – *Hector le Glacé, qui venait de tirer ses trois longes de ballon et qui s'était méchamment empâté, avait, en sortant, les roubignolles en purée dans son jean trop petit.*

ROUILLE.

Bouteille.

EXEMPLE. – *Deux rouilles de champ' sous les ailerons, Marc et Lino radinaient chez les nénettes en reniflant quelque partie de jambes en l'air !*

ROULÉE (femme bien).

Bien faite.

EXEMPLE. – *Des frangines roulées comme la Corinne, on en voyait pas lerche à la sortie de l'usine !*

ROULER.

Se montrer prétentieux. Se vanter en parlant ou par son attitude.

EXEMPLE. – *Au rade du père Anselme, René le Danseur roulait tant qu'il pouvait devant les clilles qui ouvraient des gobilles comac. C'est seulement quand sa polka rallégeait qu'il s'écrasait comme une merde !*

ROULER (se les).

Ne rien faire.

EXEMPLE. – *Y' a des jours maudits vaut mieux fair' comm' le pâtissier*
Qui s' les roul' dans la farine
Sans s'occuper d' la gamine.

ROULER DES GOMMES (se).

S'embrasser sur la bouche.

EXEMPLE. – *Tous les mercredis on a l'angoiss' pour s' trouver un endroit*
Et on s' roul' des gomm's au Pèr'-Lachais' où y'a jamais un rat.

ROULEUR.

Prétentieux, bavard.

ROULURE.

Mauvaise femme.

EXEMPLE. – *Pépé les Frisettes était tombé sur une roulure qui lui cachait son pastaga et lui filait des tourlousines terribles quand il rentrait avec un coup dans les carreaux !*

ROUPANE.

Robe.

EXEMPLE. – *La gonzesse à loilpé était encore plus soua-soua que dans sa roupane de chez Givenchy !*

ROUQUEMOUTE.

Homme ou femme roux.

EXEMPLE. – *Quand la rouquemoute vous roulait un palot, c'était tout de suite le pied au bout de la troisième jambe !*

ROUSSE (la).

La police.

EXEMPLE. – *Nestor était pas joice de voir enti-*

fler la rousse au lieu de la rouquine qu'il attendait dans son baisodrome.

ROUSSINS (les).

Policiers.

EXEMPLE. — *Oui mais quand les roussins m'ont pris*
Comme je n'avais pas de parapluie
Ils m'emmenèrent pour prendre le thé
Au bar de la Santé....

ROUSTE ou **ROUSTASSE.**

Correction.

EXEMPLE. — *D'après sa vieille, la gosse était incapable d'apprendre ses leçons tant qu'elle avait pas eu sa rouste.*

ROUSTI.

Pris.

EXEMPLE. — *Le pâté de maisons cerné, les poulets qui balançaient les bombes lacrymogènes, le pauvre mec, qui se sentait rousti, s'était craché du huitième étage en plein sur les badauds.*

ROUSTIMBALLES.

Testicules.

EXEMPLE. — *Mon pote Koko Chaze, grand taste-muscadet notoire, avait débarqué à Pantruche de son Tahiti natal pour se faire opérer les roustimballes soi-disant pleines d'eau ! Lui qui en avait jamais approché une goutte sinon dans les orages ! C'était peut-être bien le toubib qui était tombé dans le muscadet avant ses analyses !*

ROUSTONS.

Testicules. Syn. de roustimballes.

EXEMPLE. — *Bruno le Toulousain avait laissé quimper le rugby depuis qu'il avait morflé dans une mêlée un méchant coup de tatane dans les roustons.*

RUBAN.

1) Route, chemin.

2) Trottoir.

EXEMPLE. – *A force d'arpenter le ruban du soir au matin, cette pauvre Agathe avait les fumerons comme des tartes aux fraises quand elle enlevait ses targettes.*

RUCHE.

Nez.

Se piquer la ruche : s'enivrer.

EXEMPLE. – *Sans doute pour oublier que sa vieille avait pas voulu l'attendre pour plier son pébroque, Georgio arrêtait plus de se piquer la ruche !*

RUSSKOFF.

Russe.

Ligotez *Les Russkoffs* de Cavanna, c'est encore plus laubé que *Les Ritals* !

Dessin de Lacroix

SABLE (être sur le).

Sans travail. Sans ressources.

EXEMPLE. – *Après avoir croqué l'héritage de son dabe, Gaston le Ramier, qui s'était retrouvé sur le sable, avait rien trouvé de mieux que de refroidir un pompiste pour lui chouraver la caisse.*

SABORD (coup de).

Coup d'œil.

EXEMPLE. – *D'un coup de sabord dans la rue d'en face, Clemendo, qui faisait le pet, avait biglé les perdreaux qui radinaient en rasant les murs. Valait mieux s'esbigner, aucun doute là-dessus !*

SABOULER (se).

S'habiller.

EXEMPLE. – *Avec son baratin et sa façon de se sabouler, le beau René mettait pas dix minutes pour tomber une frangine qui lui bottait !*

SABRE.

Membre viril.

EXEMPLE. – *La taulière s'intéressait de plus en plus à ce client qui, de l'avis général, avait un remarquable coup de sabre !*

SABRER.

Posséder une femme.

EXEMPLE. – *Son rêve, au petit Milo, c'était de sabrer la bonne sœur qui venait tous les soirs leur éteindre la loupiote dans le dortoir.*

SAC.

Billet de dix francs.

EXEMPLE. – *Frisette et Nono, qui avaient paumé leurs dix derniers sacs sur cette tocarde d'Albion, s'étaient farci le retour d'Auteuil à pinces jusqu'à la crèche.*

SAC (avoir la tête dans le).

Être perdant, sans le sou, démuni, acculé.

EXEMPLE. – *Au petit matin, le type, qui avait la tête dans le sac, avait déplanqué son feu et, braquant les trois joueurs terrifiés, avait engourdi le carbure avant de mettre les adjas !*

SAC (vider son).

Dire ce qu'on a sur le cœur. Avouer.

EXEMPLE. – *Depuis qu'Ernest avait vidé son sac, personne n'osait moufter dans la strasse.*

SACCAGNE.

Couteau.

EXEMPLE. – *Après le repas, son plaisir, à Post-Mortem, c'était de se curer les tabourets avec la pointe de sa saccagne et de rebriffer aussi sec les petits bouts de barbaque qu'il venait de récupérer !*

SACCAGNER.

Donner un coup de couteau.

EXEMPLE. – *Bébert le Grincheux avait saccagné sa bergère qui lui servait un steak trop cuit.*

SAINT-JEAN (en).

Nu.

EXEMPLE. – *Quand le télégraphiste ou l'employé du gaz se pointait chez elle, Pauline se grattait pas pour leur ouvrir la lourde en Saint-Jean ! Elle avait une manière bien à elle de rassurer les timides, la jolie coquine !*

SAINT-TROU-DU-CUL (jusqu'à la).

Jusqu'à une date indéterminée.

EXEMPLE. – *En faisant du croum à Jo, Tintin savait bien qu'il reverrait son oseille à la saint-trou-du-cul.*

SALADE.

1) Confusion. Embrouille.

Faire des salades : compliquer les choses.

EXEMPLE. – *Même pour acheter un timbre au tabac, avec Marion on était sûr d'avoir des salades.*

2) Médisance.

EXEMPLE. – *Hans le Berlinois, qu'on avait retrouvé avec une rapière dans les endosses, avait un papelard piqué sous la lame qui disait : « Les salades sont toujours meilleures assaisonnées ! »*

SALADIER.

1) Bouche.

Taper du saladier : sentir mauvais de la bouche, avoir mauvaise haleine.

EXEMPLE. – *Malgré les diams et les chèques en blanc, Florence supportait plus que son vieux crabe lui roule des galoches tellement il tapait du saladier !*

2) Coléreux, faiseur d'histoires.

EXEMPLE. – *Ses potes et ses copines voulaient plus décarrer en vacances avec Léo tellement ils le savaient de plus en plus saladier.*

SALINGUE.

Sale, crasseux.

EXEMPLE. – *Le vieux Carlos, vrai célibataire endurci, avait ronflé plus de quarante piges dans son pageot sans jamais chanstiquer les draps, ni même le refaire. Comme salingue, c'était duraille de faire mieux !*

SALLE À MANGER.

Bouche.

EXEMPLE. – *Depuis qu'il avait plus un tabouret dans la salle à manger, Jeannot l'Ancien pouvait plus claper que des purées.*

SALOPE.

Malhonnête, faux-cul, délateur.

EXEMPLE. – *Cette salope de Jacquot avait balancé les blazes de toute la bande avant que le lardu lui pose la première question.*

SALSIFIS.

Doigts (de main ou de pied).

EXEMPLE. – *Dans l' Triangl' des Bermud's un*
objet non identifié
Me soul'va la paluch' que j'en
crus pas mes salsifis

C'est à c' moment critiqu' que
mad'moisell' Marie-Gercée
M'avoua s'app'ler Maurice et être
une fan de la brod'rie.

SANG DE SCAROLE (ne pas avoir du).

Ne pas être anémié.

EXEMPLE. – *Pour mériter ce joli costume*
Faut pas craindre d'arpenter le bitume
Faut pas avoir du sang de scarole
Ni du tapioca dans les guibolles.

SANS UN.

Sans un sou, sans argent.

EXEMPLE. – *Freddo les Belles Mirettes, qui s'était marida avec la baronne, l'avait quand même eu dans le proze à l'ouverture du testament. La vieille bique avait tout légué à la recherche contre le cancer et cézigue s'était retrouvé sans un !*

SAPEMENT.

Condamnation.

EXEMPLE. – *Depuis l'abolition de la peine de mort, Émilio, qui avait dessoudé deux condés, attendait pas moins qu'un sapement à perpète.*

SAPER.

Condamner.

SAPER (se).

S'habiller.

EXEMPLE. – *Marcel le Bigleux regrettait le temps où les nénettes étaient sapées de porte-jarretelles, bas noirs et petite culotte en dentelles... C'était quand même plus godant que leur saloperie de collants, non ?*

SAPIN.

Taxi.

EXEMPLE. – *Mathias paumait son raisin dans le sapin pendant que le brave chauffeur lui expliquait comment une mauvaise inspiration de dernière minute lui avait fait chanstiquer un chiffre et fait louper connement le gros lot du loto !*

SAQUER.

Sanctionner. Renvoyer.

EXEMPLE. – *En renquillant de fausse perme, le bleu-bite dans le métro était tombé sur le pitaine qui l'avait saqué !*

SARDINE.

1) Galon de sous-off.

2) Sexe masculin.

EXEMPLE. – *Pendant l'enterrement de son pote, José, qui dansait d'un pied sur l'autre, avait qu'une idée : aller quelque part égoutter sa sardine...*

SATANER.

Frapper, corriger violemment, se battre.

EXEMPLE. – *La môme Olga, qui avait la sale manie de se sataner avec toutes ses copines, avait morflé une fricassée de phalanges par la petite nouvelle qu'elle avait prétendu mettre au pas !.*

SAUCE (balancer la).

1) Tirer avec une arme à feu.

EXEMPLE. – *Une demi-plombe après l'emballage de Loulou, François la Berlure s'était pointé au lardu récupérer sa nénette, sulfateuse en pogne, prêt à balancer la sauce.*

2) Pour un homme, jouir sexuellement.

EXEMPLE. – *Les frangines s'arrachaient toutes la chopotte au beau lieutenant. Car en plus d'être monté comme un bourricot marocain il pouvait limer pendant plus d'une plombe avant de balancer la sauce. C'est pas pour rien qu'elles l'avaient surnommé « le soldat laboureur » !...*

SAUCE (mettre toute la).

Accélérer en voiture.

EXEMPLE. — *Aux Vingt-Quatre Heures du Mans, le grand Pescarolo, qui est pas un ramolli de la coiffe, leur avait cloqué à l'arrivée trois tours dans les carreaux ! Faut dire qu'il avait mis toute la sauce.*

SAUCISSE.

1) Baiser profond.

Rouler une saucisse : embrasser sur la bouche.

1er EXEMPLE. — *Avant de se laisser cloquer la paluche au réchaud, la môme Arlette aimait bien se faire rouler quelques saucisses bien profondes.*

2e EXEMPLE. — *E' m' roule un' dernièr' sauciss'*
Et l' curé m' fait : « A vous, mon fils. »

2) Imbécile.

EXEMPLE. — *J'ai appris étant petit des proverbes pleins de malice*
Du genr' : Fil'-moi dix mill' ball', j' te dirai qui tu es,
Sur les g'noux d' ma p'tit' mémée qui est loin d'être un' saucisse
Et qui dit toujours : « Tant qu' c'est gratuit y a pas d' ticket. »

SAURET.

Proxénète. Hareng (vient de hareng saur).

EXEMPLE. — *A ses débuts, Adrienne, qui voulait pas entendre causer de sauret, l'avait eu salement duraille pour se faire une place au soleil de Pigalle.*

SAUT (faire le grand).

Mourir.

EXEMPLE. – *Quand le vieux f'ra l' grand saut*
Je n' suis pas sûr d'êt' triste.

SAUTE-AU-PAF.

Nymphomane.

EXEMPLE. – *Alexis la Trique, qui, pour son malheur, avait eu la faiblesse de caramboler la baronne de Vitry, changeait de trottoir quand il rencontrait cette redoutable saute-au-paf !*

SAUTER.

1) Arrêter.

EXEMPLE. – *Le pauvre Tonton la Goutte, à deux doigts de la prescription, s'était fait sauter connement chez le louchébème en achetant la tortore de son greffier.*

2) Posséder une femme.

1er EXEMPLE. – *Élisa, qui adorait le gourdin des noircicauds, avait horreur de se faire sauter par un Arbi ! Allez savoir pourquoi.*

2e EXEMPLE. – *T'as la tronch' en coin d' rue...*
Et mêm' à la Chand'leur, c'est pas par toi qu' je m' f'rai sauter.

SAUTER (la).

Avoir faim.

EXEMPLE. – *Au bout d'une semaine sans claper, le vieux, qui la sautait, s'était décidé à faire des collets avec les lacets de ses pompes en espérant cravater un gaspard.*

SAUTER DU TRAIN EN MARCHE.

Interrompre l'acte sexuel avant sa conclusion.

EXEMPLE. – *Les jeunots d'aujourd'hui, qui ont*

la miraculeuse pilule, connaissent pas leur bonheur de pas avoir été forcés de s'embourber une capote ou de sauter du train en marche.

SAUTERELLE.

Fille, femme.

EXEMPLE. – *Ce veinard d'Émile avait dégauchi une sauterelle qui trimbalait un pétoulet et des nibards à vous décapsuler le calebar d'un centenaire.*

SAUTERELLE DANS LA VITRINE (avoir une).

Ne pas posséder toutes ses facultés mentales.

EXEMPLE. – *A esgourder son baratin sans queue ni tête, on se gourait bien que ce gus avait une sauterelle dans la vitrine.*

SAUTEUR.

Personnage sur lequel on ne peut compter.

EXEMPLE. – *« On sait bien qu'Albin c'est ton pote, mais monter sur un coup avec cézigue faut pas y penser. Tu sais bien comme nous que c'est un sauteur de première. »*

SAVATER.

Donner des coups de pied à quelqu'un.

EXEMPLE. – *Le taulier philosophe s'était contenté de savater le dargeot du clille qui avait pas douillé ses consos, avant de le lourder.*

SAVEUR (coup de).

Coup d'œil. Syn. de coup de sabord.

SCHLASSE.

Couteau.

EXEMPLE. – *Quand il a sorti son schlasse, j'ai pigé qu'il allait lui court-circuiter les valseuses...*

SCHLÂSSE.

Ivre.

EXEMPLE. – *Après la fête, la communiante avait dû cloquer au pageot ses dabs qui étaient complètement schlâsses.*

SCHNOCK (vieux).

Vieux fou, gâteux.

EXEMPLE. – *Un baiser, c'est du fuego*
C'est pas de la bave d'escargot
Et les vieux schnocks d' l'Académie
Devaient encore être endormis.

SCIER.

Disgracier, éliminer, congédier.

EXEMPLE. – *Depuis que ses potes se la donnaient que Basile en croquait à la maison poulardin, il était scié partout.*

SCION.

1) Couteau.

EXEMPLE. – *D'un coup de scion dans le baquet, Marina avait repassé le gus qui la prenait pour un punching-ball.*

2) Sexe masculin.

EXEMPLE. – *A force de filer des coups de scion à tort et à travers, Philippe, le pianiste, s'était retrouvé avec le zifolet en bandoulière et les antibiotiques sur la table de nuit !*

SCOUBIDOU.

Stérilet.

EXEMPLE. – *La pilule salvatrice avait drôlement arrangé les billes des frangines qui avaient fourgué leur scoubidou à la ferraille.*

SCOUMOUNE.

Malchance.

EXEMPLE. – *Dany la Scoumoune, qui portait bien son nom, s'était fait décoller le cigare une semaine avant qu'ils décident d'abolir la peine de mort !*

SCRAFER.

Appréhender.

EXEMPLE. – *Sur la dénonciation de son épicemar, qui pouvait pas piffer « ces gens-là », Samuel s'était fait scrafer par la carlingue le matin même où il allait prendre le maquis.*

SÉCHER.

Tuer.

EXEMPLE. – *Dans le hall de la banque, le gitan expliquait calmement aux caves les bras tendus au plaftard qu'à moins de six pas, avec sa rapière, il pouvait sécher net le premier qui jouerait les mariollcs.*

SÉCHOIR (le).

La prison.

EXEMPLE. – *Au bout de six marquets, Fernando, qui pouvait plus encaisser le séchoir, battait les dingues en se tapant le citron contre le mur de sa cellote.*

SÉCOT.

Sec, maigre.

EXEMPLE. – *Pendant l'Occupation, mes dabs savaient plus quoi filer à becqueter à mon frelot qui était sécot comme une arête de sardoche.*

SECOUÉ.

Dérangé, fou.

EXEMPLE. – *En esgourdant jacter le mironton, tout le monde a pigé qu'il était un peu secoué sur les bords.*

SECOUER.

Voler, dérober.

EXEMPLE. – *La châtelaine s'était fait secouer son morlingue par l'enfant de chœur si mignon qui faisait la quête !*

SECOUER (n'en avoir rien à).

Rien à foutre. Indifférent.

EXEMPLE. – *Que les pue-la-sueur arrivent ou pas à faire morganer leur famille avec leur S.M.I.C., les autres en avaient rien à secouer.*

SEINS EN OREILLES DE COCKER (avoir les).

Seins tombants et plats.

EXEMPLE. – *J'aime qu'ils soient gonflés en muscles de docker*
Et non comm' ces minables en oreilles de cocker.

SEINS QUI POSENT DES QUESTIONS (avoir des).

Avoir des seins arrogants, pointés vers le ciel.

EXEMPLE. – *Ell' avait des yeux de chaton,*
De seins qui posaient des questions,
J'avais des réponses toutes prêtes.

SENS UNIQUE.

Verre de vin rouge.

EXEMPLE. – *Tout comme mézigo, mon pote José Artur, quand on briffe ensemble, adore carburer au sens unique. Bordeaux de préférence. Et bien millésimé si possible. Un raffiné quoi !*

SER.

Signe. Convention entre tricheurs. Faire le ser.

EXEMPLE. – *Jean le Nerveux avait balancé ses brèmes à la tronche du type qui faisait le ser à son partenaire. Il lui dit : « Si t'es un homme, pose ton artillerie et sortons, on va s'expliquer ! »*

SERBILLON.

Ser, signe, guet, alerte. Envoyer le serbillon.

EXEMPLE. — *En cas de pet, on avait embarqué Mimile le Furet qui avait pas son pareil pour envoyer le serbillon.*

SERINGUE.

Arme à feu.

EXEMPLE. — *En apprenant que son homme avait morflé vingt piges, la môme Anna, d'un coup de seringue dans le clapoir, s'était fait sauter le caisson.*

SERINGUER.

Tirer, blesser, atteindre quelqu'un.

EXEMPLE. — *Le pape, qui s'était fait seringuer par un barjot en débagoulant sur la place Saint-Pierre, avait du mal à se rebecqueter après les bastos qu'il avait morflées dans la tuyauterie.*

SERRER (se faire).

Se faire prendre par la police.

EXEMPLE. — *M. Paul, en pleine cavale, s'était connement fait serrer sur l'autoroute par les motards qui l'avaient tapé aux fafs et retapissé illico presto !*

SERVICE (entrée de).

Anus.

EXEMPLE. — *Georgette avait gentiment préenu le moustachu qui voulait la sauter en levrette en hésitant devant ce choix royal : « Tu n'ignores tout de même pas, mon gros loup, que par l'entrée de service, c'est pas le même tarif ! »*

SERVICE TROIS PIÈCES.

Attributs masculins.

EXEMPLE. — *Dans les dîners mondains, sa grosse plaisanterie à Totor Beau Chibre, c'était de renquiller de la cuisine à la salle à manger en exhibant sur un grand plat tout blanc son service trois pièces avec du persil autour !*

SERVIETTE (coup de).

Rafle.

EXEMPLE. – *« Te fais pas de mouron, dit Momone à la petite nouvelle qui voyait rappliquer les poulets comme un jour de marché à Bourg-en-Bresse, c'est jamais qu'un coup de serviette comme les autres ! »*

SERVIETTER (se faire).

Arrêter.

EXEMPLE. – *Robert le P'tit Blair s'était fait servietter comme une pomme à la décarrade de la banque où il avait sagement retiré de l'artiche pour sa vieille môman. Et sans braquer personne, pour une fois !*

SEULABRE.

Seul.

EXEMPLE. – *Saladier toute sa putain de vie comme il l'avait été, à soixante balais Momo se retrouvait seulabre après avoir fait fuir une chiée de gonzesses qui en avaient class de ses magnes.*

SEXY COMME UN CURÉ SUR UN PRUNIER (être).

N'être pas particulièrement attirant.

EXEMPLE. – *Ne prends pas cell' qui est bourgeonnée comm' un figuier...*
Cell' qui est sexy comm' un curé sur un prunier.

SHOOTER (se).

Se droguer, se piquer, se doper, se saouler.

EXEMPLE. – *Quand ils l'ont ramassé, le môme de dix-sept piges à peine avait les brandillons comme truffés de petits plombs de chasse tellement il se shootait dans les gogues de son lycée.*

SIFFLARD.

Saucisson.

EXEMPLE. – *Dans le temps, on faisait le sifflard en coupant les morceaux de barbaque au couteau et, bien sûr, sans machine. Il transpire, il a une saveur incomparable. C'est comme ça que le font encore faire l'ami Savy, mon pote Bernard, à « L'Enclos de Ninon », ou le perfectionniste Alain Chappel, mon ami lui aussi. Déguster un sifflard pareil, c'est comme sauter une nénette après dix longes de placard !*

SINOQUE.

Fou.

EXEMPLE. – *Sirocco, qui avait rangé sa quincaillerie pour se mettre à vivre honnêtement, avait cru devenir sinoque au bout d'une semaine de bureau.*

SIPHONNÉ.

Dingue, fou. Syn. de sinoque.

SIROP (être dans le).

1) Être saoul, être évanoui.

2) Être dans une situation très compromise.

EXEMPLE. – *Depuis trois mois qu'il s'était esbigné de l'école, à force de « monter des pommes de terre » à ses profs et à ses vieux, le mouflet s'était mis dans un drôle de sirop.*

SITUASSE.

Situation sociale. Situation.

EXEMPLE. – *Dans la situasse actuelle, y'a de quoi se les prendre et se les mordre !*

SLIBAR.

Slip.

EXEMPLE. – *A peine déboulés dans la carrée, j'ai même pas eu le temps de tourner la carouble, que la Julie avait largué son slibar.*

SŒUR.

Fille, femme, maîtresse.

EXEMPLE. – *Rocco les Belles Dents avait pas son pareil pour tomber en arrivant la sœur la plus laubée du guinche !*

SŒUR ? (et ta).

De quoi te mêles-tu ?

EXEMPLE. – *« Et ta sœur ? – T'as tes chances, mon pote, elle grimpe aux arbres, elle s'arrête aux nœuds ! »*

SOIE (les avoir sur la).

Sur le dos.

EXEMPLE. – *Quand Fred, le taulier, s'est vu avec les polyvalents et les douanes sur la soie, il a cloqué la carouble sous le paillasson avant de mettre les adjas vers des cieux moins vicelards.*

SOISSONNET.

Clitoris.

EXEMPLE. – *Moi le printemps ça m' fout la praline en délire*
Le soissonnet rageur, l'abricot en folie.

SOLEIL (un).

Million.

EXEMPLE. – *Depuis qu'elle jouait du flageolet avec les ministres, la Fourmi s'était drôlement remonté les boules. A présent, quand elle faisait un « couché » avec un jerrycan, elle s'embourbait un soleil tout rond et sa tocante de chez Cartier.*

SONNÉ.

1) Commotionné, étourdi à la suite de coups.

EXEMPLE. – *Après l'avoinée qu'il venait de déguster, le maton était resté sonné sur le carreau.*

2) Fou. Syn. de sinoque et de siphonné.

SORBONNE.

Tête.

En avoir dans la Sorbonne : en avoir dans la tête, faire preuve d'intelligence.

EXEMPLE. – *Rien qu'à l'entendre jacter, on se gourait bien que ce mec en avait dans la Sorbonne !*

SORGUE.

Nuit.

EXEMPLE. – *Pendant la gambille, la sœur, un vrai prix de Diane, avait accepté aussi sec de passer la sorgue avec Cyril qui lui avait proposé la botte.*

SOUA-SOUA.

Bon, beau, joli, idéal.

EXEMPLE. – *La môme Jeannette, bousculée comme une reine, pas pétardière pour deux ronds, qui, de plus, était une sacrée affaire au pieu, était une gosse vraiment soua-soua !*

SOUDURE.

Argent, monnaie.

EXEMPLE. – *Le jeunot, que ses darons croyaient sagement en train de plancher au lycée, s'envoyait en l'air comme une crêpe un jour de Pâques, en attendant que ces vieilles poires lui balancent la soudure à chaque fin de mois.*

SOUFFLET.

Poumon.

EXEMPLE. – *Je touss' encore. C'est la tempêt'.*
Et quand j'ai craché tout l' bottin
J'ai les soufflets sous les côt'lett's
Qui s'us'nt comm' des plaquett's de freins.

SOUFFLET A PUNAISES.

Accordéon.

EXEMPLE. – *Mon accordéoniste Gilou, quand on est en scène, est sérieux comme un pape quand il tire sur son soufflet à punaises.*

SOULEVER.

Séduire, conquérir.

EXEMPLE. – *On en a soul'vé deux qui d'vaient pas pointer au chômage*
Au nombril accueillant comm' des guichets d' bons du Trésor...

SOUPEUR.

Maniaque, friand de croûtons de pain imbibés d'urine ou de sperme qu'il récupère dans les toilettes ou les vespasiennes.

EXEMPLE. – *Le « Duc », fin soupeur, faisait tous les soirs sa tournée des tasses du boulevard de Clichy avant d'aller chez la mère Arthur se faire emmancher comme un râteau neuf !*

SOURDINGUE.

Sourd.

EXEMPLE. – *Docteur, j' me r'fous à tousser*
Ma tension mont' et j' deviens sourdingu'.

SOURIS.

Femme, fille.

EXEMPLE. – *Après m'avoir déloqué complètement, la souris enleva son petit grimpant à dentelles et, toute fière, me fit goûter tout de suite à ses fabuleux rotoplots aux pointes roses qui avaient jamais connu de soutiens !*

SOUS-MAC (la).

La sous-maîtresse ou la seconde, le bras droit de la patronne.

EXEMPLE. – *Pendant quarante piges, Mme Fernande, la sous-mac de la maison « Lucie », s'était jamais embourbé un seul clille. Elle avait M. Hervé qui lui suffisait bien et à qui elle avait toujours été scrupuleusement fidèle. Y'a que le tiroir-caisse qui comptait !*

SOUTE.

Traînée, fille facile. Syn. de cageot.

EXEMPLE. – *Dans ce bastringue à la noix y avait un orchestre à chier et des soutes pas supportables. Ray en emballa tout de même une petite boulotte, c'était quand même mieux que de rentrer chez soi et d'attaquer à cinq contre un !*

SOUTE A CHARBON.

Parties intimes de l'individu.

EXEMPLE. – *« Votre mari, lui dis-je, vous ferait-il des courts-circuits ?*
Au contraire, gémit-elle, c'est l'papa édredon. Et y a des avanies quéqu'part dans sa soute à charbon. »

SPÉCIAL (faire le) (filer du).

Pour une femme, se soumettre à des rapports contre nature.

EXEMPLE. – *Zaza la Java, qui avait soixante balais et les roberts dans le calebar, filait du spécial rue Saint-Denis pour arriver à briffer correctement.*

STORES.

Paupières.

EXEMPLE. – *Le soir avant de baisser mes stores*
Je me sentais battre le grand r'ssort...

STRASSE.

Chambre, maison.

EXEMPLE. – *Le cave, tiré à quatre épingles, avait sûrement jamais entiflé dans une strasse pareille ! « Pouvez-vous m'indiquer la salle de bain ? » dit-il très vieille France à Ginette. « La voilà, la salle de bain, mon pote », dit-elle en se marrant et en lui désignant le bidet écaillé !*

STUPS.

Stupéfiants, drogue. La brigade des stups.

EXEMPLE. – *Les stups et l'alcool, deux bonnes gâches pour ceux qui savent les fourguer sans y toucher.*

SUCRE (c'est du).

Facile. Sans problème.

EXEMPLE. – *Ç'avait été du sucre pour les deux malfrats de filer un petit coup de goumi sur la calebasse de la bijoutière avant de lui secouer la joncaille.*

SUCRER.

Supprimer, enlever, soustraire. Couper dans un texte.

EXEMPLE. – *Dans mon nouveau récital, la première partie était un peu longuette. Valait mieux sucrer deux chansons.*

SUCRER (se).

Profiter, s'enrichir.

EXEMPLE. – *Les Algériens, les Libyens et les rois de l'Arabie ont à présent beau chpile de se sucrer à leur tour avec le pétrole après se l'être fait arnaquer depuis près d'un siècle par les bienveillants colons.*

SUCRER (se faire).

Se faire arrêter.

EXEMPLE. – *Enfouraillé jusqu'aux yeux, François était prêt à balancer la sauce sur les habillés plutôt que de se faire sucrer sur le tas.*

SUIF.

Querelle, scandale, bagarre.

EXEMPLE. – *Tonton le Sage avait toujours eu la bienfaisante habitude de les mettre illico presto dès qu'il y avait du suif quelque part.*

SUJET (un joli petit).

Une jolie fille.

EXEMPLE. – *La sous-mac avait proposé au consul un joli petit sujet débarqué le matin même.*

SULFATEUSE.

Mitraillette.

EXEMPLE. – *C'était plus fort que lui, même dans les mariages ou les communions, Bébert le Craintif rallégeait avec sa sulfateuse dans la boîte à violon.*

SURFACE (avoir de la).

Être aisé, riche.

EXEMPLE. – *Edgar le Raffiné, depuis qu'il avait de la surface, carburait au Dom Pérignon et tringlait plus que des prix de Diane.*

SURIN.

Couteau, poignard.

EXEMPLE. – *De deux coups de surin dans le buffet, Édouard le Rancunier, dix piges plus tard, avait eu la peau de l'avocat bêcheur qui l'avait injustement fadé.*

SURPRENANTE (à la).

Par surprise.

EXEMPLE. — *Dédé la Confiotte s'était fait servietter à la surprenante à la décarrade de chez le pâtissier où il venait de morfiler tranquillement des puits d'amour avec son moujingue.*

T

Tablier du sapeur

Dessin de Trez

TABAC (faire un).

Avoir du succès.

EXEMPLE. – *C'est à « La Colombe », la première fois, que j'ai su ce que c'était que de faire un tabac.*

TABAC (c'est le même).

C'est la même chose.

EXEMPLE. – *Pour Roméo et Juliette, vivre une vie séparés ou écluser le bouillon d'onze heures, c'était le même tabac.*

TABASSER.

Frapper de façon acharnée.

EXEMPLE. – *La pauvre mémère s'était laissé tabasser à mort plutôt que de leur bonnir où étaient quéplan ses éconocroques.*

TABLE (se mettre à).

Dénoncer ses complices pendant ou au terme d'un interrogatoire.

EXEMPLE. – *Y'a qu'à la promesse d'une dose de blanche que La Crevette s'était mise à table.*

TABLE QUI RECULE (manger à la).

Jeûner par force.

EXEMPLE. – *Quand on voudrait becter et qu' la table recul'*
C'est pas jour de gala
C'est la Berezina.

TABLIER DE SAPEUR.

Poils du pubis s'étendant jusque sur le bas-ventre chez une femme. Voir à « Tablier de forgeron » qui est son synonyme.

TABOURETS.

Dents.

1er EXEMPLE. – *Après dix piges de centrouse au régime loubiats et lentilles aux gravillons, Charlot de Gentilly avait plus un tabouret dans la salle à manger.*

2e EXEMPLE. – *Je sens mon sang qui tourne en graisse*
Et mes tabourets qui se dépotent...

TAF (avoir le).

Avoir peur.

EXEMPLE. – *Alex le Bancal avait moins le taf*

de braquer une banque que de jacter avec une gonzesse !

TAF (avoir son).

Sa part de butin.

EXEMPLE. – *C'était pas dégueu de toucher son taf après le casse de la bijouterie, mais laisser sur le tapis deux perdreaux plombés comme des lignes de fond, Berthy le Doux l'avait pas gambergé comme ça !*

TAF (prendre son).

Jouir. Syn. de prendre son pied.

EXEMPLE. – *Ça faisait tartir Helga la Mouchetée d'être obligée de filer une décoction de chat à neuf queues à ce vieux salingue qui prenait son taf qu'à cette condition !*

TAFANARD.

Cul.

EXEMPLE. – *Pour pouvoir entifler dans la bande, Momo les Frisettes s'était fait casser le tafanard par Tony la Châtaigne qui lui avait pas demandé son avis !*

TAILLER (se).

Partir, s'enfuir.

EXEMPLE. – *Tu devrais m'oublier*
Tu devrais te tailler
Et je serais aux nues.

TAILLER UNE BAVETTE.

Parler, bavarder.

EXEMPLE. – *L'évêque de São Paulo avait envoyé une bafouille au pape en lui expliquant qu'il irait volontiers à Rome pour tailler une bavette avec cécolle, because les favellas, les tortures et tout ce dont on ne parle jamais dans ce pays de rêve.*

TAILLER UNE PLUME.

Pratiquer la fellation.

EXEMPLE. – *A douze piges à peine, la môme Suce Toujours taillait déjà des plumes sous les porches, à la sortie des bureaux, pour refiler l'artiche à sa daronne qui allait aussi sec enrichir Nicolas !*

TALBIN.

Billet de banque.

EXEMPLE. – *Pour écouler les faux talbins de cinquante bardas, Diego l'Astucieux entiflait chez tous les petits épicemars de cambrousse pour attriquer des bouteilles de Salador et des boîtes de petits pois.*

TAMBOUILLE.

Cuisine médiocre.

EXEMPLE. – *Au bout d'une semaine d'hosto, Yvon le Pacifique aurait volontiers étranglé le cuistot qui faisait la tambouille.*

TANGENTE (prendre la).

S'enfuir.

EXEMPLE. – *En matant sa polka radiner dans le tapis le tue-tue en pogne, le mironton avait pris la tangente.*

TANTE ou **TANTOUZE.**

Homosexuel.

EXEMPLE. – *Au bout de vingt piges de bons et loyaux services, le contremaître s'était fait virer comme un malpropre quand on apprit que c'était une tantouze.*

TAPER AUX FAFS.

Contrôler les papiers d'identité.

EXEMPLE. — *Le poulaga les avait à zéro d'avoir tapé aux fafs dans cette partouze inattendue où y'avait que des huiles à loilpé pas très jouasses d'êtres retapissées !*

TAPER (se).

1) Posséder charnellement.

2) Manger, déguster.

EXEMPLE. — *Mais, moi, j' peux pas te dire : « Je t'aime ! »*
Comme dans tes magazines bidon
Où la s'crétaire se tape un crème
En attendant qu' ce soit l' patron.

3) Faire, subir, effectuer, se charger de.

EXEMPLE. — *Elle a déchargé des cageots, Lily*
Elle s'est tapé des sal's boulots, Lily.

TAPER LA COLONNE (se).

Se masturber.

EXEMPLE. — *Après trois mois de séchoir, les deux taulards, qui étaient pas amateurs de terre jaune, avaient pas d'autres ressources que de se taper la colonne.*

TAPETTE.

1) Homosexuel.

2) Langue.

EXEMPLE. — *Lilette, qui avait une sacrée tapette, racontait généralement sa vie dès son troisième perniflard.*

TAPIN.

Prostituée. Prostitution.

EXEMPLE. — *Elle apprit tant de moi*
Qu'elle s'est mise au tapin.

TAPINER.

Se prostituer, racoler.

EXEMPLE. – *C'est en écrémant des michetons à la sortie de son turbin et pour boucler les fins de mois que, peu à peu, Monique s'était mise à tapiner dans le quartier.*

TAPIS.

Bistrot, bar, cercle de jeu.

EXEMPLE. – *En voyant radiner la poule, les hommes s'étaient défargués de leur pétoire sous les banquettes. Plus personne mouftait dans le tapis.*

TAPISSER.

Regarder attentivement, détailler quelqu'un.

EXEMPLE. – *Le lardu tapissait l'arcan qui, malgré ses faux fafs, ne lui paraissait pas inconnu.*

TAQUET.

Coup de poing.

EXEMPLE. – *D'un taquet en pleine tronche. Louis l'Emmerdeur s'était fait étendre pour le compte.*

TARBOUIF.

Nez.

EXEMPLE. – *Sûr'ment que dans l' whisky vous*
mélangez pas beaucoup d'eau
Pour avoir le tarbouif plus roug'
que les pensées d' Mao.

TARDERIE.

Femme laide.

EXEMPLE. – *Marcelle de Clichy, qui était pourtant une vraie tarderie, avait un sourire qui lui faisait emballer tous les michetons qu'elle voulait.*

TARGETTES.

Chaussures. Pieds.

EXEMPLE. – *C'est avec un bénard à carreaux, des targettes immenses, un tarbouif qui s'allume et beaucoup d'amour que les gugusses font poiler les moujingues qui viennent les bigler au cirque Jean Richard.*

TARIN.

Nez.

EXEMPLE. – *Alfredo regrettait déjà l'aller-retour qu'il avait filé en pleine poire à sa régulière en voyant son tarin plein de raisiné.*

TARTE.

1) Gifle.

EXEMPLE. – *Il est bien révolu le temps où on morflait une tarte parce qu'on filait ses coudes sur la carante !*

2) Laid, triste.

EXEMPLE. – *Pas un clille à l'horizon et la lancequine sur le râble, la situasse était plutôt tarte.*

TARTE (de la).

Facile à réaliser. Syn. de c'est du mille-feuilles.

EXEMPLE. – *Avec son jacquot sophistiqué, c'était de la tarte pour Fifi les Éponges d'entifler dans le magaze pendant que les tauliers mataient* Dallas *à la téloche.*

TARTIGNOLE.

Syn. de tarte : laid, moche.

EXEMPLE. – *C'est souvent les gnières les plus tartignoles qui se mettent sur le bout les gonzesses les plus laubées.*

TARTINE.

1) Longue lettre.

2) Au pluriel : pieds, chaussures.

EXEMPLE. — *Histoire d'aérer un chouia ses ripatons, le député enlevait ses tartines sous le burlingue en esgourdant d'un air blasé les doléances de ses électeurs.*

TARTINER (se).

Faire une corvée. Accomplir malgré soi. Subir une situation.

EXEMPLE. — *Fanfan le Ramier, qui s'était tartiné la tour Eiffel, les Invalides, l'Arc de Triomphe et les catacombes avec ses cousins de province, rêvait plus que de larguer la tribu et d'aller se mettre la viande dans la toile.*

TARTIR.

Déféquer.

EXEMPLE. — *Aller tartir dans les gogues de la princesse, pour Dédé le Boucher, c'était le comble de la volupté !*

TARTIR (faire ou **se faire).**

Ennuyer ou s'ennuyer.

EXEMPLE. — *Au bout d'une plombe de sermon, le radis noir, qui avait pas la menteuse dans la fouille de sa soutane, commençait à faire tartir l'assistance.*

TARTIR (envoyer).

Envoyer paître quelqu'un, l'éconduire, le refouler.

EXEMPLE. — *Huit jours déjà qu'il était marida avec cette gonzesse qui l'envoyait tartir chaque fois qu'il entiflait dans le pageot, Georgeot gambergeait s'il fallait pas employer les grands moyens.*

TARTISSES.

W.-C.

EXEMPLE. — *Mon pote Aldo, quand on était grivetons, avait puisé dans les tartisses de la caserne une cuillère à soupe de merde qu'il avait cloquée sous la grille du rasif électrique de l'adjupète. A chacun ses espiègleries !*

TARTOUZE.

Moche. Syn. de tarte, tartignole.

EXEMPLE. – *Après l'avoir coiffé d'un saint-honoré à la chantilly, Léon avait balancé le marié dans la piscaille, histoire d'égayer un peu la soirée qui s'annonçait plutôt tartouze.*

TAS.

1) Femme. Fille qui couche avec tous. Syn. de boudin.

2) Lieu de travail.

EXEMPLE. – *En arrivant sur le tas et en biglant les grues de vingt mètres de haut, on a pigé que ça serait pas de la nougatine de gagner son bœuf.*

TASSE (c'est la).

Inintéressant. Sans valeur.

TASSES.

Urinoir, vespasienne, W.-C.

EXEMPLE. – *Tonio le Romain avait cloqué une méchante mandale à son voisin de tasses qui avait tenté en loucedé de lui faire une main tombée sur le chipolata.*

TATANE.

Chaussure.

EXEMPLE. – *C'est à coups de tatanes dans le fignedé qu'on vous apprend la tendresse dans les maisons de redressement pour enfants. Ligoter plutôt* Les Hauts Murs *de mon ami Auguste Le breton. Si vous êtes pas au parfum après ça !*

TAULARD.

Prisonnier.

EXEMPLE. – *On se demandait qu'est-ce que ce*

mec si raffiné maquillait chez les taulards. Peut-être un mouton ? Va savoir !

TAULE.

1) Prison.

EXEMPLE. – *Après avoir gerbé trois longes de taule avec sursis, Mario le Marle gambergeait que le Venezuela serait à l'avenir sans doute meilleur pour ses éponges !*

2) Domicile, bar, bureau, usine, etc.

EXEMPLE. – *Après sa partie de jambes en l'air et deux roteuses de champ' dans la cornette, le joyeux chef de rayon des grands magasins avait aucune envie de ralléger à la taule où sa mousmée allait encore lui faire du chproum.*

TAULIER.

Patron, logeur, tenancier.

EXEMPLE. – *Le taulier, croyant qu'on savait pas qu'il était de la jaquette, trimbalait partout avec sa pomme de magnifiques prix de Diane. On se gourait bien, malheureusement pour elles, qu'avec cézigue elles avaient toutes la chagatte pleine de toiles d'araignée.*

TÉGNACE.

Toi.

EXEMPLE. – *Y m' dit : « C'ett' sal' gosse me tracasse*
Elle en pince pour tégnace. »

TÉLÉPHONER DANS LE VENTRE.

Pratiquer la fellation.

EXEMPLE. – *Mado la Tornade Blanche astiquait elle-même au baveux le gourdin des michetons avant de leur téléphoner dans le ventre !*

TEMPÉRATURE (prendre la).

Se renseigner.

EXEMPLE. – *Avant de gamberger le coup des tableaux de l'avenue Gabriel, Jeannot le Boss avait fait engager la Belette comme bonniche pour prendre la température.*

TENDEUR.

Homme porté sur la chose.

EXEMPLE. – *Bébert la Pointe, qui était un sacré tendeur et beau mec par-dessus le marca, carambolait de rif tout ce qui lui passait à hauteur de braguette !*

TENSIOMÈTRE.

Cœur.

EXEMPLE. – *Électra, Électra, mon amour,*
Ce jour-là ma bobin' n'a fait qu'un tour
Depuis cet influx cybernétique
Mon tensiomètre est à la panique.

TERMINUS.

Sexe de la femme.

EXEMPLE. – *Tout en matant* Love Story, *la miquette, qui avait pas froid aux châsses, arpigna en loucedé la paluche à Gino pour se la cloquer au terminus.*

TERRE JAUNE (amateur de).

Pédéraste.

EXEMPLE. – *Si tous les amateurs de terre jaune connus et inconnus à Paris se tenaient le petit doigt, on aurait vite rempli la place de la Concorde !*

TERRINE.

Tête.

EXEMPLE. – *Quand on a eu biglé en détail les plans de la banque qu'avait maquillés Le Ferrailleur, y' avait plus aucun doute possible, ce mec en avait dans la terrine.*

TÊTARD (être).

Être trompé.

EXEMPLE. – *J' y ai dit : « Môm', j' suis ton mec,*
Et si tu m' fais têtard
J' te f'rai les chrom's avec
Mes pénich's de boul'vard. »

TÉTÈRE.

Tête. Syn. de calebasse, de chou, de terrine, de théière, etc.

EXEMPLE. – *Ne va pas chez le bougnat*
Si t'as une tétère
Qui lui revient pas.

THÉIÈRE.

Tête.

EXEMPLE. – *Je sens bien qu' j' m' barr' de la tig'*
Ça m' fout l' bourdon dans la théière.

TICKET (avoir un).

Plaire, séduire.

EXEMPLE. – *Quand j'ai vu que la sœur me tapissait en promenant doucement sa menteuse humide sur ses badigoinsses, j'ai pigé que j'avais un ticket !*

TICKET (prendre un).

Syn. de prendre un jeton : assister sans être vu à une scène érotique.

EXEMPLE. – *Le gros président à qui la tringlette n'avait pas l'air de botter beaucoup se contentait de prendre un ticket de temps en temps. Il réclamait parfois une mignonne qui s'agenouillait lascivement aux pieds de « Sa Majesté » assise, pour lui brouter le bitonio d'une bouche gourmande.*

TICKSON.

Syn. de ticket.

TIFS.

Cheveux.

EXEMPLE. – *Dans ce quartier de la Muette, ça l'affichait mal pour le P.-D.G., qui comptait bien se présenter aux législatives, d'avoir un lardon de seize piges, craspect, avec les tifs sur les endosses.*

TIGE.

1) Sexe masculin.

2) Cigarette.

3) Au pluriel : jambes.

EXEMPLE. – *Pour entifler dans l'agence de mannequins de Vicky's, fallait afficher une tire-lire, un faubourg, des pare-chocs et des tiges irréprochables !*

TIRANTS (les).

Les bas.

EXEMPLE. – *Ses guibolles sont captives aussi*
D'un' paire de tirants radoucis.

TIRE.

Voiture.

TIRE (vol à la).

Dérober le contenu des poches d'un quidam.

EXEMPLE. – *A Bahia, comme dans pas mal d'endroits au Brésil où on becte à la table qui recule, les mouflets sont les rois de la tire pour vous engourdir le crapautard.*

TIRE-BOUTON (la maison).

Les lesbiennes.

EXEMPLE. – *Rien qu'à la moue dégoûtée de la gonzesse quand il a voulu lui rouler un palot,*

Nénesse s'est gouré que la friponne était de la maison tire-bouton.

TIRE-JUS.

Mouchoir.

EXEMPLE. – *Depuis l'arrivée des Kleenex, y' a belle lurette que Pompon l'Enrhumé avait laissé quimper son tire-jus en toile de Cholet.*

TIRELIRE.

Tête, visage.

EXEMPLE. – *Elles avaient toutes un sou d'amour pour sa tirelire.*

TIRER.

1) Faire l'amour, baiser.

EXEMPLE. – *Agostino, qui pensait qu'à tirer, draguait les miquettes à longueur de journaille, sans jamais se décourager. Il était pourtant pas rare qu'il morfle un ramponneau en pleine hure par quelque mari jalmince.*

2) Accomplir une peine.

EXEMPLE. – *Pendant les huit piges de ballon qu'il venait de tirer, Nino avait gambergé tous les jours à Martha à qui il s'était juré de faire sa fête à la décarrade.*

TIRER (se).

Partir, s'en aller.

EXEMPLE. – *Les voisins curieux*
Qui étaient v'nus soigner les blessés
Leur d'mandaient si ça s'rait pas mieux
Que chacun s' tire de son côté.

TIREUR.

Voleur à la tire, pickpocket.

TIREUR D'ÉLITE.

Grand amateur de femmes. Baiseur remarquable.

EXEMPLE. – *Sur un simple battement de cils, Horace, qui avait une réputation de tireur d'élite, avait en permanence quatre ou cinq frangines prêtes à lui saccager le pageot.*

TIROIR.

Ventre.

EXEMPLE. – *Fafa était partie à dame quand le toubib lui avait annoncé qu'elle avait trois petits salés dans le tiroir.*

TIROIR À SAUCISSES.

Estomac.

EXEMPLE. – *Des pieds au blair il est plein d'cicatrices, truffé d' valdas dans l' tiroir à saucisses.*

TISANE.

Correction.

EXEMPLE. – *Le p'tit Gégène, qui avait un calot à la coque, nous avait bonni qu'il s'était cogné dans des tartisses sans loupiote. En réalité, tout le monde se gourait bien que sa Bertha lui avait encore filé une tisane.*

TISON DANS LE CHARGEUR (avoir un).

Être porté sur la chose.

EXEMPLE. – *Vous m'enlèv'rez pas d' la tétère*
Qu'elle a un tison dans l' chargeur.

TOC. TOCARD.

Laid, moche, regrettable.

EXEMPLE. – *Pour Jo la Paluche, qu'était au trou pour six piges, sa polka enchristée elle aussi qui pouvait pas l'assister, et à l'asile de Nanterre ses vieux qu'il reverrait jamais, la situasse était plutôt toc !...*

TOC (c'est du).

C'est du faux.

EXEMPLE. – *Se faire tartir à délourder un coffiot pour empalmer des diams en toc, c'était la scoumoune pour Alfredo !*

TOCANTE (la).

Montre.

EXEMPLE. – *Pour Philippine qui venait de se marida, ça serait pas du miel de s'embourber un gonzier pareil pendant une vie entière. Le premier soir où césarin l'a culbutée, elle a regardé sa tocante juste après. A peine deux minutes qu'il l'avait enjambée, la bête avait lâché son cri !*

TOCS (marcher sous des).

Circuler avec des faux papiers.

EXEMPLE. – *Complètement dans le potage depuis que ses potes s'étaient fait poirer, Gil se planquait chez Monica en attendant de pouvoir marcher sous des tocs jusqu'au Venezuela.*

TOILES (les).

Les draps.

EXEMPLE. – *Quand Vincent rabattait à la cambrousse pour voir ses darons, c'était plutôt duraille pour sa pomme de se mettre comme leur zigue la viande dans les toiles à dix plombes du soir et d'en écraser comme un Jésus.*

TOILES D'ARAIGNÉE (enlever les).

Posséder une femme en manque d'amour, ou une veuve ou une épouse délaissée.

EXEMPLE. – *E'm'dit : « Viens-tu, beau frisé,*
M'enl'ver mes toiles d'araignée ? »

TOISE (filer une).

Donner des coups.

EXEMPLE. – *Le surgé, qui était marida avec*

une cousine de la Ténardier, se vengeait comme il pouvait en filant des toises aux pauvres mômes qui entravaient que dalle à ses angoisses métaphysiques !

TOMATES (écraser ses).

Avoir ses règles.

EXEMPLE. – *Paumée dans ce bled de ploucs, ravitaillé par les corbaques, pas une pharmacie à l'horizon, Vevette, qui écrasait ses tomates, commençait à s'inquiéter de bigler la carte de la Russie se dessiner sur son futal.*

TOMBÉE (faire une).

Saisir, prendre, accaparer.

EXEMPLE. – *Pendant qu'il la sabrait et que la coquine s'envoyait au plaftard avec des cris de bonne sœur qui a trouvé un chibre dans son bénitier, Milo avait fait une main tombée sur le collier de la princesse.*

TOMBER.

1) Être arrêté.

EXEMPLE. – *En renaud de s'être fait doubler par Lola la Chilienne, c'est la polka de Pierrot elle-même qui l'avait fait tomber.*

2) Séduire.

EXEMPLE. – *Ce pauvre Frédéric Chopin, qui s'était donné un mal de chien pour tomber George Sand – qui à ce qu'on dit était de la maison tire-bouton – aurait mieux fait de refiler de la jaquette, il aurait été plus peinard !*

TOMBER LES MOUSTACHES EN CROIX SUR LE CARREAU.

Tomber, sur le dos, mort sans rémission.

EXEMPLE. – *Je m' souviendrai longtemps d'un*
gazier

Qui voulait à tout prix du gibier
Il chuta avant de sucer les os
Les moustaches en croix sur le carreau.

TOMBEUR.

Séducteur.

EXEMPLE. – *C'est pas pour des nèfles que le bel Abel avait une réputation de tombeur... C'était dingue de voir toutes les sœurs cavaler après cécolle !*

TONDRE.

1) Dépouiller, escroquer.

EXEMPLE. – *Malgré tous les vannes qu'on peut lui balancer là-dessus, mon pote Riton la Goualante continue de se faire tondre régulièrement aux courtines... Après tout c'est son gnonpo et il le clape comme ça lui botte !...*

2) Raser les cheveux.

EXEMPLE. – *Maint'nant je suis tondu comm' un veau,*
Ils l'ont mise à la P'tit'-Roquette
Et moi en centrale à Clairvaux.

TORCHÉE.

Sévère correction.

EXEMPLE. – *Briquet le Belge s'était filé une torchée avec Francis le Teigneux qui le charriait sur son accent.*

TORCHON.

Rideau de théâtre.

EXEMPLE. – *Le soir de la première, le régisseur se pointa dans la loge et lui dit : « T'es prêt ? On va lever le torchon ! » Pierrot fut incapable de répondre tellement il avait les copeaux.*

TORCHON (coup de).

Rafle.

EXEMPLE. – *Après le méchant coup de torchon au bois de Boulogne, on tapissait plus un seul travelot sous les charmilles.*

TORD-BOYAUX.

1) Eau-de-vie ou alcool très fort.

2) Nom attribué à tout mauvais restaurant, gargote, etc.

EXEMPLE. – *Au Tord-Boyaux*
Le patron s'appell' Bruno
Il envoie des postillons
Ça fait des yeux dans l' bouillon.

TORGNOLE.

Gifle.

1er EXEMPLE. – *Une paire de torgnoles sur les naseaux avait décidé le bourgeois à filer la carouble du coffiot.*

2e EXEMPLE. – *Il était vraiment doué, tout's les souris à g'noux*
Attendaient ses torgnoles comm' on attend l' printemps.

TORPILLE.

Emprunt.

Marcher à la torpille : emprunter.

EXEMPLE. – *C'était plus fort que lui, même bourré aux as, Michou les Bras-Courts marchait à la torpille.*

TORTORE.

Nourriture, cuisine.

1er EXEMPLE. – *On n'est pas obligé de savoir faire la tortore pour en apprécier les finesses, mais il me paraît impossible de bien la faire si on ne l'aime pas.*

2e EXEMPLE. – *J'avais jamais compris*
Qu' y ait pas en Angleterr'
Un' défens' nucléair'
De craint' d'être envahie
En goûtant leur tortor'
On a tout d' suit' saisi
Qu' y z'auraient vach'ment tort
De se fair' du souci.

TORTORER.

Manger.

EXEMPLE. – *C'est le grand panard de se retrouver avec mon frelot le cuistot pour tortorer à la table de maman Perret qui vous rendrait cannibales une colonie de végétariens !*

TOTO.

Pou.

EXEMPLE. – *Pendant la guerre, mon frelot (encore lui !) et ma pomme, on nous filait la boule à zéro, because les totos qui avaient tendance à confondre notre calebasse avec le Vel' d'Hiv' !*

TOUCHE.

Bouffée d'une cigarette qu'on se passe de l'un à l'autre en prison, ou d'un joint d'herbe chez les drogués.

EXEMPLE. – *C'était la dèche dans la cellote, restait plus qu'une pipe qu'on se refilait pour une petite touche.*

TOUCHE (avoir une).

Plaire. Séduire. Syn. de ticket.

TOUCHE (il se).

1) Il se masturbe.

2) Il prend ses désirs pour des réalités.

EXEMPLE. – *Si l'Arbi pense que le dabe bourré aux as va le laisser marida avec sa fifille unique, il se touche sérieusement !*

TOURLOUSINE.

Correction, raclée.

EXEMPLE. – *Y' a qu'après une tourlousine maison que la môme Frida arrivait à prendre son fade.*

TOURNANTE.

Clef. Syn. de carouble.

EXEMPLE. – *Pour Jacky P'tit Blair, qui avait paumé sa tournante, ç'avait été du sucre de débrider la lourde avec une vieille fourchette qu'il avait bricolée.*

TOUR POINTUE (la).

La police judiciaire du quai des Orfèvres, à Paris.

EXEMPLE. – *Une fois par an, l'Écornifleur pouvait pas s'empêcher de faire un pèlerinage à la Tour Pointue.*

TOUTIM (tout le).

Le tout, l'ensemble, tout le reste.

EXEMPLE. – *Après que son homme l'eut lourdée, Cathy avait rappliqué chez ses vieux avec ses lardons, les casseroles et tout le toutim !*

TRACASSIN (avoir le).

Être en état d'érection.

EXEMPLE. – *Tous les matins, Maddy la Gourmande s'occupait du tracassin de son homme qui se pointait au boulot avec les cannes en tiges de nénuphar.*

TRACER.

Avancer, partir, aller vite.

EXEMPLE. – *Avec cette putain de sonnerie*

d'alarme qui se foutait à grelotter, valait mieux tracer avant que la poulaille nous tombe sur le râble.

TRACSIR.

Trac, peur.

EXEMPLE. – *S'il est vrai que le tracsir avant d'entrer en scène est proportionnel au talent, j'en connais qui doivent avoir du génie !*

TRAIN (le).

Le postérieur.

Filer le train : suivre.

EXEMPLE. – *Y' a qu'au bout d'une journaille de filoche, en sautant au dernier moment du métro, que César réussit à semer les draupères qui lui filaient le train.*

TRANCHE.

1) Tête. Syn. de tronche.

2) Imbécile, incapable.

EXEMPLE. – *Avec une tranche comme Étienne, le toubib s'était vite gouré qu'il s'était cloqué le suppo dans le figne sans enlever l'enveloppe en plastique !*

TRAVELOT.

Homosexuel travesti en femme.

EXEMPLE. – *Cett' fill' superbe*
Qui m'emm'na en bateau
Je n'ai su qu'à l'île d'Elbe
Que c'était un trav'lot.

TRAVIOLE (de).

De travers.

TRÈFLE.

Foule.

EXEMPLE. – *A ce qu'on raconte, au temps*

jadis, y'avait un trèfle monstre sur la place de Grève où les « honnêtes gens » venaient bigler « l'assassin » qui se faisait décoller le cigare sur la bascule à Charlot !

TREMPER DANS LE POTAGE (se).

Se baigner.

EXEMPLE. – *Devant mille types sur la plage, elle se trempait dans le potage à loilpé.*

TRIANGLE DES BERMUDES.

Sexe de la femme.

EXEMPLE. – *A loilpé bien à l'abri derrière la dune de sable, la mignonne se gourait pas une seconde que le jeunot se tapait un ramollo en la matant se bricoler le Triangle des Bermudes !*

TRICARD.

Interdit de séjour. Indésirable en certains lieux.

EXEMPLE. – *A force de planter des drapeaux, Yves le Lorientais était tricard dans tous les rades de la rambute.*

TRINGLE (se mettre la).

Être privé de.

EXEMPLE. – *A la décarrade du trou, Julot de Vanves, qui avait un fameux tracassin, avait dû se mettre la tringle because sa polka qui s'était cloqué la cravate à Gustave !*

TRINGLER.

Faire l'amour.

EXEMPLE. – *La régulière du pitaine se faisait tringler dans sa guinde par le griveton qui la trimbalait tous les jours chez le merlan !*

TRIP.

Drogue. « Voyage » au LSD, ou autre leurre paradisiaque.

TRIPETTE (ça vaut pas).

Ça ne vaut rien.

EXEMPLE. – *Tant qu'on veut tremper son baigneur, c'est une chose, mais quand on veut s'entifler pour la vie avec une frangine, c'est une tout autre musique. Les grossiums qui font des maridas entre leurs pommes uniquement pour la grosse galette, à mon sentiment, ça vaut pas tripette !*

TRIQUE.

Interdiction de séjour.

TRIQUER.

Pour un homme, être en érection.

EXEMPLE. – *Barbara, bonne fille, avait fait une gourmandise au petit télégraphiste qui, de mater sa chagatte et ses roberts sous le peignoir entrouvert, s'était foutu à triquer comme un clébard !*

TRISSER.

Partir, s'enfuir. N'est plus que rarement usité.

EXEMPLE. – *C'est quand l' geôlier âgé eut bien*
joui de l'ingénue
Après qu'il la troussa, qu'ell' prit
son trousseau et trissa.

TROGNON.

Tête.

EXEMPLE. – *A cinquante balais, le bougnat emballait à tout berzingue depuis qu'il avait plus de cresson sur le trognon.*

TROMBINE.

Visage, figure.

EXEMPLE. – *La grande Lulu, complètement ourdée, s'approcha du mec qui puait le Royco à un kilomètre : « Toi, mon pote, t'as une trombine qui me revient pas ! »*

TROMBONER.

Faire l'amour à une femme.

EXEMPLE. – *Avec les coups de saveur qu'elle lui balançait, Roland le Charmeur se gourait qu'il lui serait pas duraille de tromboner la polka du dirlo.*

TROMPETTE.

Visage, tête.

1er EXEMPLE. – *Mes parents vissés à leur télé font une sacrée trompette.*

2e EXEMPLE. – *On en a des choses à voir*
Jusqu'à la Louisiane en fête
Où y a des types qui ont tous les soirs
Du désespoir plein la trompette.

TROMPETTE (en avoir un coup dans la).

Être ivre.

TRONC (ne pas se casser le).

Ne pas se faire de souci.

EXEMPLE. – *Au reporter de la téloche qui était venu demander à Tutur comment il s'y était pris pour devenir centenaire, césarin a répondu : « Ben, vois-tu, mon gars, déjà tout jeunot j'ai pigé tout de suite que dans la vie valait mieux pas trop se casser le tronc si on voulait pas s'user la peau ! »*

TRONCHE.

Tête, visage.

EXEMPLE. – *J'étais refait par ce chantage à l'eau d' vaisselle*
Comme un douanier qui vient d' lir' les Pensées *d' Pascal*

Et ça s'est terminé à la mairie d'
Sarcelles
Devant ses vieux qui avaient des
tronch's de sortie d' bal.

TRONCHE PLATE.

Minus, incapable.

EXEMPLE. – *Avec cette tronche plate de Gaby, c'était pas fastoche de jacter sans qu'il se foute à débloquer.*

TRONCHER.

Posséder une femme.

EXEMPLE. – *« Au lieu de penser qu'à troncher, tu ferais mieux d'aller bosser ! » dit Mémène à Charlot, qui eut l'air horrifié de ce conseil.*

TROTTINETTE.

Voiture.

EXEMPLE. – *Il faisait beau, on chantait faux*
Mon pot' Marcel était tout fier de
sa deux-ch'vaux
Quand un salaud, sur son vélo
Nous a foutu la trottinett' en mill'
morceaux.

TROU.

Prison.

EXEMPLE. – *Avant d'envelopper les trente lingots à son taulier, le commis se gourait bien qu'il risquait de se retrouver au trou.*

TROU (avoir la taupe qui pousse au).

Avoir envie de chier.

EXEMPLE. – *Phi Phi Bémol laissant quimper son piano en plein milieu du concert se mit à danser sur place en se tenant la boyasse. « Eh bien, qu'y a-t-il ? » lui dit le chef d'orchestre, éberlué. « J'en peux plus, patron, faut qu' j'aille aux gogues, j'ai la taupe qui pousse au trou ! »*

TROU DU CUL DERRIÈRE LES DENTS (avoir le).

Avoir mauvaise haleine.

EXEMPLE. – *Il avait beau gamberger au chèque qu'elle allait lui refiler, Tintin la Rame avait d'avance envie de gerber. Ça serait pas de la nougatine de s'embourber à nouveau cette rombière qui bagoulait des cochonneries avec le trou du cul derrière les dents !*

TROUDUC.

Imbécile. Qui ne fait pas le poids.

EXEMPLE. – *En enquillant dans la cellote, Dédé décida tout de suite que c'était pas ce trouduc qui allait couper le farci.*

TROUFIGNARD ou **TROUFIGNON.**

Cul, anus.

EXEMPLE. – *Tous les soirs, à travers le trou de la serrure, le mouflet matait la bonniche qui se briquait le troufignard avant de se mettre la viande dans le torchon.*

TROUILLOMÈTRE À ZÉRO (avoir le).

Avoir peur.

TRUANDER.

Escroquer, voler.

EXEMPLE. – *Voyant qu'il venait de se faire truander par les romanos, l'Auverploum avait tubé aux roycos qui se pointaient discrètement comme d'habitude, toutes sirènes dehors, pour être bien sûrs de trouver que tchi !*

TRUFFE.

Imbécile.

EXEMPLE. – *Le gardien, qu'on avait pris pour une truffe, nous avait laissés entifler en loucedé dans la casbah, avant de nous braquer à la sur-*

prenante, la seringue dans une pogne et le bigophone dans l'autre pour sonner les poulets.

TUBARD.

Tuberculeux.

EXEMPLE. – *Quand ce foireux de toutbib m'a annoncé, triomphant, que c'étaient des « névralgies intercostales » qui me chatouillaient les côtelettes, j'étais loin de me gourer que six mois plus tard je glavioterais mes éponges avec les copains tubards du plateau d'Assy !*

TUBE.

1) Téléphone.

2) Chanson à succès.

1er EXEMPLE. – *C'est pas de faire un tube qui est le plus duraille, c'est plutôt de pondre de bonnes chansons pendant vingt ou trente piges !*

2e EXEMPLE. – *« Connais-tu en quadriphonie*
Le dernier tube de Mahler ? »

TURBIN (faire un).

Faire un sale coup, une incorrection.

EXEMPLE. – *Marco se gourait depuis quelque temps que Lisette lui préparait un turbin... De là à le balancer à la maison poulaga !*

TURBINER.

Travailler.

EXEMPLE. – *De l'établi où je turbine*
J'aperçois la fille du patron
Qui traverse la cour de l'usine,
Le ciel joue de l'accordéon.

TURF.

1) Lieu de travail.

Aller au turf : aller au travail, sur le trottoir pour une prostituée aussi bien qu'au bureau ou à l'usine pour un ouvrier.

2) Prostituée.

EXEMPLE. – *Alfred vivait bourgeoisement avec son turf qui lui mitonnait une tortore de première bourre.*

TURLU.

Téléphone.

EXEMPLE. – *Harry, qui s'était fait envelopper par des draupères à la décarrade de chez sa mousmée, lui avait dit de filer un coup de turlu à son débarbot si jamais ils le mettaient au frais pour de bon.*

TURLUPINER.

Tracasser.

1er EXEMPLE. – *César aimait pas beaucoup qu'on vienne le turlupiner quand il tapait les brèmes avec ses potes.*

2e EXEMPLE. – *Ce qui m' turlupine, c'est l'histoire des ruines. Avec l'argent des tourist's y z'auraient pu r'bâtir tout ça !*

TURLUTE (la).

Gâterie buccale sur le sexe d'un homme.

EXEMPLE. – *A Biscaille, la Milanaise depuis qu'elle avait plus une chaille dans la boîte à ragoût, était particulièrement recherchée par les amateurs de turlute qui détestaient se retrouver avec coquette en lambeaux.*

TURLUTER.

Pratiquer la turlute.

TURNE.

Chambre, maison.

EXEMPLE. – *C'est dans la turne de la blanchecaille que le petit Dudule, à quinze piges, s'était fait secouer son berlingot.*

TUTU.

1) Vin.

2) Téléphone.

EXEMPLE. — *Aujourd'hui, en ligotant un catalogue de frangines à loilpé et sur un simple coup de tutu, les émirs du pétrole voient ralléger des créatures de rêve qui leur broutent, voraces, le turban et se taillent avec des diams dans la chagatte ! Allah ! Quelles mœurs !*

TUYAU D'ÉCHAPPEMENT PRÈS DU GAZON (avoir le).

Avoir les jambes courtes.

EXEMPLE. — *Je vais maint'nant vous le décrire,*
il est petit, mignon,
Il a le tuyau d'échapp'ment plutôt
près du gazon.

Urge (ça) *Dessin de Laville*

UN (sans).

Sans argent.

EXEMPLE. – *Après avoir douillé l'enterrement, le cercueil, le caveau et le radis noir, les pauvres héritiers se retrouvaient sans un !*

UNE (la).

Première page du journal.

EXEMPLE. – *Jean-Loup le Limousin se figurait que c'était en engourdissant quelques sifflards et des pâtés de grive aux épicemars berrichons qu'il aurait sa photo à la une dans tous les baveux.*

UNITÉ.

Un million.

EXEMPLE. – *L'avocat, qui godait pour Marcelline, était prêt à douiller les cinquante unités d'amende pour la sortir du turf.*

URGE (ça).

C'est pressé.

EXEMPLE. – *Manu, qui dansait sur ses pieds devant la lourde des tartisses, dit à son pote qui licebroquait à l'intérieur : « Magne-toi, gars, ça urge ! »*

USINER.

Travailler, être productif.

EXEMPLE. – *Y'avait intérêt à usiner si on voulait avoir vidé tous les coffiots avant l'ouverture de la banque !*

V

Veuve Poignet *Dessin de Cabu*

VACCINÉ (être).

Avoir une certaine philosophie. Être endurci.

EXEMPLE. – *Avoiné en maison de redressement, abonné du mitard à la grive et à présent satané par les guignols qui espéraient lui faire cracher le morcif, le crevard commençait à être vacciné !*

VACCINÉE AU PUS DE GÉNISSE (être) (contrepèterie).

Dépucelée.

VACCINÉ AVEC UNE AIGUILLE DE PHONO (être).

Être bavard.

VACHARD.

Dur, sévère, cruel.

EXEMPLE. – *Pendant l'Occupation, quand j'étais mouflet, à la communale, l'instit', qui était un pur vachard, faisait sauter avec sa règle en fer les croûtes d'impétigo qui recouvraient mes paluches. Tous les nazis n'étaient pas à la caserne !*

VACHE.

Syn. de vachard.

EXEMPLE. – *Soyons pas vaches en attendant*
Soulageons les rich's malheureux.

VAGUE.

Poche.

EXEMPLE. – *Y'avait belle lurette qu'Arsène le Radin avait pas fait une tombée sur son crapautard. Après trois ou quatre tournanches de Dom Pérignon offertes par les potes, cézigue avait fini par douiller les cafés. On se gourait bien qu'il avait des oursins dans les vagues, mais à ce point-là !*

VAISSELLE DE POCHE ou **DE FOUILLE.**

Pièces de monnaie.

EXEMPLE. – *Avec la grimpette des tarifs pétroliers, Zizou, l'arpète du pompiste de l'autoroute, s'embourbait jusqu'à vingt tickets par jour de pourliche en vaisselle de fouille pendant les mois de vacances.*

VALDA.

1) Balle, projectile.

EXEMPLE. – *La donzelle qui boss' plus s' la*
coul' douc' au violon,

Pour c' qui est d' turbiner, moi ça m' fait mal aux seins.
Y' a de quoi se filer un' valda dans l' plafond.

2) Feu vert de signalisation.

VALDINGUE.

1) Valise.

EXEMPLE. – *La mémée chialait dans le burlingue du lardu en lui expliquant que, dans le compartiment de son dur, y' avait qu'un ratichon, que le saint homme était aux œufs, et qu'il était impossible que ce soit cézigue qui lui ait calotté la valdingue.*

2) Chute

EXEMPLE. – *En pleine sorgue, le motard, qui s'était farci une charrette sans loupiotes, avait fait une valdingue dans l'étang qui bordait la route.*

VALDINGUER.

Tomber, s'étaler, voltiger.

EXEMPLE. – *Des amis très sag's*
Leur conseillèr'nt de divorcer
Mais quand il fut question d' partag'
Ça valdinguait d' tous les côtés.

VALISE (faire la).

Partir, s'enfuir, quitter le domicile conjugal.

EXEMPLE. – *« Mollissez pas, dit-ell', c'est tell'ment exciting*
Avec l'homm' de sa vie d' pouvoir s' fair' la valise ! »

VALISER.

Partir, abandonner son conjoint.

EXEMPLE. – *Georgette avait valisé Nestor pour s'entifler avec la môme Didine qui lui avait enseigné les mille et un façons de s'embraser l'hibiscus.*

VALOCHE.

1) Valise. Syn. de valdingue.

2) Au pluriel : poches sous les yeux.

EXEMPLE. – *Sandy l'Asperge, qui tringlait comme un malade toute la noille, se pointait au turbin avec une démarche de petit vieux et des valoches sous les calots.*

VALOUSER.

Partir, s'enfuir, abandonner son conjoint. Syn. de valiser.

EXEMPLE. – *Fanny, qui en avait class de se faire sauter par son homme une fois toutes les années bissextiles, l'avait valousé pour s'entifler avec Billy le Turc qui la sabrait tous les jours à la cosaque en frimant la téloche !*

VALSEUR.

Pantalon. Cul. Croupe.

EXEMPLE. – *Les mecs, qui éclusaient tranquillement au rade, se mettaient à triquer comme des dingues quand la môme Gloria entiflait en balançant son valseur.*

VALSEUSES (les).

Les testicules.

1er EXEMPLE. – *Hector le Tombeur, qui s'était mis à pisser des lames de rasoir, avait dropé chez le toubib en lui disant : « Docteur, mordez un peu ce qui se passe dans ma cage à serins, je crois que j'ai attriqué des charançons dans les valseuses ! »*

2e EXEMPLE. – *Cett' foutue danseuse*
Des ballets de Hong Kong
M'a laissé les valseuses
Comm' des ball's de ping-pong.

VANNÉ.

Fatigué.

EXEMPLE. – *A dix plombes le soir, quand il venait de s'embourber cinq cents bornes avec son gros cul, Léo le Routier pouvait même pas caramboler sa bergère tellement il était vanné.*

VANNER.

Se vanter. Être vaniteux, prétentieux.

EXEMPLE. – *Fringué en enfant de chœur, le mouflet qui servait le cureton pendant la messe se croyait obligé de vanner devant ses potes agenouillés en culotte courte.*

VANNES (balancer des).

Dire des mensonges ou plaisanter.

EXEMPLE. – *Mimi de Créteil, qui en écossait au bois de Vincennes, s'était fait une clientèle en balançant des vannes à un tas de locdus qui se poilaient en esgourdant ses craques et, de ce fait, étaient souvent moins constipés du morlingue.*

VAPE(S) (être en pleine) (être dans les).

État de fatigue extrême, d'ivresse, de drogue, de choc.

1er EXEMPLE. – *Après sa dose de dope et son litron de côtes-du-rhône, le môme était en pleine vape quand ses vieux l'ont ramassé sur le palier de l'H.L.M.*

2e EXEMPLE. – *... Et puis ce grog perfide comme ses grands yeux de chat*
M'expédia dans les vapes aux frontières de l'au-delà.

VASE.

1) Pluie.

EXEMPLE. – *La vase dégringolait, et le pauvre mec poireautait déjà depuis une plombe en attendant la nénette qui lui avait posé un lapin.*

2) Postérieur.

3) Chance.

EXEMPLE. – *C'est le jour où sa pétasse l'a plaqué que Vévé Solo a touché six cents bâtons au loto !... A croire finalement qu'il avait du vase !*

VASELINER.

Flatter.

EXEMPLE. – *A force de vaseliner le vieux crabe en lui affirmant que c'était le meilleur bandeur de l'arrondissement, Georgette avait fini par lui faire déplanquer ses jaunets cousus dans les ourlets de son bénard du dimanche.*

VASER.

Pleuvoir.

VASISTAS.

Yeux.

EXEMPLE. – *Après avoir morflé une heure de colle, le mouflaga ouvrait des vasistas comme des soucoupes quand le prof' lui a annoncé qu'il était le premier de la classe.*

VA-TE-LAVER (une).

Une gifle.

EXEMPLE. – *Ficelée comme un sauciflard sur son fauteuil Louis XV, la bourgeoise avait dégusté une va-te-laver en pleine tronche quand elle avait refusé de bonnir la planquouse de ses diam's.*

VEAU.

Lent, mou, amorphe, sans ressort, sans dynamisme.

EXEMPLE. – *« Les Français sont des veaux ! » disait le général de Gaulle. Phrase qui laissait peu d'ambiguïté dans son intention.*

VEILLEUSE (la mettre en).

Se taire, baisser la voix.

EXEMPLE. – *Dans le bistrot du paternel, quand les « Frisés » se pointaient, tout le monde la mettait en veilleuse.*

VENDANGER.

Cambrioler.

EXEMPLE. – *Les joyeux malfrats, quand ils eurent fini d' vendanger,*
Nous dir'nt un gentil au r'voir d'un coup d' matraqu' sur la poir'.

VENIN (lâcher son).

Éjaculer.

EXEMPLE. – *Le drame de Popaul le Bègue, c'est qu'à peine il l'avait mise au chaud, coquette lâchait son venin !*

VERDURE (faire la).

Se prostituer à l'orée d'un bois ou dans un parc.

EXEMPLE. – *Lilette, qui avait laissé quimper le Sébasto, préférait faire la verdure qui correspondait mieux à son tempérament de poète et ses penchants écologiques.*

VERJOT.

Veinard, chanceux. Syn. de verni.

VERMICELLES.

Cheveux.

EXEMPLE. – *Le vieux Lolo, qui paumait tous ses vermicelles, s'était attriqué une moumoute avant d'avoir un vélodrome à mouches sur le citron.*

VERT-DE-GRIS (les).

Les Allemands pendant l'Occupation.

EXEMPLE. – *A l'âge de huit ans, en allant comme tous les soirs égoutter ma sardine dans le jardin de mes dabs, j'avais failli pisser sur un pauvre Polak déserteur de l'armée allemande, planqué dans un trou depuis deux jours, tuyauté qu'il était sur la bonne moralité de la maison. Cézigue, mort de tracsir, attendait sans se décider le moment de se montrer pour qu'on le dirige sur un maquis voisin. Ses fringues de vert-de-gris, attachées à une pierre, refusaient de couler dans le canal pris par la glace... Quelle soirée de suspense que je n'oublierais pas de sitôt... Et toi, papa ?*

VEUVE (la).

La guillotine. Syn. de la bascule à Charlot et de l'abbaye de monte-à-regret. Heureusement abolie de nos jours, ce qui ne règle pas le problème des sadiques qui étranglent et violent des mouflets.

VEUVE POIGNET (la).

La masturbation.

EXEMPLE. – *En tournant les pages du bouquin porno de son vieux, le môme s'astiquait à la veuve poignet.*

VIBURE (à toute).

Vite. A toute allure.

EXEMPLE. – *Le mec, qui avait morgané du*

melon glacé, traçait à toute vibure vers les gogues en débouclant la ceinture de son valseur.

VICE (boîte à).

Individu malin, doué, débrouillard, gagneur.

EXEMPLE. – *La mome Lucia, de vendeuse au Prisu, puis shampouineuse qu'elle était, avait racheté le magaze à la taulière avant de monter une chaîne de coiffure-shop dans tout le pays ! Une véritable boîte à vice, césarine !*

VICELARD.

1) Vicieux.

EXEMPLE. – *Ce vieux vicelard de Totole, qui draguait les pisseuses à la décarrade du lycée avec les glaudes pleines de bonbons, les drivait jusqu'à sa guinde où les petites innocentes lui faisaient éternuer le cyclope entre leurs tendres badigoinces parfumées de sucre d'orge !*

2) Malin. Rusé en affaires. Syn. de boîte à vice.

VICELOQUE.

Syn. de vicelard.

VIEILLE (la).

La mère.

EXEMPLE. – *J' y dis : « J' sais pas comment qu' ta vieille a gambergé tes proportions. »*

VIEUX (le).

Le père.

EXEMPLE. – *« Mon vieux, dit-ell', a pas d' bol dans la vie*
C'est l' genr' de typ' qui f'rait naufrag'
Dans un bateau plein d' crucifix. »

VIEUX (les).

Les parents.

EXEMPLE. – *J' voulais m' marier avec cett' panthèr' qui a un très beau pelage*

Et deux p'tits ascenseurs extra bloqués au même étage
« Viens, dit-ell', voir mes vieux et d'mand'-leur poliment ma main. »

VIOQUE.

Vieux.

Mes vioques : mes parents.

EXEMPLE. – *Tout c' qui est douteux, y fait l' sacrifice*
Il l'envoie aux vioqu's dans les hospices.

VIOLETTE.

Cadeau, pourboire. Syn. de fleur.

VIOLETTES (avoir les nougats en bouquet de).

Atteindre l'orgasme.

EXEMPLE. – *Nini, qui adorait les descentes à la cave, le tournesol cosaque et le remoulage de la pointe rose de ses nibards, avait tout de suite les nougats en bouquet de violettes dès qu'elle sentait le petit Jésus entifler dans la sacristie.*

VIOLON.

Prison.

EXEMPLE. – *Un amiral futé qui prenait l' thé sur la jetée*
En perdit ses galons dans un violon du vieux Toulon.

VIPÈRE DE FALZAR ou **BROUSSAILLEUSE.**

Membre viril.

EXEMPLE. – *L'étudiante, qui avait une roupane à fleurs décolletée jusqu'à la chagatte, se poilait à mater son prof' qui avait monté la toile de tente avec sa vipère de falzar !*

VIRER.

Répudier, renvoyer, jeter.

EXEMPLE. – *Depuis, au boulot, j'ai plus d' goût*
Je vire tout's mes lettres à l'égout.

VISE.

Regarde. Syn. de mords.

EXEMPLE. – *« Vise un peu la mousmée, cette boîte à soupirs ! J'y ligoterais bien la Bible si elle voulait se mettre à genoux ! »*

VOLAILLE.

1) Police.

2) Femme.

EXEMPLE. – *Je me suis dit : « Mon Pierrot,*
Y vaudrait mieux app'ler Zorro, mon Picrrot,
Ou bien foutre un' baffe à Mao, mon Pierrot,
Que d' t'occuper de cett' volaille
Tu t' tailles. »

VOLÉE.

Correction.

VOLETS A LA BOUTIQUE (mettre les).

Mourir.

EXEMPLE. – *Comme un fait exprès, c'est un 1er avril que Berty le Farceur avait mis les volets à la boutique.*

VOYEUR.

Amateur de spectacles érotiques.

VRILLE.

Lesbienne.

EXEMPLE. – *C'est après les premières saucisses roulées par sa psychiatre que Lily Tampon avait glissé tout doucement dans la vrille.*

Dessin de Loup

WATERLOO.

Insuccès, déroute, bide.

EXEMPLE. – *A partir du deuxième acte, le public sifflait dans la salle, protestait et balançait des tas de trucs sur la poire des comédiens ! Ne pouvant plus en placer une, ils se taillaient en coulisse sous une pluie de godasses, de tomates et de ressorts de fauteuils ! Un véritable Waterloo !*

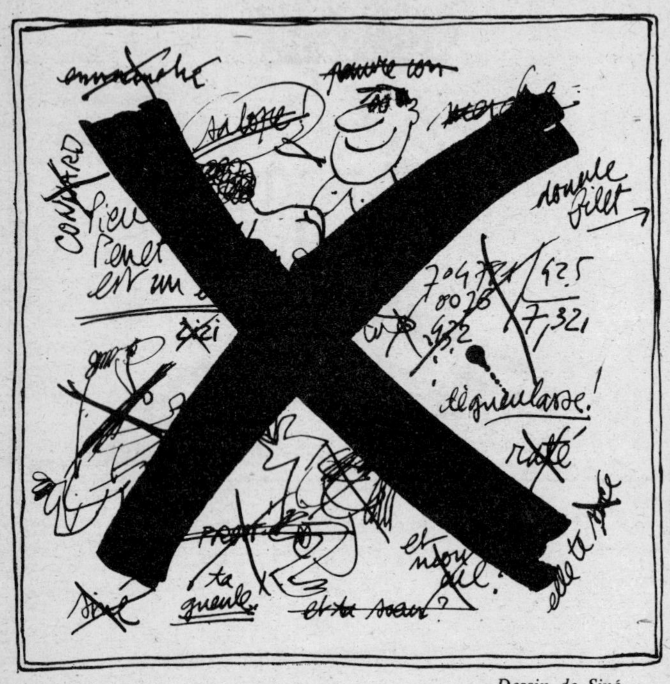

Dessin de Siné

Youvoi *Dessin de Bridenne*

YEUX EN LETTRE DE FAIRE-PART (avoir les).

Avoir les yeux cernés.

EXEMPLE. – *Elle me traîne chez son père*
J' vois un gorille en colère
Des joues grandes comm' des bou-l'vards
Les yeux en lettr' de fair'-part...

YOUVOI.

Voyou en verlan.

EXEMPLE. — *A quatorze piges, le môme Sylvio, qui s'était esbigné de chez ses vioques, enquillait tout seul, brelica en pogne, chez les pompistes pour leur engourdir la caisse. Il devint le chef d'une bande de petits youvois qui ont « fait » dans le trafic de blanche avant de morfler en flag entre dix et quinze longes de placard chacun !*

Zébi (zizi, zob...) *Dessin d'Avoine*

ZÉBI.

Membre viril.

Peau de zébi : rien.

EXEMPLE. – *Après avoir retroussé des fifrelins toute sa vie en vendant ses polars de cul et de violence, Gonzague la Fiote, qui avait depuis toujours carburé au Dom Pérignon avec ses pédales préférées, s'était retrouvé à soixante-cinq piges avec peau de balle et peau de zébi !*

ZEF.

Vent.

EXEMPLE. — *Sur le trottoir des Champs, devant la Barclay's Bank, le vigile, pour oublier le petit zef qui lui cisaillait les pêches de plein vent, louquait les frangines qui passaient en ondulant du pétrousquin.*

ZÉRO (un).

Désigne un personnage incapable, sans envergure.

EXEMPLE. — *Autant sur un turbin que pour enjamber une polka, Hector Tapioca était un vrai zéro !*

ZÉRO (avoir la boule à).

Être tondu à ras.

EXEMPLE. — *Après huit jours de caserne, Pierrot l'Anar, qui avait morflé un mois de ballon pour refus d'obéissance, s'était retrouvé au séchoir avec la boule à zéro !*

ZÉRO (les avoir à).

Avoir peur.

EXEMPLE. — *Quand la blanchecaille lui plongea la paluche dans la culotte pour lui flatter le bigoudi, le mouflet claquait des chailles tellement il les avait à zéro !*

ZESSEGON.

Gonzesse en verlan.

EXEMPLE. — *Y' avait pas une seule zessegon dans la zetoupar d'Alexis la Joconde !*

ZETOUPAR.

Partouze en verlan.

EXEMPLE. — *La zetoupar battait son plein quand la marquise qui, pour la première fois, refilait du petit guichet à un noircicaud vorace de l'arbalète, s'écria : « Arrêtez, mon ami, arrêtez, j'ai vraiment trop mal au cul ! »*

ZIFOLET ou **ZIGOUFLET** ou **ZIGOUFLETTE.**

Sexe de l'homme.

EXEMPLE. – *Le môme, qui avait sorti sa zigouflette, licebroquait tranquillement sur les géraniums de sa dabe qui rallégeait à toute vibure pour lui savater le pétrus.*

ZIGUE (un bon).

Individu.

EXEMPLE. – *Charly le Rocker, qui était bon zigue, prêtait sa Kawa à tous les potes qui en avaient pas pour faire des virées avec leurs louloutes autour de la Bastoche le vendredi soir.*

On dit aussi pour parler de soi à la première personne : mézigue, mécolle, mézigo ;
de toi : tézigue, técolle, tézigo ;
de lui : cézigue, cécolle, cézigo ;
de nous : nozigues ;
de vous : vozigues ;
d'eux : leurzigues.

ZIGOMAR.

Individu plus ou moins bizarre ou fantaisiste.

EXEMPLE. – *Quand on a vu entifler dans le rade de folles le mironton qui bonnit : « Bonjour, m'sieurs-dames », en ôtant sa moumoute, Freddo la Patronne dit : « Qu'est-ce que c'est que ce zigomar ? »*

ZIGOTO.

Individu plutôt rigolo, plus ou moins synonyme de zigomar.

ZI-GOUI-GOUI.

1) Sexe masculin ou féminin.

2) Syn. de machin, truc, chose.

EXEMPLE. – *J' croyais prendr' mon cliché en appuyant su' l' zi-goui-goui.*

ZIGOUILLER.

Tuer.

EXEMPLE. — *C'est dans le film* Drôle de drame *que Jean-Louis Barrault jouait merveilleusement le rôle d'un type qui, voulant pas qu'on fasse de mal aux bêtes, s'était foutu dans le citron de zigouiller tous les louchébèmes parisiens. Admirable Carné aussi qui troussa ce chef-d'œuvre et qui, avec l'inoubliable Michel Simon en tête, choisit une distribution qui n'avait rien à envier aux films à gros budget d'aujourd'hui.*

ZINC.

1) Comptoir de bistrot.

2) Avion.

EXEMPLE. — *Quand les Amerloques ont vu se pointer le fameux zinc baptisé Concorde, ils ont comme qui dirait paumé leur sens de l'humour et leur fameuse tolérance en même temps que leur première place dans l'industrie aéronautique. Ce qui ne les empêchera pas, bien sûr, d'en construire un, deux fois plus important qui polluera deux fois plus !*

ZIZI.

Aimable façon de désigner le sexe masculin. Vous saurez tout sur le zizi en esgourdant la goualante du même nom.

ZIZIQUE.

Musique.

EXEMPLE. — *Notre pitaine de la musique du train, qui avait un sens de l'humour particulièrement développé, nous lançait joyeusement avant de partir ranimer la loupiote depuis George-V jusqu'à l'Arc de Triomphe : « Allons, les gars, en avant la zizique ! »*

ZOB ou **ZOBI.**

Membre viril.

EXEMPLE. – *Bibi la Matraque, qui, en guise de plaisanterie, jouait de la grosse caisse avec son zob à l'harmonie municipale, fascinait littéralement les mousmées qui avaient jamais maté une mailloche de ce gabarit !*

ZONARD.

Loulou de banlieue. Qui est de la zone. Sans domicile fixe.

EXEMPLE. – *C'est chez les zonards, à treize piges à peine, que Nina avait atterri quand ses vieux s'étaient fait la malle.*

ZONER (se).

Se coucher.

EXEMPLE. – *Georgina, qui épongeait ses trente clilles tous les jours que Dieu fait, n'allait jamais se zoner avec son homme avant d'avoir fait sa prière au petit Jésus qui veillait sur elle.*

ZOZO.

1) Personnage instable, bizarre, malhonnête, déséquilibré. Qu'est-ce que c'est que ce zozo !

2) Oreilles.

EXEMPLE. – *Vous avez comm' qui dirait*
Des boules de gomme dans les zozos.

ZYEUTER.

Regarder, fixer.

EXEMPLE. – *Nénette, qui symbolisait ce qu'on appelle aujourd'hui la frangine libérée, se déloquait tous les soirs à sa fenêtre devant la caserne des pompiers, qui la zyeutaient comme un incendie de forêt !*

Dessin de Blachon

Composition réalisée par IOTA

IMPRIMÉ EN FRANCE PAR BRODARD ET TAUPIN
58, rue Jean Bleuzen - Vanves - Usine de La Flèche.
LIBRAIRIE GÉNÉRALE FRANÇAISE - 14, rue de l'Ancienne-Comédie - Paris.

ISBN : 2 - 253 - 03442 - 8 30/5927/6